Otto Hahn
Mein Leben

SERIE PIPER
Band 538

Zu diesem Buch

»Was man an seinem Grabe rühmte: sein Genie natürlich, aber auch die Bescheidenheit, Liebenswürdigkeit, seinen Mut und Einsatz, das wird hier alles auf uneitle Weise bestätigt. Eine sehr private, humorvolle und selbstkritische, vor allem aber informationsreiche Biographie. Und der seltene Glücksfall: ein mit leichter Hand, dazu spannend geschriebenes Zeitdokument voller Anekdoten, von der Frankfurter Kindheit, vom Studium in Marburg und München und seinen schon spektakulären wissenschaftlichen Anfängen, bis zu den weltverändernden Erfolgen, stets eng verflochten mit dem politischen und dem privaten Leben. Ein Geschichtslehrbuch der Radiochemie nebenbei« (Arndt Rühle, *Münchner Merkur*).

»Und wer da geglaubt hat, in den Annalen der Naturwissenschaft stehe der Name Otto Hahn lediglich bei dem Stichwort ›Kernspaltung‹, der wird hier selbst seinen großen Irrtum erkennen. Mit dieser epochalen Entdeckung mußte Hahn sich den späteren, fälschlichen Ruf eines ›Großvaters der Atombombe‹ ebenso einhandeln wie die Gefangennahme und Internierung als Quasi-Kriegsverbrecher in den ersten Nachkriegsmonaten. Seine bescheidene, gütige Natur verbot es ihm, je Kapital aus seiner Entdeckung zu schlagen. Nur dann trat er vor die Öffentlichkeit, wenn es darum ging, gegen Unrecht und Unmenschlichkeit aufzustehen. Seine schlichten Erinnerungen, denen es an Humor nie fehlt, sind ein unschätzbares Dokument seiner und unserer Zeit« (Ernst H. Haux, *Der Tagesspiegel*).

Otto Hahn, geboren 1879 in Frankfurt am Main, gestorben 1968 in Göttingen, war seit 1912 Wissenschaftliches Mitglied und von 1928 bis 1945 Direktor des Kaiser-Wilhelm-Instituts für Chemie in Berlin-Dahlem. 1907 Entdeckung des Mesothoriums I und II, 1908 des Radioaktiven Rückstoßes, 1917 des Protactiniums (mit L. Meitner), 1921 der Kernisomerie und 1938 der Kernspaltung des Urans und Thoriums (mit F. Straßmann). Nobelpreis für Chemie 1944. Von 1946 bis 1960 Präsident der Kaiser-Wilhelm- bzw. Max-Planck-Gesellschaft zur Förderung der Wissenschaften, von 1960 bis 1968 deren Ehrenpräsident.

Dietrich Hahn, geboren 1946 in Frankfurt am Main; Studium in Berlin. Nach langjähriger Theaterarbeit freier Publizist; Veröffentlichungen über Otto Hahn und Walther Gerlach, seit 1983 außerdem verlegerische Tätigkeit in Neuseeland.

OTTO HAHN

MEIN LEBEN

Erweiterte Neuausgabe

Mit 30 Abbildungen
Herausgegeben von Dietrich Hahn

Piper
München Zürich

Die Originalausgabe erschien 1968 unter dem Titel
»Mein Leben« bei F. Bruckmann, München.
Die Neuausgabe folgt der fünften Auflage von 1969.

ISBN 3-492-00838-0
Erweiterte Neuausgabe 1986
6. Auflage September 1986
(1. Auflage, 1.–7. Tausend dieser Ausgabe)
© R. Piper GmbH & Co. KG, München 1986
Umschlag: Federico Luci,
unter Verwendung eines Fotos von Fritz Eschen
Gesamtherstellung Clausen & Bosse, Leck
Printed in Germany

ARTHUR UND MARGARETHE PLETZ
ZUM GEDENKEN

INHALT

VORBEMERKUNG DES HERAUSGEBERS

»Vielleicht ist es mir noch vergönnt, die persönlichen Erinnerungen meines langen Lebens noch etwas ausführlicher zu erzählen«, schrieb Otto Hahn im Vorwort seiner wissenschaftlichen Autobiographie *Vom Radiothor zur Uranspaltung*, die 1962 bei Friedrich Vieweg in Braunschweig herausgekommen war.

Zwei Wochen nach dem Tod Otto Hahns am 28. Juli 1968 erschienen im Verlag F. Bruckmann in München seine Erinnerungen unter dem Titel *Mein Leben*. Innerhalb nur weniger Monate wurde dieses »zweifellos persönlichste« (FAZ) aller Bücher Hahns in kurzer Folge fünfmal aufgelegt und entwickelte sich zu einem unerwarteten sogenannten »Bestseller« im deutschen Sprachraum, dem Lizenzausgaben in England, den britischen Commonwealth-Ländern, den USA und Japan folgten. Die Rezensionen waren nicht nur in Deutschland, sondern weltweit überwiegend positiv. Man rühmte allgemein Hahns wissenschaftlichen Genius, seine innere Bescheidenheit, seine Aufrichtigkeit und Selbstkritik, sein für ihn so typisches Understatement, seine standhafte Haltung während der Nazi-Diktatur, seinen aktiven Pazifismus nach 1945 und seine weit in die Öffentlichkeit wirkende symbolhafte Integrität. Der Erfolg dieses Buches war dennoch überraschend. Von anderen Autobiographien bedeutender Gelehrter, so zum Beispiel denen von Richard Willstätter oder Max Born, unterscheidet sich *Mein Leben* in einigen wesentlichen Punkten. Hahn schrieb keine reflektierenden Memoiren; er teilte mit, »was zählbar, meßbar, nachweisbar ist« (FAZ) und

I

enthielt sich weitgehendst subjektiver Interpretationen. Insofern ähnelt seine knappe, aber präzise Darstellung einem sachlichen Laborbericht über ausgeführte Experimente. Auch die vielen mehr oder weniger lausbübischen Jugendstreiche, an die sich Hahn immer besonders gerne erinnerte, haben in seiner einfachen Schilderung eine ähnlich wichtige Bedeutung wie die großen wissenschaftlichen und politischen Stationen seines Lebens. In diesem Zusammenhang schrieb Friedrich Deich: »Aber so bewegend diese Bescheidenheit, so überwältigend die Kongruenz von Leben und Lebensschilderung auch ist, spätere Generationen, die einen historischen Abriß des Lebens jenes Mannes haben wollen, der die Kernspaltung entdeckt und damit das Atomzeitalter eingeleitet hat, werden diese Schlichtheit vielleicht nicht mehr verstehen. Die Frage steht: War er wirklich ein so biederes Menschlein, oder hat er sich selbst zum Handwerkersohn heruntergespielt? Wollte er vielleicht nicht am Beginn des Atomzeitalters stehen? Darauf gibt die dichteste Schilderung des Buches eine klare Antwort: Als Otto Hahn von Hiroshima hörte, wachten die Freunde, mit denen er in Farmhall interniert war, über ihn, weil Max v. Laue glaubte, er trage sich mit Selbstmordabsichten. In Wahrheit, dies erfährt man hier, trauerte er über die Tragödie der Menschheit. Seine Menschlichkeit wurde in diesem Augenblick von seinen besten Freunden verkannt. Er litt, weil sein wacher Verstand weit in die Zukunft sah. Dieses Leid, an dem er trug, versteckte er wohl unter dem Mantel der Biederkeit. Aus höherer Erkenntnis stemmte er sich gegen den Ruhm. Er wurde der Gegentypus des Deutschen.«[11]

Ein auch vom Umfang her herausragendes Kapitel widmete Hahn seinen Erlebnissen im Ersten Weltkrieg. Walther Gerlach, einer der bedeutendsten deutschen Physiker dieses Jahrhunderts, Wissenschaftshistoriker von Weltruf und vielleicht der treueste Freund, den Hahn je hatte, schrieb 1969: »Ich kann mich nicht erinnern, Franck oder Hertz oder Madelung, mit denen ich damals viel und eng verbunden zusammen war, über den Gaskrieg sprechen gehört zu haben. Anders bei Otto Hahn. Mehr als vernunftmäßig verstehbar konnte er bis in seine späten Jahre über Erlebnisse der Kriegszeit mit allen Einzelheiten plaudern – niemals etwa sich selbst in ein besonderes Licht rückend, dafür in animierter Stimmung, da die Worte nicht immer auf die Goldwaage gelegt werden dürfen, die meist ja doch recht belanglosen Begebenheiten in lebhafter Situationsschilderung einfach charmant erzählend, scherzhaft übertreibend. Doch es konnte auch geschehen, daß die fidele Laune umschlug: Erinnerungen an sinnlose Racheakte beim Marsch durch Belgien, oder an die Verbrüderung zwischen den englischen und deutschen Schützengräben am Weihnachtsabend 1914, furchtbare Erlebnisse im Gaskampf, die vergeblichen Rettungsversuche an den dem deutschen Gas erlegenen russischen Soldaten, das Gedenken an gefallene Freunde, ja, auch eine Trauer um den Zusammenbruch des alten Reiches, übermannten ihn. Aber das war gerade seine Eigenart; die bei einem so nüchternen Wissenschaftler verwunderliche Begeisterungsfähigkeit, das irrationale Unterliegen einer Faszination, das Sich-Hingeben an den Augenblick des Genusses und der Freude, wie der Trauer und des Mitleidens, die Naivität, mit der er seine sonst so sorgsam verschlossenen tiefsten Regungen einem kurzen Einblick freigab. Ich habe öfters versucht, in ruhigen Abendstunden oder auf einsamen Wanderungen mit ihm über seine Tätigkeit im Ersten Weltkrieg zu sprechen, besonders im Hinblick auf Hiroshima und auf den die amerikanische Regierung so eindringlich vor einem Bombenabwurf warnenden, seine Folgen so klar voraussehenden Franck-Report (desselben James Franck, der 30 Jahre vorher als preußischer Reserveleutnant mit Hahn und den anderen Freunden die Verantwortung für den Gaskrieg mitgetragen hatte). Dann brach sein ganzes Leid durch, und ich habe wörtlich behalten, was er sagte: ›Eigentlich war es doch fürchterlich, was wir da machten. Aber es war damals so.‹ Nur so kann man die kalte Darstellung, den so völlig unreflektierenden Bericht über die Kriegserlebnisse verstehen, den breiten Raum, den ihre Darstellung in seinen Lebenserinnerungen einnimmt, hier wie an anderen Stellen früher Gelebtes und Erlebtes nicht mit später Gedachtem verschleiernd. Es waren Fakten seines Lebens, seiner Entwicklung, Folgen früherer Zeit, Ursachen der späteren. Diese auch sich selbst nie schonende Ehrlichkeit ist wohl der tiefste Grund für Vertrauen, Achtung und Liebe, die ihm entgegengebracht wurden. Wie schwer er unter vielem litt, hat vielleicht niemand erfahren.«[12]

Seit Anfang der siebziger Jahre ist die Originalausgabe von *Mein Leben* vergriffen. Das öffentliche Interesse an Themen der Zeitgeschichte und die Diskussion über das Pro und Contra der Kernenergie haben in den letzten Jahren beträchtlich zugenommen. Viele Menschen fühlen sich nicht nur durch die nukleare Hochrüstung, sondern nach einer anfänglichen Euphorie in zunehmendem Maße gerade durch die friedliche Nutzanwendung der Uranspaltung in den Kernkraftwerken bedroht. Ich denke, daß Otto Hahns Erinnerungen in besonderer Weise dazu beitragen können, die seit Jahren anhaltende, zum Teil sehr emotionale Auseinandersetzung zu versachlichen. Seit Hahns Tod vor 18 Jahren ist eine neue, junge, kritische Generation herangewachsen, die sich den Problemen unserer Zeit in verantwortungsbewußter und entscheidungsfähiger Haltung stellen muß. Diese Auffassung klingt wohl in den Worten des amerikanischen Präsidenten Ronald Reagan an, der in seiner Rede auf dem Hambacher Schloß im vergangenen Jahr sagte: »Kein Land der Welt ist schöpferischer gewesen als Deutschland. Und kein anderes Land kann besser dazu beitragen, unsere Zukunft zu gestalten. Deutschlands Erfolg hat gezeigt, daß unsere Zukunft nicht von Experten oder Regierungsplänen abhängen muß, sondern von den Schätzen des menschlichen Geistes – Einfallsreichtum, Intellekt, Mut und Glauben. Die Zukunft wartet auf Ihren schöpferischen Geist. Aus Ihren Reihen kann ein neuer Bach, ein neuer Beethoven, ein neuer Goethe und ein neuer Otto Hahn für Deutschlands Zukunft erwachsen.«[13]

Es schien mir daher an der Zeit, *Mein Leben* neu herauszugeben, allerdings um einige sinnvolle Ergänzungen erweitert. In besonderer Weise bot sich Hahns berühmter Rundfunk-Appell von 1955 an, *Cobalt 60 – Gefahr oder Segen für die Menschheit?*, der zur ethischen Grundlage der von Hahn initiierten *Mainauer Kundgebung der Nobelpreisträger* (1955) und der von Born, Gerlach, Hahn, Heisenberg und von Weizsäcker vorbereiteten *Göttinger Erklärung der achtzehn Atomforscher* (1957) wurde. Über diese Rede, die in ihrer Aktualität ungebrochen ist, schrieb Max Born Anfang 1956: »Schon jetzt ist wahrscheinlich der Vorrat von A- und H-Bomben in den Vereinigten Staaten und Rußland ausreichend, um sämtliche größeren Städte beider Länder gegenseitig zu vernichten und vermutlich dazu alle übrigen Kulturzentren, da ja fast alle Länder einem der beiden Machtblöcke angegliedert sind. Aber weit Schlimmeres ist in Vorbereitung – vermutlich sogar schon fertig zur Anwendung, wie z. B. die Cobaltbombe, bei der ein radioaktiver Staub entsteht, der sich über weite Gebiete verbreitet und auf Jahre hinaus alles Leben in diesen Gebieten tötet. Otto Hahn, dessen Entdeckung der Uranspaltung – ohne sein Zutun und sehr gegen seinen Willen – der Ausgangspunkt dieser Entwicklung wurde, hat die Lage ohne Beschönigung geschildert, und ich brauche dem nichts hinzuzufügen. Er hat dann auch die nützlichen Anwendungen der Kernphysik erwähnt, die Erzeugung von Energie, die Herstellung radioaktiver Isotope für den Gebrauch in Medizin und Technik usw. Diese können in der Tat einmal in der Zukunft ein Segen werden, aber eben nur, wenn diese Zukunft existiert. Wir stehen vor einem Scheidewege, wie ihn die Menschheit auf ihrer Wanderung noch niemals angetroffen hat.«[14] Und Theodor Heuss sagte 1959, sich an Hahn wendend: »Ich spürte in manchen Unterhaltungen, spürte auch, als ich Ihre Broschüre über die Cobaltbombe las, wie Sie in der ethischen Bedrängnis sind, daß Ihre Seele sich beunruhigt fühlt: ›ja, war denn das, was ich entdeckt hatte, dazu entdeckt, um als ein Instrument des Unheils mißbraucht zu werden, oder wird es zu einer Entlastung menschlicher Lebensbedingtheiten hinführen‹, – was ja der Sinn großer Forschungsleistung ist. Ich will Ihnen nur dies sagen, lieber Professor Hahn: von dieser Sorge muß Ihre Seele frei sein und frei bleiben. Denn Ihre Leistung besitzt eine in sich ruhende Würde mit unzerstörtem Rang und einem geschichtlichen Sinn.«[15]

Für das Entgegenkommen, die vorliegende preiswerte Neuausgabe von Otto Hahns *Mein Leben* zu ermöglichen, danke ich dem Piper Verlag, namentlich Ernst Reinhard Piper und Klaus Stadler. Es empfahl sich hierbei, dem rein autobiographischen Teil des Buches, der im Jahre 1960 endet, eine Zeittafel mit den wichtigsten Daten aus Hahns wissenschaftlichem, politischem und privatem Leben hinzuzufügen. Der Leser kann somit die Ereignisse der Jahre 1960 bis 1968 zumindest in einigen Punkten verfolgen. Als Geleitworte habe ich einige Texte, u. a. der engsten Mitarbeiter Hahns, vorangestellt, die sehr treffend die wissenschaftliche Begabung und menschliche Haltung Otto Hahns verdeutlichen. Ruth Gerlach, Susann Grünwald, Horst Melcher, Gerda Panofsky, Franziska Petzi, Ursula Speichler und Gottfried Wagner danke ich für Anregungen, die in der einen oder anderen Form berücksichtigt wurden.

Ich widme diese Neuausgabe des Buches meinen 1975 verstorbenen mütterlichen Großeltern Arthur und Margarethe Pletz in Liebe und Dankbarkeit, und ich weiß, daß Otto Hahn sich darüber besonders gefreut hätte.

Ottobrunn, im Februar 1986   Dietrich Hahn

ZUM GELEIT

Lise Meitner

Hahn ist einer der Begründer der Radiochemie und hat als solcher eine erhebliche Zahl neuer radioaktiver Substanzen entdeckt. Mit großer Erfindungsgabe hat er es verstanden, diese auf vielerlei physikalisch-chemische und geologische Probleme anzuwenden. Letztlich gehört auch seine größte Leistung, die Entdeckung der Uranspaltung, für die er den Nobelpreis erhalten hat, in diese Arbeitsrichtung.[1]

Carl Friedrich von Weizsäcker

Er selbst wäre sicher nicht zufrieden, wenn wir neben derjenigen seiner Entdeckungen, die ihm und seiner Wissenschaft einen von ihm nie gesuchten, vorher beispiellosen Ruhm gebracht hat, das reiche Lebenswerk vergäßen, das er vorher, bis zu seinem 60. Lebensjahr, vollbracht hat. Nur die Fülle der Entdeckungen im Bereich der radioaktiven Chemie, die ihm bis dahin geglückt war, nur seine einmalige Kenntnis der Methoden und Ergebnisse dieser Wissenschaft machten es ihm möglich, im Dezember 1938 angesichts eines unerwarteten Phänomens den richtigen Schluß zu ziehen, daß hier ein schwerer Atomkern zum erstenmal in zwei Teile von vergleichbarer Größenordnung gespalten war.[2]

Lise Meitner

Er verstand es, mit den einfachsten Hilfsmitteln an die schwierigsten Probleme heranzugehen, geleitet von seiner ungewöhnlichen intuitiven Begabung und seinen ebenso ungewöhnlichen, vielseitigen chemischen Kenntnissen. Wie oft habe ich nicht in den langen Jahren unserer Zusammenarbeit gesehen, daß er Probleme, die der Physiker sich durch mathematische Formeln klar macht, rein intuitiv und anschaulich erfaßt hat.[3]

Hans-Joachim Born und Fritz Straßmann

Daß ihm als Chemiker die Entdeckung der Spaltung schwerer Atomkerne gelang, war die Erfüllung eines arbeitsamen Lebens und die Krönung unermüdlicher Forschertätigkeit.[4]

Lise Meitner

Hahns folgenreichste Leistung ist zweifellos die Entdeckung der Uranspaltung, die zur Erschließung einer fast unerschöpflichen Energiequelle mit sehr eingreifenden Anwendungsmöglichkeiten – zum Guten oder Bösen – geführt hat. Wie sehr Hahn die Beschränkung auf friedliche Ausnutzung der Atomenergie am Herzen liegt, geht aus vielen seiner Reden und Vorträge hervor.[5]

Manfred Eigen

Obwohl Otto Hahn einer der wenigen Wissenschaftler war, die Geschichte gemacht und eine ganze Ära der Weltpolitik bestimmt haben, hat er sich doch nie als eine Persönlichkeit der Weltpolitik gefühlt.[6]

Werner Heisenberg

Seine berühmteste Entdeckung, die Spaltung des Uranatomkerns, hat in ihren Folgen das politische und wirtschaftliche Bild der Welt von

Grund auf umgestaltet. Vielleicht war diese Entdeckung in ihren Auswirkungen umstrittener als irgendein anderer wissenschaftlicher Fortschritt vorher. Aber es hat, wenn man an die Persönlichkeit Otto Hahns denkt, auch kaum je einen Forscher gegeben, der so wenig umstritten, so allgemein geachtet und geliebt gewesen wäre wie er. Vielleicht war die tiefste Wurzel für seinen überragenden menschlichen und wissenschaftlichen Erfolg der Umstand, daß er allen Schwierigkeiten zum Trotz ohne Vorbehalt zum Leben ja sagte und daß er dieses fröhliche Ja auch auf seine Mitarbeiter und Freunde übertragen konnte. Die große Entdeckung Otto Hahns wird auch in viel späteren Zeiten noch als der Beginn einer völlig neuen Epoche der Weltgeschichte erscheinen, in der Naturwissenschaft und Technik, und das hinter ihnen stehende rationale Denken das Leben der Menschen in einem bisher unbekannten Ausmaß beherrschen; eine Epoche, von der wir einstweilen nur mit Bangen hoffen können, daß sie glücklicher sein werde als die schwierige Vergangenheit, in der doch Otto Hahn mit Freude gewirkt hat.[7]

Horst Melcher

An den Folgen seiner Entdeckung der Kernspaltung und an Hahns eigenem Wirken wird deutlich, daß die Rolle der Wissenschaft über die Funktion einer bloßen Produktivkraft hinausgeht, daß sie ein Teil des gesamten Kultur- und Geisteslebens ist; sie ist gleichwohl auch Beweger des kulturellen, sozialen und menschlichen Geschehens überhaupt. Als ein exponierter Forscher unserer Zeit erkannte Otto Hahn, daß es nicht nur darum geht, neue Erkenntnisse zu produzieren, er sah zugleich das Wirken eines Gelehrten insgesamt im Zusammenhang mit der Sinnfrage wissenschaftlicher Tätigkeit und mit dessen ethisch-moralischer Haltung und Verantwortung.[8]

Carl Friedrich von Weizsäcker

Die Wissenschaft ist moralisch verantwortlich. Das heißt, die Achtung vor dem Gebot, Kantisch gesprochen, muß den Menschen dazu bringen, sich sogar dort verantwortlich zu fühlen, wo er vernünftigerweise eigentlich gar nichts machen kann. Beispielsweise hat die Erschütterung von Otto Hahn am Tage von Hiroshima ihn mir noch einmal um ein ganz großes Stück menschlich nähergebracht, gerade weil evident war, daß er sich für etwas verantwortlich fühlte, was er nach jeder normalen Regel nicht zu verantworten hatte.[9]

Richard von Weizsäcker

Otto Hahn, den ich gekannt habe, hat bis zu seinem Lebensende auf das Schwerste gelitten, und er hat gerade aus seiner eigenen wissenschaftlichen Erfahrung heraus die Forderung gestellt, daß die Wissenschaft die Folgen ihrer eigenen Erkenntnisse auch selber verantworten muß. Wenn die Wissenschaftler auf diesem Gebiet nicht selber genug tun, dann werden sie sich eines Tages einer Gesellschaft gegenüber finden, die den gewiß untauglichen, aber vielleicht doch die Wissenschaftler außerordentlich einengenden Versuch macht, – gewissermaßen von außen her – Forschen und Arbeiten im wissenschaftlichen Bereich zu beeinflussen. Ich glaube, es liegt wirklich im Interesse der Wissenschaftler, diese Frage nach der Verantwortung in ihre eigene, wissenschaftliche Forschung einzubeziehen. Und ich möchte nur hinzufügen, daß die überwiegende Zahl der Wissenschaftler das weiß und uns Politikern auf dem Weg, die Frage der Verantwortung in der Forschung besser in den Griff zu bekommen, eher voraus- als hinterhergeht.[10]

VORWORT

Wenn ich den Versuch gewagt habe, die Geschichte meines Lebens nie-
derzuschreiben, so geschah das aufgrund von Anregungen vieler
Freunde. Oft bin ich gefragt worden, wie sich dieses oder jenes Ereignis
in meinem Leben abgespielt hat, welche besonderen Probleme ich bei
meinen wissenschaftlichen Arbeiten hatte, was ich nach dem Abwurf
der ersten Atombombe gedacht habe, wie die Auseinandersetzungen
mit dem früheren Verteidigungsminister Strauß zustande gekommen
sind. Meine Ansichten zu diesen und vielen anderen Fragen im Zusammenhang kennenzulernen, dürfte, so nehme ich an, von allgemeinem
Interesse sein.

Das Ergebnis meiner Erinnerungen an vergangene Zeiten liegt nun vor.
Ich selbst kann es ehrlichen Herzens nur als recht bescheidenes Produkt
meiner Bemühungen bezeichnen, das in keiner Hinsicht als vollständig
angesehen werden darf. Vielleicht möchte aber doch der eine oder andere Leser erfahren, wie man um die Jahrhundertwende Chemiker werden konnte, welche Zufälle sich lebensbestimmend auswirkten, mit welchen Schwierigkeiten ich mich früher und noch vor kurzem im Beruf
und gelegentlich auch im privaten Alltag herumgeschlagen habe.

Leider sind fast alle meine wichtigen Aufzeichnungen und Unterlagen
mit meinem Dahlemer Institut im Jahre 1944 untergegangen. So mußte
ich vor allem, was die ersten 66 Jahre meines Lebens betrifft, auf Erinnerungen zurückgreifen, die oft Unwichtiges bewahren, Wichtiges in
Vergessenheit geraten ließen. Aus diesem Grunde entspricht die Seiten-

zahl der einzelnen Kapitel, in die ich mein Leben einzuordnen mich bemüht habe, auch nicht annähernd der jeweiligen Dauer der Epoche. Trotzdem hoffe ich, ein brauchbares Zeitdokument niedergeschrieben zu haben.

Es ist mir ein Bedürfnis, Herrn Dr. Herbert Schrader für die Regie der Einblenden, bei denen er jeweils nach bestimmten Lebensabschnitten durch seine Fragen die eine oder andere erläuternde Äußerung von mir festhalten konnte, und für sein schönes Nachwort zu danken. Herrn Dipl.-Phys. Manfred Hofmann danke ich für die Ordnung und Zusammenstellung meiner Aufzeichnungen; ganz besonders aber meiner langjährigen getreuen Mitarbeiterin, Frau Marie-Luise Rehder, die mir so wertvolle Hilfe bei all den Arbeiten an diesem Buch, beim Nachprüfen der Daten und Lesen der Korrekturen geleistet hat.

Göttingen, im Januar 1968

Herr Professor Otto Hahn hat bis kurz vor seinem Tode an der Entstehung seines Buches regen Anteil genommen. Zu unserem tiefen Bedauern konnten wir ihm das erste Exemplar nicht mehr persönlich überreichen.

Verlag F. Bruckmann

München, am 31. Juli 1968

KINDHEIT UND SCHULZEIT

Mein Vater Heinrich Hahn, 1845 in Gundersheim bei Worms geboren, erlernte das Glaserhandwerk. Damit setzte er nur die eine Richtung der Tätigkeit meines Großvaters fort, denn dieser war Landwirt und Weinbauer auf eigenem Hof und betrieb daneben eine Glaserei mit Fensterrahmenschreinerei. Die Landwirtschaft interessierte ihn so wenig, daß er lieber lange Fußmärsche nach Alzey in Kauf nahm und dort eine handwerkliche Fortbildungsschule besuchte.

Als Glasergeselle ging mein Vater, wie es zu seiner Zeit üblich war, auf Wanderschaft. Er war zwar von Hause aus für damalige Umstände gut versorgt, hatte aber den Ehrgeiz, seinen Unterhalt selbst zu verdienen. So arbeitete er in der Schweiz als junges, schmächtiges Bürschchen mit älteren, stämmigen Gesellen im Akkord; ein leicht gekrümmter Rücken erinnerte ihn für den Rest seines Lebens an diese schwere Arbeit. Zu jener Zeit bearbeiteten Glaser nicht nur Glas, sondern fertigten auch die Fensterrahmen an. Maschinen gab es hierfür noch kaum, und deshalb war die Handarbeit recht anstrengend. Im Jahre 1866 endeten die Wanderjahre meines Vaters in Frankfurt am Main.

In dieser Stadt lernte mein Vater seine spätere Ehefrau, meine Mutter, Charlotte Stutzmann, geborene Giese, kennen. Sie war, ebenfalls 1845 geboren, schon früh verwitwet und hatte allein für ihren Sohn Karl zu sorgen. Mit ihrer Mutter wohnte sie in der Nachbarschaft der Schönschen Glaserei, in der mein Vater arbeitete. Beide führten damals einen Mittagstisch, der von jüngeren, gebildeten, meist jüdischen Kaufleuten besucht wurde. Aus dieser Zeit stammen die vorzüglichen Kochkünste meiner Mutter, die später von vielen Gästen unserer Familie bewundert wurden.

Meine Eltern heirateten 1875. Mein Vater adoptierte den Sohn meiner Mutter aus erster Ehe. Die Großmutter Giese hatte für ihn ein Legat von 600 Gulden ausgeworfen, um ihm später ein Studium zu ermöglichen. Aus der Ehe gingen drei Söhne hervor: 1876 Heiner, 1877 Julius und am 8. März 1879 ich selbst.

Väterlicherseits stammen meine Vorfahren aus einem alten, eingesessenen rheinischen Bauerngeschlecht. Ihre Kinder zogen, sofern sie nicht die elterlichen Höfe übernahmen, in die Fremde. Dort übten sie zum Teil sehr angesehene Berufe aus, wurden unter anderem Lehrer und Ärzte.

Meine Vorfahren mütterlicherseits stammen aus Norddeutschland, der Mark Brandenburg und Ostpreußen. Unter diesen Verwandten befinden sich mehrere Akademiker von Rang. Mein Vetter Friedrich Thimme war Direktor der Landesbibliothek in Hannover und Historiker. Mit Albrecht Mendelssohn-Bartholdy gab er ein vierbändiges politisches Geschichtswerk der Jahre 1871 bis 1914 heraus. Ein anderer Vetter zweiten Grades war Apothekenbesitzer in Fulda; ein jüngerer Nachfahr, Heinz von Trützschler, ist Jurist. Er war zeitweise Staatssekretär in der Kulturabteilung des Auswärtigen Amtes, zuletzt Botschafter in Dublin und ist jetzt pensioniert.

Redlichkeit, Fleiß und Bildungsdrang verhalfen meinen Eltern bald zu einer gutbürgerlichen Existenz. Meine Mutter kam schon aus dieser Atmosphäre; sie hatte eine gute Schulbildung genossen und bei den jungen Kaufleuten die Umgangsformen erlernt, die meinem vom Lande stammenden Vater jetzt zugute kamen. Er hatte mit 26 Jahren die Schönsche Glaserei käuflich erworben und baute sie nun weiter aus: ein Spiegel- und Bilderrahmungs-Geschäft mit Vergolderei kam hinzu. Der Aufstieg des Vaters vom bescheidenen Handwerker zum angesehenen Unternehmer hing eng mit der politischen Entwicklung der damaligen Zeit zusammen. Frankfurt, 1866 Preußen einverleibt, erlebte besonders nach dem gewonnenen Krieg von 1870/71 einen außergewöhnlichen Aufschwung, der sich unter anderem in einer stürmischen Bautätigkeit auswirkte. Damals arbeiteten viele tüchtige Handwerker – darunter auch mein Vater – bis in die Nacht hinein, machten gute Gewinne und erwarben eigene Liegenschaften. So konnten meine Eltern schon ein Jahr nach meiner Geburt die kleine und viel zu eng gewordene Wohnung in der Bockgasse aufgeben und das größere Wohn- und Geschäftshaus Nr. 21 in der Töngesgasse kaufen.

An die Stätte meiner Geburt erinnere ich mich nur noch von einigen späteren Besuchen. Die Wohnung muß äußerst eng gewesen sein. Wir Kinder schliefen in einem Alkoven, der nur vom Treppenhaus etwas Licht bekam. Zu erreichen war dieser Raum durch das Schlafzimmer meiner Eltern, das zugleich Wohn- und Eßzimmer war. Das dritte Zimmer war der obligate »Salon« mit dem damals unvermeidlichen Goldfischglas. Das Treppenhaus besaß eine enge, hölzerne Wendeltreppe mit einem als Handlauf dienenden Seil. Im Erdgeschoß war die Glaserwerkstatt; das Glaslager befand sich im Keller, durch eine Klapptür zugänglich.

Die neue Wohnung in der Töngesgasse war dagegen groß und geräumig. Sie bot genug Platz für uns vier Jungen und auch für das weiter wachsende Geschäft.

In der Töngesgasse beschäftigte mein Vater schon bald mehrere Gesellen: ein paar Glaser, einen Schreiner, einen Rahmenmacher und einen Vergolder. Er selbst übte keine Handarbeit mehr aus, entwickelte sich mehr und mehr zum Unternehmer und mußte für den sich vermehrenden Hausbesitz viel Zeit aufwenden.

Der Vater war von sieben Uhr morgens bis sieben Uhr abends im Geschäft, mit einer kurzen Unterbrechung durch das Mittagessen in der Wohnung. Während dieser Mittagszeit vertrat ihn die Mutter im Laden. Eine gemeinsame Mahlzeit gab es also in den ersten Jahren nur an den Abenden, bis dann ein junger Verkäufer eingestellt werden konnte, der die Mutter von der Mittagsvertretung im Laden befreite.

Die Wohnung in der Töngesgasse war zwar, wie gesagt, geräumig, aber insofern merkwürdig, als es sich eigentlich um zwei Häuser handelte: Töngesgasse 21 und Steingasse 21. Alle Fenster unserer Wohnung gin-

11

gen nicht nach der freundlichen Töngesgasse, sondern nach der engen und dunklen Steingasse. Unsere Wohnung gehörte also eigentlich zur Steingasse und hatte hier auch ihren Aufgang. Er wurde aber nie benutzt, denn wir betraten das Haus durch den viel schöneren Eingang in der Töngesgasse. Um in die Wohnung zu gelangen, bedurfte es deshalb eines ziemlichen Umwegs. Durch einen langen, schmalen Gang im zweiten Stock, das »Gängelsche« genannt, kam man zunächst in die große Küche, erst danach erreichte man die Wohnung und trat so gewissermaßen aus der Töngesgasse in die Steingasse. Wenn wir in späteren Jahren einmal Besuch bekamen, konnte dieser gleich aus dem Duft in der Küche schließen, was ihm später im Eßzimmer vorgesetzt würde.

In dem an der Steingasse liegenden älteren Hausteil befanden sich unsere Wohnung, das Ladengeschäft, die Werkstätten und das Glaslager. Der neuere Hausteil an der Töngesgasse enthielt eine Anzahl von Büros, meist jüdischer Firmen, darunter auch das Sprechzimmer der beiden sehr angesehenen Rechtsanwälte Dr. Geiger und Dr. Flesch. Wir Jungen liebten Dr. Geiger ganz besonders, weil wir, traf er einen von uns auf der Treppe, von ihm einen »Kluntscher« geschenkt bekamen, so nannte man damals die großen Hustenbonbons. Der Anwalt lutschte sie gegen seine Heiserkeit, die er sich durch viele Besprechungen und Verteidigungsreden zugezogen hatte, und wir Buben waren die Nutznießer.

Dr. Geiger gehörte zu den führenden Persönlichkeiten der Frankfurter Stadtverordnetenversammlung. Auch mein Vater wurde später Stadtverordneter als Mitglied der Demokratischen Partei. Er war Vertreter des gehobenen Handwerkerstandes und behielt diese Stellung acht Jahre lang, trat aber persönlich nie besonders hervor. Gegen die großen Redekünste der Berufspolitiker kam er nicht an.

Unsere Wohnräume lagen im zweiten Stock. Wir Buben schliefen im dritten Stock, dem Dachgeschoß, mit schrägen Wänden und Fenstern. Dort oben gab es keine Heizung. Ich erinnere mich, daß im kalten Winter das Eis in unseren Waschschüsseln mit heißem Wasser aufgetaut werden mußte.

Ein großes Fest war immer das »Bad am Samstagabend«. Eines unserer beiden Dienstmädchen füllte zu diesem Zweck die neben den Schlafzimmern der Eltern aufgestellte große Zinkwanne mit heißem Wasser aus der Küche. Hier spielten sich die herrlichsten »Seeschlachten« ab, denn wir jüngeren wurden zu zweit in die Wanne gesetzt. Nachdem uns die »Jahnsche« oder die »Kathrin« tüchtig abgeschrubbt hatte, brauchten wir uns nicht wieder anzuziehen, sondern durften im frischen Nachthemd zum Abendessen kommen.

An die Vorschuljahre habe ich sonst nur noch wenige Erinnerungen, wie etwa die gelegentlichen Besuche mit den Eltern bei der Großmutter Giese in der Bockgasse, die dort immer etwas zu naschen bereithielt. Als ich vier Jahre alt war, trafen wir bei einem Sonntagsspaziergang den Klassenlehrer meines Bruders Heiner. Ich gab ihm zur Begrüßung die linke Hand, was beim Lehrer Verwunderung, bei den Eltern Unwillen hervorrief. Ich selbst dachte mir nichts Böses dabei, denn links ging mir alles viel besser von der Hand, und eigentlich bin ich auch heute noch »a Linkerdatsch«.

Mein erster Jahrmarktbesuch fiel für mich recht traurig aus. Meine Mutter hatte mir zehn Pfennig in die Hand gedrückt, für die ich mir auf dem »Dibbemarkt« etwas kaufen sollte. Unsere »Jahnsche« begleitete mich zum nahe gelegenen Römerberg. Ich kam aus dem Staunen nicht heraus, über all die Dinge, die man hier für zehn Pfennig haben konnte: bunte »Klicker«, Drehtöpfe, Lupen, mit denen man Milben in einer Käsekruste beobachten konnte, türkischen Honig und andere Süßigkeiten. Alles war so herrlich, daß ich mich zu nichts entschließen konnte. Auch die guten Ratschläge der »Jahnschen« nutzten nichts, ich ging heulend nach Haus. Leider weiß ich nicht mehr, ob die Münze dann in die Sparbüchse kam, für die ich damals an jedem Sonntag einen Pfennig erhielt.

Verwöhnt wurden wir Jungen in unserer frühen Jugend also nicht, freuten uns aber auf die Feiertage um so mehr. Zu diesen Feiertagen gehörten unsere Geburtstage: Julius im Januar, Heiner im Februar, Otto im März, Karl im Oktober. Da bekam das Geburtstagskind fünf Apfelsinen, die damals noch etwas Außergewöhnliches waren. Von diesen war für jeden der Brüder eine bestimmt, für das Geburtstagskind blieben also zwei. Außerdem gab es an den Geburtstagsnachmittagen immer Schokolade mit Schlagrahm – ein seltener Genuß. Pralinen kannten wir nicht, bekamen aber, wenn wir bei Gebrüder de Giorgio in der Bleidenstraße Kakao oder Schokolade kauften, ein kleines Täfelchen geschenkt. Deshalb waren diese Einkäufe bei uns besonders beliebt.

Das Weihnachtsfest wurde auch schon in unserer frühen Jugend ziemlich üppig gefeiert. Wochen vorher durften wir der Mutter beim Ausstechen der Weihnachtsplätzchen helfen, wobei die Form eines »Polizeidieners« besonders beliebt war. Offenbar aus pädagogischen Gründen ließ uns unsere Mutter aber immer nur eine relativ kleine Anzahl von »Polizeidienern« ausstechen, die meisten anderen Plätzchen waren glatt und rund; die »Polizeidiener« schmeckten uns, obgleich genau aus demselben Teig, natürlich besser als die anderen. Der Weihnachtsbaum wurde unter Ausschluß der jüngeren Brüder von Karl geputzt, und die Art des Baumschmuckes variierte jeweils nach seinem künstlerischen Ermessen.

Den Auftakt des Weihnachtsfestes bildete die Bescherung der Handwerker im Geschäft des Vaters. Jeder bekam einen Kuchen, ein oder zwei Flaschen Gundersheimer, also Wein aus Familienbesitz, ferner drei oder fünf Mark in bar, was, wie beim Wein, vom Familienstand des Empfängers abhängig war. Daran schloß sich unsere Bescherung an, die in den ersten Jahren durch ein Weihnachtslied, später durch Vorspielen auf dem Klavier eingeleitet wurde.

Ich erinnere mich, daß sich unter den Geschenken einige »Dauerstücke« befanden, die nach den Feiertagen stets verschwanden und erst im nächsten Jahr wieder hervorgeholt wurden. Dazu gehörte unsere »Festung«, eine ziemlich stabile Pappangelegenheit. Der Clou war ein Loch in der obersten Zinne der Burg: Einige Glas Wasser in diese Öffnung gegossen, setzten unten einen Springbrunnen in Bewegung, dessen Wasser sich in ein kleines Becken ergoß.

Im Frühjahr 1885 kam ich in die Vorschule der Klinger-Oberrealschule. Die ersten Schreibübungen auf der Schiefertafel verliefen noch

glimpflich, konnte man doch mißglückte Buchstaben wieder weg-
wischen und neu schreiben. Als wir jedoch zu Schreibheften übergingen,
hatte ich gleich am Anfang Pech. Ich machte einen dicken Tintenklecks,
den ich nicht ausradieren konnte. Ergebnis: eine ebenso dicke Ohrfeige
des Klassenlehrers.

Im Schreiben war ich, auch abgesehen von diesem ersten Klecks, nicht
sehr geschickt; ich hätte es mit der linken Hand viel schneller gelernt.
Deshalb habe ich es in den ersten Schuljahren auch nie über einen
mittleren Platz unter den 45 bis 50 Schülern gebracht. In der Sexta kam
ich aber dann ganz unerwartet auf den dritten Platz. Das Französisch
fiel mir nämlich leicht, und Schönschreiben war nicht mehr so wichtig.
Unsere Eltern konnten sich natürlich nicht um unsere Schulaufgaben
kümmern. Dies tat auch Bruder Karl nicht, wenngleich unsere Erziehung bis zu seinem Studium ganz in seinen Händen lag. Er war fast
neun Jahre älter als ich, sechs beziehungsweise sieben Jahre älter als
Heiner und Julius. Frühzeitig entwickelte Karl sein pädagogisches
Talent. Er war sehr streng und leicht erregbar, und wir hatten großen
Respekt vor ihm. Ihm gegenüber mußten wir uns auch verpflichten, nie
mit den Jungen der Steingasse zu spielen, die ja aus sehr viel ärmliche-
ren Verhältnissen stammten und von denen wir nichts Gutes lernen
konnten. Wir hielten dieses Versprechen gewissenhaft ein.

Karl besuchte das sehr angesehene städtische Goethe-Gymnasium,
lernte also Griechisch und Latein und fühlte sich uns überlegen. Er
vergaß auch später nicht, uns klarzumachen, daß wir keine humanisti-
sche Bildung hatten. Dabei deklamierte er pathetisch, unsere Bewunderung erwartend, in griechischer Sprache aus der Odyssee und anderen
Texten, mit dem Ergebnis, daß ich noch heute einige griechische Verse
gut kenne, obgleich mir ihr Sinn erst Jahrzehnte später aufging. Ich
habe den Mangel an humanistischer Bildung nie ganz verwunden,
wurde aber mehr als 60 Jahre später durch unseren ersten Bundespräsidenten Theodor Heuss getröstet, als ich ihm nach meiner Wahl
zum Präsidenten der Max-Planck-Gesellschaft dieses Bildungsmanko
gestand.

Im allgemeinen verlief meine Oberrealschulzeit recht unbeschwert. In der Schule pendelte ich zwischen dem zweiten und fünften Platz. Es gelang mir nie, unserem Primus Konkurrenz zu machen; mein Bruder Heiner dagegen kämpfte mit einigen seiner Mitschüler häufig um den ersten Platz. Er war gewissenhaft und strebsam, und nach seinem Einjährigen, also nach der Untersekunda, wurde unseren Eltern nahegelegt, ihn die Schule weiter besuchen zu lassen. Das ging aber nicht, weil die Eltern Heiner schon bald in das Geschäft nehmen wollten.

Solange Bruder Karl Gymnasiast war oder als Student Ferien hatte, sorgte er nicht nur für unsere Erziehung, sondern auch für unsere Unterhaltung. Wir spielten vor dem Abendessen oft einfache Karten-, Würfel- oder Brettspiele. Schach oder Skat lernten wir damals nicht. Für den Sieger setzte er gelegentlich als Preise Briefmarken aus, die bei uns sehr beliebt waren. Er hatte schöne Marken von einem Vetter aus Peru. Heiner und ich waren jahrelang begeisterte Markensammler, und einen beträchtlichen Teil unseres bescheidenen Taschengeldes trugen wir zu kleinen Markenhändlern.

Auch auf Waldspaziergängen war Karl ein einfallsreicher Führer. Beliebte Mittwochs- und Samstagsausflüge machten wir zur Goethe-Ruhe, zum Buchrainweiher, zur Grastränke und nach Gräfenbruch. Die Grastränke war ein Tümpel im Stadtwald, in dem es Molche in großer Menge gab. Wir zogen Stiefel und Strümpfe aus, fingen sie und brachten sie mit nach Hause. Einmal fingen wir zwei große Ringelnattern, die ebenfalls zu Hause gehütet werden sollten. Schon bald aber waren sie aus dem großen Glaskasten verschwunden und wurden erst nach Tagen hinter einer Gardinenstange wiedergefunden. Wir mußten sie daraufhin in den Wald zurückbringen.

Sonntags gingen wir oft mit den Eltern spazieren, was uns, wenn es sich nur um einen Rundgang durch die städtischen Anlagen handelte, keine besondere Freude machte, weil wir da nicht toben durften. Schöner waren die Spaziergänge zum Forsthaus, zur Oberen oder gar zur Unteren Schweinsstiege. Im vornehmen Forsthaus gab es allerdings nur Kaffee, in den etwas einfacheren Schweinsstiegen auch belegte Brote für uns Jungen. Sehr beliebt waren später gelegentliche Tagesausflüge in den Taunus, Odenwald oder Spessart.

Meine nur zwei beziehungsweise drei Jahre älteren Brüder Heiner und Julius versuchten, als sie noch im Lausbubenalter waren, mich zur »Tapferkeit« zu erziehen. Auf dem Wege zur Klingerschule kamen wir an der Ecke Zeil/Konstablerwache an einer Droschkenhaltestelle vorbei. Eines Tages sagte Julius: »Nur ein Feigling macht einen Umweg um die Pferde, statt unter ihnen hindurchzulaufen.« Ich bückte mich, kletterte zwischen den Beinen des nächsten Pferdes hindurch und wiederholte dies auch später so lange, bis mich eines Tages ein Droschkenkutscher verprügelte.

Julius wollte einmal, als er 14 Jahre alt war, gern eine Zigarette rauchen. Da er sich aber genierte, die Zigarette selbst zu kaufen, schickte er mich mit einem Pfennig in den Laden. Ich sollte die Zigarette kaufen und sie gleich anzünden. Ich tat es; es war meine erste Zigarette. Hustend und prustend, aber mit brennender Zigarette verließ ich unter dem Gelächter der Leute den Laden; Julius, der vor der Tür gewartet hatte, lachte mich ebenfalls aus. Zur selben Zeit suchten wir manchmal trockene Holunderzweige, schälten die Rinde ab, durchbohrten mit einer Stricknadel das Holundermark und versuchten, dieses zu rauchen. Es schmeckte abscheulich.

Natürlich wollte ich auch weiterhin meinen Mut unter Beweis stellen. Unsere Dachfenster im Schlafzimmer führten auf ein recht steiles Dach. Heiner und Julius waren als junge Glaserlehrlinge schon auf solchen Dächern herumgerutscht, ich natürlich noch nicht. Aber ich mußte das ebenfalls lernen, und so stieg ich aus dem Schlafzimmerfenster des dritten Stocks auf das steile Dach und rutschte darauf bis an das benachbarte Fenster von Karls Zimmer. Als ich mir viele Jahre später den Schauplatz meiner »Mutprobe« noch einmal besah, wurde ich mir mit Schrecken unseres damaligen Leichtsinnes bewußt, von dem die Eltern natürlich nichts ahnten.

Da wir genug Zeit hatten, konnten wir auch viel lesen. Wir waren in der Volksbibliothek abonniert; die Abenteuerromane und Reisebücher von Cooper, Wörishoffer, August Niemann und Jules Verne haben wir geradezu verschlungen. Etwas später kamen Felix Dahn, Georg Ebers und Oskar Höcker hinzu. Karl May kannten wir noch nicht.

In der Schule kam ich gut voran, doch erinnere ich mich auch an einige Episoden mit meinen Lehrern, von denen ich zuweilen wohl nicht ganz gerecht eingestuft worden war. So bewertete man einmal einen Deutschaufsatz von mir mit der Note »fünf«, weil ich mich schriftlich so ausgedrückt hatte, wie man in Frankfurt sprach: Ich hatte geschrieben: »Er bekam etwas gestohlen« statt »Er wurde bestohlen«. In einem anderen Falle nannte man mich vorlaut, nur weil ich gefragt hatte, warum im Englischen »duty« und »study« nicht ähnlich ausgesprochen werden, also »djuti« und »stjudi«.

Andererseits wurde ich aber auch selbst dann, wenn es mir eigentlich nicht zustand, gelobt. Ich hatte mir einmal während einer Turnstunde durch eine herabfallende Reckstange meinen rechten Daumen aufgerissen, der genäht werden mußte. In der Zeit darauf schrieb ich mit der linken Hand in Spiegelschrift auf Ölpapier, so daß der Lehrer nur das Papier zu wenden brauchte und meine Schrift normal lesen konnte. Er nannte mich »ein Muster an Fleiß und Tüchtigkeit«, obwohl mir ja als geborenem Linkshänder diese Übung gar nicht schwerfiel.

Ich erinnere mich auch noch gut an meinen Klavierunterricht. Wir Brüder spielten zur Weihnachtszeit unseren Eltern die Stücke vor, die wir in den Wochen zuvor geübt hatten. Die Eltern wußten zwar genau, was sie erwartete, taten aber immer überrascht und ließen uns die Freude an der eigenen Leistung. Meine Brüder gaben das Klavierspiel auf, sobald sie die Schule verließen, ich selbst spielte weiter. Aber statt der von der Lehrerin vorgeschriebenen Übungen bevorzugte ich mehr und mehr Potpourris und Ouvertüren der Opern, die ich im Theater gesehen hatte. Wir hatten lange Jahre ein Opernabonnement, und ich werde es nie vergessen, wie mich zunächst »Der Freischütz« und »Carmen«, später Wagner-Opern fesselten. Ein wirkliches Verständnis für Musik bekam ich aber erst später durch meinen Freund Siegfried Hilpert, mit dem ich regelmäßig die populären Konzerte der Berliner Philharmoniker besuchte. Trotz dieser Begeisterung habe ich aber auch dann, nachdem der Klavierunterricht schon lange beendet war, schwierige Stücke nie fehlerfrei gespielt.

In unserer freien Zeit – außer mittwochs und samstags gab es nachmittags zwei Stunden Unterricht – durften wir Buben leider auch nicht immer machen, was wir gern wollten. Nicht selten hatten wir Besorgungen für das Geschäft auszuführen: Bilder mußten zur Kundschaft gebracht, Passepartouts und große Kartons für einzurahmende Bilder abgeholt, Glaserdiamanten zum Einfassen getragen werden und mancherlei mehr. In der Vorweihnachtszeit hatten wir bis in den Heiligen Abend hinein Bilder auszutragen, weil das die Hauptgeschäftszeit war und der eine Hausbote nicht genügte. Dafür bekamen wir manchmal einige Pfennige Trinkgeld, die wir sehr gern annahmen.

Die Einkünfte vermehrten sich mit zunehmendem Alter. Außer dem regelmäßigen Wochengeld von etwa zehn Pfennig kamen noch 15 Pfennig pro Woche, wenn wir die nicht sehr beliebte Schürze des Nachmittags nach der Schule anzogen. Eine Zeitlang konnten wir »Zucker sparen«: Wir bekamen zwei Stück zum Kaffee; wenn wir nur eines nahmen, konnten wir das gesparte der Mutter zum Ladenpreis zurückgeben. Vom 14. oder 15. Jahre ab stiegen die Einkünfte auf etwa 50 Pfennig pro Woche. Dazu kamen für Ausflüge mit Freunden Sonderzulagen, so daß es uns an nichts fehlte.

Meine Brüder traten nach dem Einjährigen als Lehrlinge in das väterliche Geschäft ein. Nun gab es also keine gemeinsamen freien Mittwoch- und Samstagnachmittage mehr. Der tägliche Dienst fing für sie morgens früh um sieben Uhr an und dauerte bis sieben Uhr abends, dazu kam noch ein mehrstündiger Zeichenunterricht am Sonntagvormittag in der städtischen Fortbildungsschule. Ich selbst konnte die Freiheit weiter genießen.

Außer bei meinem Bruder Karl fand ich bei meinen Mitschülern keine geistige Anregung. Ihr Elternhaus war wie das meine bürgerlich, bei manchen eher kleinbürgerlich: Die Väter waren Handwerksmeister, mittlere Beamte, Kaufleute. Keiner meiner Klassenkameraden hatte vor, weiter als bis zum Einjährigen zu gehen. Wir kamen aber fast alle gut miteinander aus und haben allerlei nicht immer erlaubte Streiche gespielt. Hier erinnere ich mich besonders an meinen Mitschüler Jakob Link, ebenfalls Sohn eines Glasermeisters. Jakob Link war kein guter Schüler, hatte aber immer Späße im Kopf und brachte uns andere dauernd zum Lachen. Er steckte sich während des Unterrichts Stecknadeln in die Wangen, ohne daß es blutete, und ließ die Nadeln durch Grimassen und Gesichtsverrenkungen tanzen. Mit Hilfe eines vorgehaltenen Buches schirmte er sich gegen den Lehrer ab. Wir konnten natürlich nicht ernst bleiben, und ich mußte gelegentlich so lachen, daß ich dem Lehrer gegenüber meine Heiterkeit nur als krankhaft erklären konnte, was der gute Mann auch glaubte.

Da mein Vater niemals rauchte, war uns das Rauchen natürlich auch nicht erlaubt. Das reizte uns jedoch um so mehr. In der Untersekunda, also kurz vor dem Einjährigenexamen, hatten ein paar meiner Klassenkameraden und ich eine Art Stammtisch in der alten romantischen Bierwirtschaft vom »Ockel« hinter dem Garküchenplatz. Wir trafen uns dort gelegentlich am Samstagnachmittag, tranken zwei Glas Bier à 12 Pfennig, und das Wichtigste: Wir rauchten. Ich kaufte mir auf dem Wege dorthin auf dem Domplatz zwei Zigarren à sechs Pfennig. Sie haben mir zwar nie geschmeckt, aber geraucht habe ich sie doch.

Diese Stunden beim »Ockel« waren sehr harmlos. Wir saßen zusammen, erzählten oder verglichen Schularbeiten. Hauptsache: Wir waren im Wirtshaus! – und das war von der Schule streng verboten. Ich erinnere mich noch an den großen Schreck, den ich eines Abends bekam, als ich vom »Ockel« nach Hause kam. Unser Hausarzt, Professor Flesch, wartete dort auf mich, um mir in den Hals zu sehen. Ich hatte nämlich vorher eine Erkältungskrankheit gehabt. Selbstverständlich schlug ihm der Bier- und Zigarrendunst entgegen, als ich tief atmen mußte; aber er hat sich nichts anmerken lassen. Das habe ich ihm hoch angerechnet.

Diese verbotene, aber harmlose Kneiperei hatte ich übrigens von meinem Bruder Julius übernommen, der zwei Jahre vor mir als Untersekundaner mit einigen Kameraden damit begann. Bruder Heiner war dagegen, obwohl der Älteste, immer der Bravere. Nie wäre er als Untersekundaner in eine Wirtschaft gegangen. Das Ergebnis zeigte sich dann allerdings auf seinem Einjährigenkommers. Ich erinnere mich genau daran. Spät in der Nacht wurden unsere Eltern herausgeschellt. Zwei Schulkameraden brachten Heiner in völlig betrunkenem Zustand unter ziemlichem Getöse nach Hause. Die Eltern waren natürlich erschrocken und machten den weniger bezechten Kameraden Vorwürfe. Ich vergesse nie, wie der eine fünfzehnjährige Konkneipant zu meinem Vater sagte: »Aber Herr Hahn, regen Sie sich doch nicht auf, der Heiner ist halt bezecht. Das ist uns allen schon passiert; das müssen Sie doch verstehen!« Und so wurde die Bierleiche ins Bett gebracht, und alles war wieder gut. Meinem Bruder Julius konnte das ein Jahr später bei seinem Einjährigenkommers dank seiner »Selbsterziehung« nicht passieren.

Nach ihrer Lehrzeit erhielten meine Brüder ihre weitere Ausbildung in verschiedenen Städten. Bruder Heiner hatte keine besondere handwerkliche oder technische Begabung und arbeitete später mehr auf kaufmännischem Gebiet. Bruder Julius wurde im Laufe der Zeit Kunstsachverständiger; er war über das Vergolden von Rahmen an die Kunstwerke herangeführt worden. Zunächst aber bereicherten meine Brüder das elterliche Unternehmen durch ihre Fachkenntnisse. Der Glaserei wurde eine große Rahmenschreinerei und eine selbständige Vergolderei angegliedert. Heiner und Julius kamen auch in ihren bürgerlichen Karrieren voran; beide wurden Reserveoffiziere, für Söhne aus Handwerkerkreisen damals eine Seltenheit.

Heiner baute in späteren Jahren die väterliche Firma zu einem ansehnlichen und geschätzten Unternehmen aus, das als »Glasbau Heinrich Hahn« in Frankfurt heute unter der Leitung seines Sohnes Otto steht. Heiner starb im Jahre 1964.

Julius schuf das »Kunsthaus Hahn«, Frankfurt, Kaiserstraße 6, das bis zu seiner Vernichtung bei einem Bombenangriff 1945 in hohem Ansehen stand. Julius starb im Jahre 1948.

Eine Tochter Heiners hat uns drei Brüder viele Jahre später einmal folgendermaßen geschildert: Ihr Vater vereinige Selbstdisziplin und Pflichttreue, Sparsamkeit, Pünktlichkeit und Zuverlässigkeit, die man den Märkern nachrühmt; Onkel Julius dagegen zeige den heiteren Lebensgenuß, die Zugänglichkeit und die geistig wache Weltoffenheit des Rheinländers; Onkel Otto stelle eine Mischung aus dem beiderseitigen Elternerbe dar. Alle drei aber seien tüchtige und begabte Menschen gewesen.

Doch zurück zu meiner Schulzeit. Während Heiner und Julius »wanderten« und Karl in Bonn Altphilologie studierte, machte ich im Frühjahr 1894 mein Einjährigenexamen und wurde damit Obersekundaner der Klinger-Oberrealschule. Alle anderen verließen die Schule; ich war der einzige meiner Klasse, der auf der Schule blieb, denn ich sollte auf Wunsch meines Vaters Architekt werden und mußte also das Abitur machen.

Bis zu diesem Zeitpunkt war ich oft krank gewesen: Erkältungskrankheiten, Angina, Diphtherie, Asthma und schließlich auch eine schwere Lungenentzündung. An den etwas dramatischen Ausbruch der Diphtherie erinnere ich mich noch sehr gut. Ich besuchte mit meinen Eltern 1891 die große internationale elektrotechnische Ausstellung in Frankfurt, auf der die Lampen zum erstenmal durch elektrischen Strom aus einer Überlandleitung gespeist wurden. Als Kostbarkeiten wurden auch die ersten, noch recht teuren Aluminiumgegenstände gezeigt. Bei der Besichtigung eines Panoramas wurde mir plötzlich schwindelig, und ich fiel hin. Nach Hause gebracht, hatte ich über 40 Grad Fieber. Es dauerte mehrere Wochen, bis ich die Diphtherie überstanden hatte.

Etwa ein oder zwei Jahre später bekam ich eine Lungenentzündung, die mich in Lebensgefahr brachte. In den Nächten, in denen ich im Fieber lag, wich die Mutter nicht von meinem Bett. Ein kleines Stückchen Docht, das in einem Gefäß mit Öl schwamm, verbreitete auch bei Dunkelheit ein schwaches, beruhigendes Licht. Mein Schulfreund Karl Forster machte wochenlang morgens einen Umweg zur Schule, um sich nach meinem Befinden zu erkundigen. Meine Mutter hatte, obwohl wir Lutheraner waren, wie üblich katholische Schwestern zugezogen, die sie für besonders unermüdlich und zuverlässig hielt. Erst nach einigen Wochen wurde ich wieder gesund.

Neben diesen schweren Krankheiten plagte mich eine Zeitlang ein starkes Asthma, und ich trug zeitweilig einen Nasenklemmer, der mir das Atmen erleichtern sollte. Mein Asthma war in den Nächten manchmal so schlimm, daß ich, um schlafen zu können, fast aufrecht sitzen mußte. Meine Brüder, die im gleichen Zimmer mit mir schliefen, störte ich durch die dauernden Rasselgeräusche, die ich beim Atmen verursachte.

Als die zunächst nichts ahnenden Eltern davon erfuhren, wurde alles mögliche dagegen unternommen, so wurde zum Beispiel im Schlafzimmer ein mit Salpeter getränktes Papier angezündet, damit die Luft sauerstoffhaltiger würde. Und schließlich ging auch das Asthma vorüber.

Meine kräftigeren Brüder Heiner und Julius haben während ihrer Schulzeit nie eine Ferienreise gemacht, bei dem schwächeren Jüngsten gab es jedoch Ausnahmen. In Königstein im Taunus erhielt ich in meinen Sommerferien von einem Bademeister Kaltwasserpackungen zur Abhärtung. Andere Sommerreisen mit der Mutter gingen in den Odenwald oder in den Schwarzwald. Zu Hause mußte ich zeitweise täglich bis zu eineinhalb Liter Milch trinken oder Lebertran schlucken. Danach gab es oft ein kleines Gläschen Madeira als Trostschluck. Von meinem fünfzehnten Lebensjahr an war ich aber gesund und bin seit dieser Zeit eigentlich nie mehr ernstlich krank gewesen.

Aus den ersten Schuljahren stammt auch meine Grundeinstellung zur Religion. Zunächst mißfiel mir, daß wir so viel auswendig zu lernen hatten: Gesangbuchlieder und Bibelstellen vermittelten mir kein Verständnis für die Christenlehre. Dann wechselten im Religions- und Konfirmandenunterricht extrem konservative und liberal eingestellte Lehrer und Pfarrer einander ab. So wurde ich in meinen Gefühlen und Ansichten oft hin- und hergeworfen. Wenn ich abends betete, sprach ich das Vaterunser mehrere Male hintereinander, um mir das Wohlwollen der überirdischen Macht zu erhalten.

Ich schätze natürlich die christliche Ethik und den positiven Einfluß, der von den Kirchen ausgeht. Auch lernte ich im Laufe meines Lebens viele Persönlichkeiten kennen, die aktiv in der christlichen Arbeit standen und sich in schweren Zeiten unter dem Einsatz ihres Lebens zu ihrem Gott bekannten. Diesen Männern, darunter Pfarrer Niemöller und seiner »Bekennenden Kirche«, kann ich nur den größten Respekt entgegenbringen.

Pfarrer Förster von der reformierten Kirche hat auf die Kinder meines Bruders Heiner einen Einfluß ausgeübt, der auch mich als Lutheraner beeindruckte. Pfarrer Ring aus Frankfurt bin ich für seine trostreichen Worte dankbar, die er anläßlich der Trauerfeier für meinen tödlich verunglückten Sohn Hanno und seine Frau gefunden hat. Mit Landesbischof Lilje aus Hannover habe ich mich mehrmals freimütig unterhalten können; er hatte für die Schwierigkeit eines Naturwissenschaftlers in religiösen Fragen volles Verständnis.

Die katholische Kirche hat mich besonders in ihrem Zentrum, in Rom, stark beeindruckt. Als älterer Mensch habe ich mehrere Male den Vatikan besucht. Hohe kirchliche Feiertage mit ihrer Anziehungskraft auf große Menschenmassen haben auch mich fasziniert.

In Prälat Josef Höfer, bis 1967 Botschaftsrat beim Päpstlichen Stuhl in Rom, habe ich einen der wertvollsten und liebsten Freunde meiner Familie kennengelernt. Er hat meinem Sohn Hanno und seiner Frau in Rom bis zu ihrem Tode mit Rat und Tat zur Seite gestanden. Ihm habe ich auch die Bekanntschaft mit anderen hervorragenden Männern der katholischen Kirche, darunter Kardinal Bea, Bischof Hengsbach und Monsignore Wüstenberg, zu verdanken.

So sind meine Erfahrungen insbesondere mit hervorragenden Persönlichkeiten der evangelischen und katholischen Kirche sehr angenehm. Trotzdem stehe ich persönlich immer wieder vor der Frage: Wie ist die moderne Naturwissenschaft mit den Grundlehren unseres christlichen Glaubens und seiner Erlöserlehre in Einklang zu bringen? Max Planck hat mit diesen Problemen bis in seine letzten Lebensjahre hinein gerungen. In einem 1937 gehaltenen Vortrag über »Religion und Naturwissenschaft« spricht er seine Überzeugung über die Möglichkeit der Verbindung der scheinbar sich ausschließenden Weltanschauungen aus. Planck sagt wörtlich:

> »Nachdem wir die Forderungen kennengelernt haben, welche einerseits die Religion, andererseits die Naturwissenschaft an unsere Einstellung zu den höchsten Fragen weltanschaulicher Betrachtung knüpft, wollen wir jetzt prüfen, ob und wieweit diese beiden Arten von Forderungen miteinander in Einklang zu bringen sind. Zunächst ist selbstverständlich, daß diese Prüfung sich nur auf solche Gebiete beziehen kann, in denen Religion und Na-

turwissenschaft zusammenstoßen. Denn es gibt weite Bereiche, in denen sie gar nichts miteinander zu tun haben. So sind alle Fragen der Ethik der Naturwissenschaft fremd, ebenso wie andererseits die Größe der universellen Naturkonstanten für die Religion ohne jede Bedeutung ist.

Dagegen begegnen sich Religion und Naturwissenschaft in der Frage nach der Existenz und nach dem Wesen einer höchsten über die Welt regierenden Macht, und hier werden die Antworten, die sie beide darauf geben, wenigstens bis zu einem gewissen Grade miteinander vergleichbar. Sie sind keineswegs im Widerspruch miteinander, sondern sie lauten übereinstimmend dahin, daß erstens eine von den Menschen unabhängige vernünftige Weltordnung existiert, und daß zweitens das Wesen dieser Weltordnung niemals direkt erkennbar ist, sondern nur indirekt erfaßt, beziehungsweise geahnt werden kann. Die Religion benutzt hierfür ihre eigentümlichen Symbole, die exakte Wissenschaft ihre auf Sinnesempfindungen begründeten Messungen.

Wohin und wie weit wir also blicken mögen, zwischen Religion und Naturwissenschaft finden wir nirgends einen Widerspruch, wohl aber gerade in den entscheidenden Punkten volle Übereinstimmung. Religion und Naturwissenschaft – sie schließen sich nicht aus, wie manche heutzutage glauben oder fürchten, sondern sie ergänzen und bedingen einander. Wohl den unmittelbarsten Beweis für die Verträglichkeit von Religion und Naturwissenschaft auch bei gründlich-kritischer Betrachtung bildet die historische Tatsache, daß gerade die größten Naturforscher aller Zeiten, Männer wie Kepler, Newton, Leibniz, von tiefer Religiosität durchdrungen waren.«

Ich selbst konnte mich zu einem Glauben an einen lebendigen Gott nie durchringen. Ich halte die Religion und den Religionsunterricht, ob evangelisch oder katholisch, wenn mit Vernunft und Überzeugung vertreten, zur Erziehung der Jugend für gut und erstrebenswert. Bergpredigt und viele Stellen des Neuen und auch des Alten Testaments können durch ihre Schönheit und ihre Tiefe einer in Not geratenen Seele immer wieder zu einer Hoffnung verhelfen, die sie das Leben meistern läßt und die Furcht vor Alter und Tod nimmt.

Mit dem Übergang von der Unter- in die Obersekunda änderte sich nicht nur die Zusammensetzung der Klasse und die Atmosphäre der Schule, sondern für viele Schüler – darunter auch mich – die Einstellung zum anderen Geschlecht.

So erlebte ich meine erste »große Liebe«. Sie hieß Paula, war einige Monate jünger als ich und wohnte als Tochter der Drogeriebesitzerin Emma Schausten in der Hasengasse, einer Nebenstraße der Töngesgasse. Meine Eltern hatten die Familie Schausten durch den Tanzunterricht meiner Brüder kennengelernt. Heiner und Julius fanden dort, gerade 17 und 18 Jahre alt, an den etwa gleichaltrigen Schwestern Emmy und Sophie Schausten Gefallen, deren dritte und jüngste Schwester Paula war. Alle drei Mädchen hatten durch eine sehr gebildete alte Tante, die einmal Erzieherin in einem vornehmen Haus gewesen war, eine gute Erziehung genossen. Sie waren sehr zurückhaltend und vielen jungen Männern gegenüber fast hochmütig. Mein Bruder Heiner verliebte sich in Emmy, verlobte sich bald und heiratete sie 1900 an seinem 24. Geburtstag. Julius bewunderte die besondere Schönheit der Sophie, doch dabei blieb es. Ich aber verliebte mich sterblich in Paula.

Paula hatte lang herabhängende rote Haare. Ihr Gesicht war vielleicht nicht so harmonisch schön wie das ihrer Schwester Sophie, aber sie war gütig und klug. Paula hatte mich sofort verzaubert. Mir gegenüber war sie freundlich und scheinbar unbefangen, aber ihrer Erziehung gemäß immer zurückhaltend. Als sie merkte, wie verliebt ich in sie war, wurde sie noch unnahbarer.

Unsere Familien lernten sich bald näher kennen, und so gingen wir sonntags gelegentlich gemeinsam spazieren. Ein Tagesausflug in den Taunus oder in den Spessart etwa war für mich natürlich ein aufregender Tag. Mit von der Partie war gelegentlich auch die Familie Körber, Besitzer einer Samenhandlung neben der Schaustenschen Drogerie. Körbers hatten einen Sohn, Jan (Johann), der etwas älter war als ich. Nach diesen gemeinsamen Ausflügen war ich abwechselnd himmelhoch jauchzend oder zu Tode betrübt. Das hing davon ab, ob sich Paula mit mir allein unterhalten oder sich mit Jan Körber amüsiert hatte. Mit Jan konnte sie viel unbefangener sein, denn dieser, wenn auch in sie verliebt, nahm die Sache nicht sehr ernst.

Wie gern hätte ich ein Bildchen von ihr gehabt! Sie gab mir aber keines, und deshalb veranlaßte ich im Winter einmal einen Freund, Paula beim Schlittschuhlaufen zu photographieren. Das Resultat waren zwei kleine unscheinbare Bildchen. Später wagte ich, Paula eines davon zu zeigen; sie nahm und zerriß es. Vorsichtigerweise hatte ich ihr aber von der Existenz des anderen Bildes nichts gesagt, das ich als teueres Andenken bewahrte.

Während dieser ganzen Zeit führte ich ein Tagebuch meiner Liebe. Ich erzählte darin ausführlich von meinen Träumen, soweit sie sich um Paula drehten. Ich schilderte unsere Zusammenkünfte in den beiden Familien, notierte das mich Beglückende, verzichtete aber auch nicht auf das Tragische. Das Tagebuch habe ich als wertvolles Pfand meiner ersten Liebe viele Jahre aufgehoben. Erst in den späteren Kriegszeiten ging es verloren.

Wir drei Brüder hatten als Erkennungssignal unseren besonderen Pfiff. Da wir uns damals sehr für Richard Wagner interessierten, war der eine Pfiff aus der Walküre »Wer meines Speeres Spitze fürchtet«, der andere aus Siegfried »Siegfrieds Horn«. Schaustens kannten diesen Pfiff natürlich auch. Wenn ich abends vom Theater oder vom Turnverein nach Hause ging, führte mich mein Weg immer durch die Hasengasse. Ich pfiff in der Dunkelheit das Erkennungssignal und wurde glühendrot dabei. Sonst geschah aber nichts. Schaustens Wohnung lag im dritten Stock ihres Hauses. Selbst wenn sich an einem der Fenster etwas geregt hätte, wäre dies meiner Beobachtung entgangen.

Das brachte mich auf eine andere Idee. Um das Jahr 1895 baute mein Vater das neuerworbene Grundstück zwischen Töngesgasse 18 und Rheineckstraße 21 zur Erweiterung des Spiegel- und Bilderrahmengeschäftes völlig um. Wir zogen aus dem Haus Töngesgasse 21 in die sehr viel größere und schönere Wohnung Töngesgasse 18. Durch den Bau dieses neuen Hauses kam ich Paula wenigstens räumlich etwas näher. Erspähte ich jetzt beim Nachhausekommen am späten Abend in der Wohnung Schausten noch einen Lichtschimmer, dann schlich ich mich wie ein Einbrecher durch den Vordereingang der Töngesgasse nach hinten zum Rohbau Rheineckstraße, kletterte an den schmalen, in der Dunkelheit besonders gefährlichen Gerüstleitern hinauf und pfiff unsere Walkürenmelodie. Ich konnte von der Höhe des Neubaus in die etwa 50 bis 70 Meter entfernte Wohnung Schausten hineinsehen, und manchmal glaubte ich auch, eine Bewegung der Gardine festzustellen, aber sicher war ich nie. Vielleicht hatte Frau Schausten nur nachgesehen, wer von uns Jungen zu so später Stunde den Hahn-Pfiff losließ.

An Heirat habe ich damals nie gedacht, sondern nur daran, mit Paula plaudern zu dürfen oder in ihrer Nähe zu sein. Nie wagte ich einen Händedruck oder gar einen Kuß, und doch war es eine schöne Zeit. Als ich studierte, verlobte sich Paula mit dem Drogisten Paul Finster, der damals Angestellter bei Schaustens war und später eine eigene, gutgehende Drogerie in Dresden führte. Als sie heirateten, freute ich mich darüber, denn der erste Jugendrausch war inzwischen vergangen.

Paulas Zurückhaltung mir gegenüber läßt sich wohl durch ihren löblichen Vorsatz erklären, mich nicht in meinem Fortkommen zu behindern. Schließlich war ich ja mit 16 oder 17 Jahren noch ein Schüler, während Paula in diesem Alter schon eine heiratsfähige junge Dame war. Wie ich später von meiner Schwägerin Emmy hörte, teilte Paulas Mutter damals ihre Ansicht.

Die Zeit hat uns räumlich getrennt, aber immer waren wir über einander informiert, denn ab 1900 waren wir ja miteinander verwandt. In späteren Jahren trafen wir uns auch öfter bei der Familie meines Bruders, aber niemals haben Paula und ich über unsere Jugendliebe gesprochen, und bis zuletzt redeten wir uns mit »Sie« an Nach langer, glücklicher Ehe kam Paula Finster geborene Schausten mit ihrem Mann und zwei Söhnen in Dresden 1945 bei einem Großangriff um. Zwei weitere Söhne waren schon vorher gefallen.

Der Wunsch meines Vaters, daß ich das Abitur machen und anschließend Architektur studieren sollte, entsprang wohl seinem eigenen

Interesse am Hausbau. Er entwickelte beim Kauf von Häusern und Grundstücken einen Weitblick, der sich für die ganze Familie segensreich auswirkte. Zum Beispiel ließ er das Haus Töngesgasse 18 so umbauen, daß es zur Rheineckstraße, die erst einige Jahre später ausgebaut wurde, eine repräsentative Front bekam. Mit dem Straßenbau entlang der Frankfurter Markthalle stieg der Wert unseres neuen Wohn- und Geschäftshauses, in dem auch mein Bruder Heiner mit seiner sich allmählich vergrößernden Familie genügend Platz fand.

Wir selbst wohnten in der Töngesgasse 18, bis meinen Vater erneut die Baulust packte. Wir hatten hier zwar eine schöne große Wohnung, aber der Blick aus den Fenstern in die enge Steingasse mit ihren alten Häusern ließ bei ihm die Sehnsucht nach Weite, Licht und Luft täglich größer werden. Selbst der herausragende Dom mit seinem schönen Glockenspiel konnte das Häusergewirr der Altstadt in den Augen meines Vaters nicht anziehender machen. So kaufte er dann im Westen Frankfurts, in der Nähe der Bockenheimer Landstraße, einen freien Bauplatz mit Garten und ließ hier, am Beethovenplatz 4, ein neues, dreistöckiges Haus mit drei Achtzimmerwohnungen errichten.

Im Jahre 1904 war es soweit. Meine Eltern bezogen mit den unverheirateten Söhnen Karl und Julius das Erdgeschoß. Für mich war ein schönes Zimmer im Dachgeschoß reserviert. Leider konnte sich die Mutter nicht lange an der neuen Wohnung mit ihren Komfort erfreuen. Sie starb schon zwei Jahre später an Diabetes. Mit dem Tode seiner Frau verlor unser Vater eine nimmermüde, treue Lebensgefährtin, wir verloren eine Mutter, die in Freud und Leid stets für ihre Söhne dagewesen war, uns mit Liebe umsorgt hatte und nun eine unersetzliche Lücke hinterließ. Sie hatte maßgeblichen Anteil am Aufstieg der Familie gehabt.

Schon bald hegte unser Vater neue Pläne zum Kauf eines repräsentativen Geschäftshauses, zumal die Kunsthandlung meines Bruders sich so gut entwickelte, daß ein Umzug aus der Altstadt in einen vornehmen und modernen Stadtteil ratsam erschien. In der Kaiserstraße 6, in der Nähe des »Frankfurter Hofes«, wurde ein großes Geschäftshaus erworben und die Kunsthandlung nach dort verlegt. In der Töngesgasse blieb nur der alte Handwerksbetrieb zurück, aus dem sich später der schon erwähnte »Glasbau Heinrich Hahn« entwickelte.

Am Aufblühen Frankfurts hatte also auch unsere Familie in ganz erheblichem Ausmaß teil. Der Erste Weltkrieg hinterließ keine Spuren, und durch die Inflation wurden nur die Ersparnisse aufgezehrt, während der Hausbesitz erhalten blieb. Der Zweite Weltkrieg vernichtete dann aber auch unsere Häuser: Die Grundstücke in der Töngesgasse und in der Rheineckstraße fielen den Bomben zum Opfer; das schöne Haus Beethovenplatz 4 wurde ein Trümmerhaufen, und der Stolz des Vaters, die Kaiserstraße 6, wurde so stark beschädigt, daß die Familie die mehreren hunderttausend Mark für die Wiederherstellung nicht aufbringen konnte. Das Haus wurde verkauft.

Die Kaiserstraße 6 ist heute unter ihrem neuen Besitzer in alter Schönheit wiederaufgebaut. Am Beethovenplatz 4 errichtete die Frankfurter Universität eine neues, schönes Gebäude, das als »Walter-Kolb-Haus« die Erinnerung an den früh verstorbenen Oberbürgermeister Kolb wachhält.

Die Vorliebe meines Vaters für Häuser und Hausbau macht es also verständlich, warum er gern einen seiner Söhne als Architekten gesehen hätte. Sein Stiefsohn Karl aber zeigte schon früh pädagogische Fähigkeiten, und er war wirklich ein geborener Erzieher, wie er es später viele Jahrzehnte lang als Oberlehrer, Studienrat und Professor bewies. Sein Reich war das Frankfurter Goethe-Gymnasium, an dem er Generationen von Schülern in die klassischen Sprachen einweihte. Heiner und Julius schieden als Architektenanwärter ebenfalls aus, denn sie sollten einmal Vaters Geschäft übernehmen. So blieb nur der jüngste Sohn übrig. Leider konnte ich aber gar nicht zeichnen, hatte keinerlei künstlerische Phantasie und war zum Architekten denkbar ungeeignet. Trotzdem wurde doch noch ein schwacher Versuch gemacht. Ich ging, wie früher meine Brüder Heiner und Julius, als Obersekundaner eine Zeitlang regelmäßig sonntags vormittags zum Zeichenunterricht in die Frankfurter Fortbildungsschule. Geometrische Konstruktionen gelangen mir ganz gut, im Freihandzeichnen war ich jedoch unmöglich.

Zurück zur Klinger-Schule. Da ich, wie gesagt, der einzige war, der von den Mitschülern der unteren Klassen nach dem Einjährigen in der Schule blieb, bildete sich nun ein neuer Freundeskreis. Die Kameraden kamen aus anderen Realschulen Frankfurts oder Bockenheims. Einige hatten vorher mittlere Bürgerschulen besucht, deshalb allerhand nachzuholen, und zeichneten sich durch besonderen Fleiß aus. Ihre Eltern hatten den Ehrgeiz, die Söhne einmal etwas »Besseres« werden zu lassen. Nur einer von uns, Hugo Mylius, stammte aus einer alten Frankfurter Patrizierfamilie. Er war ein netter Kamerad und wurde ein guter Freund von mir. Aber sein Elternhaus hat keiner von uns Mitschülern betreten, denn wir anderen gehörten ja nicht zur vornehmen Frankfurter Gesellschaft.

Von der Obersekunda ab waren wir nur noch zehn bis zwölf Schüler in der Klasse, statt 40 bis 50 zuvor. Jetzt wurden wir von unseren Lehrern mit »Sie« angesprochen. Das und die langen Hosen, die wir nun trugen, hoben unser Selbstgefühl beträchtlich. Die kleinen Kneipereien hatten aufgehört, alle waren vernünftiger und ruhiger.

Kurz nach dem Eintritt in die Obersekunda machte ich mit einem meiner Kameraden in den Sommerferien eine schöne Wandertour. Mit dem Rucksack auf dem Rücken marschierten wir über die Kämme der Vogesen und die Hohe Königsburg nach dem Donon, dem Sulzer Belchen und sogar über die französische Grenze nach Gérardmer. Am 14. Juli, dem französischen Nationalfeiertag, sahen wir auf den Bergen an der Grenze, aber auch auf deutscher Seite, Erinnerungsfeuer brennen. Das bewunderten wir sehr. Der Rückweg führte uns über den Rhein und den Schwarzwald. Der Reiseplan stammte von Bruder Karl, der schon vorher mit Heiner eine ähnliche Tour unternommen hatte.

Ich erinnere mich mit Hochachtung vor allem an unseren Direktor Simon, der uns Französischunterricht erteilte, an den sehr guten Mathematiklehrer Presber und den lieben, aber etwas wunderlichen Englischlehrer Professor Fritsch. Sie nahmen ihren Beruf sehr ernst und gaben sich redlich Mühe mit uns.

Sehr viel bescheidener war der Unterricht in den Naturwissenschaften.

Dem Physiklehrer, offenbar durch sein Stottern sehr gehemmt, gelang es trotz aller Anstrengungen nicht, uns für die Physik zu interessieren. Der Unterricht in Chemie war »zum Schlafen langweilig«, und doch interessierte ich mich zunehmend gerade für dieses Fach. Schon in der Zeit der Untersekunda hatte ich mit einem meiner Kameraden in der Waschküche meiner Mutter Versuche durchgeführt. Ich lernte Wasserstoff herzustellen, mit Sauerstoff Kohle zu verbrennen, mit Natriummetall, gelbem Phosphor und Kaliumchlorat zu experimentieren. An Formelgleichungen wagten wir uns allerdings noch nicht heran.

In den höheren Klassen wurde es ein bißchen besser. Ein Freund meines älteren Bruders Karl, der selbst Chemie studierte, schenkte mir das Lehrbuch »Schule der Chemie« von Stöckardt, und in der Oberprima hörten wir sogar ein Kolleg über organische Farbstoffe bei Professor Martin Freund, dem späteren Ordinarius für Chemie an der Frankfurter Universität. Er zeigte uns sehr schöne Farbreaktionen. So verdichtete sich langsam bei mir der Wunsch, Chemiker zu werden.

Bei aller Arbeit für die Schule blieb mir aber auch jetzt genügend Zeit, mich mit anderen Dingen zu beschäftigen. Zu den Abenteuerbüchern gesellte sich allmählich populärwissenschaftliche Literatur: Carus Sterne, Ernst Häckel, Ernest Renan, Max Eyth, Kurt Lasswitz und andere. Nur kurz interessierte ich mich auch für Spiritismus. Die Bücher von Karl des Prel und Dessoir regten mich aber so auf, daß ich die Lektüre wieder aufgab.

Als Ausgleich zum vielen Lesen ging ich, angeregt durch meinen Bruder Heiner, einmal wöchentlich abends zum Turnen in den »Frankfurter Turnverein«. Vom Direktor hatte ich die Erlaubnis dazu, obgleich das Abendturnen offiziell für Schüler nicht erlaubt war. Später beschäftigte ich mich auch mit Kunstgeschichte. Die Anregung hierzu kam ebenfalls von einem meiner Brüder; Karl hielt als junger Oberlehrer an einer Zweigstelle des Frankfurter Hochstifts Vorträge über kunstgeschichtliche Themen, die auch mich sehr interessierten. Er organisierte schon damals für seine Unterprima längere Studienfahrten nach Rom und sorgte dafür, daß auch die Söhne weniger bemittelter Eltern daran teilnehmen konnten.

In den letzten Schuljahren entwickelte sich zwischen meinen Mitschülern Gustav Becker, Georg Dahmer und mir eine Freundschaft, die ein Leben lang anhalten sollte. Beide waren ernster und solider als ich und boten somit, vor allem nach meinem Studium, ein gewisses Gegengewicht zu meiner etwas oberflächlichen Unbekümmertheit.

Gustav Becker, immer der Klassenbeste, studierte später Neuere Sprachen, wurde Oberlehrer und war fast eine Art Sprachgenie. Als Lehrer arbeitete er nebenher wissenschaftlich, lernte Sanskrit und interpretierte Shakespeare. Seine Vermögensverhältnisse hatten ihm leider nicht erlaubt, Hochschullehrer zu werden.

Wie Gustav Becker stammte auch Georg Dahmer aus sehr einfachen Kreisen. Sein Vater war Unteroffizier gewesen, der nach zwölfjähriger Dienstzeit eine kleine Pension bezog und nun ein Zigarrenlädchen in Bockenheim gekauft hatte. Unter großen eigenen Entbehrungen ließ er seinen begabten Sohn die Oberrealschule bis zum Abitur besuchen und später studieren. Dieser dankte es seinem Vater durch hervorragende Leistungen in Chemie, Geologie und Paläontologie. Noch als pensionierter Chemiker arbeitete er über Trilobiten, die kleinen Krebstierchen des Devon. Einige der zuerst von ihm beschriebenen Arten tragen seinen Namen. Die Universität Mainz verlieh ihm die Ehrendoktorwürde, eine hohe Auszeichnung für einen nicht mehr im normalen Wissenschaftsbetrieb stehenden Pensionär.

Im Frühjahr 1897 legte ich mein Abiturientenexamen ab. Da man bei einigermaßen guten Leistungen von der mündlichen Prüfung befreit wurde und ich in der Prima der Drittbeste unter neun oder zehn Schülern war, kam ich recht glimpflich davon. Mein Abschlußzeugnis zeigt drei volle Einsen, aber nicht etwa in Chemie, Mathematik oder Französisch, sondern in Turnen, Singen und Religion!

STUDIENJAHRE

Nachdem ich mich zum Studium der Chemie entschlossen hatte, kam die Frage nach der Hochschule. Hier war die Entscheidung schwierig, da ich mir nirgends wesentliche Anregungen holen konnte. Mein Bruder Karl wußte als Altphilologe zu wenig über das Chemiestudium. Ein Hausfreund unserer Familie, Hans Geisenheimer, studierte zwar Chemie und stand schon in einem höheren Semester, konnte mir aber nur raten, nicht nach Bonn zu gehen. Er hatte mit Professor Anschütz, einem Organiker, keine guten Erfahrungen gemacht und hängte nach der Promotion sogar die Chemie wieder an den Nagel. Er wurde Kunstwissenschaftler und später in Berlin Mitarbeiter am Preußischen Denkmalsschutz.

So traf ich meine Wahl nach geographischen Gesichtspunkten. In nächster Nähe zu Frankfurt lagen Marburg mit seiner Universität und Darmstadt mit der Technischen Hochschule. Da es damals hieß, daß Marburg keine Universität habe, sondern eine Universität sei, entschied ich mich für diese Stadt. Das war im Sommer 1897.

Unsere Familie hatte dort keine Bekannten oder Freunde, und so mußte ich als 18jähriger Jüngling versuchen, passenden Anschluß zu finden. Studentische Verbindungen gab es, aber ein Corps kam aufgrund meiner Herkunft nicht in Frage. Ich wäre gern bei einer Burschenschaft oder Landsmannschaft aktiv geworden, aber da intervenierten meine Eltern, weil sie gegen das Schlagen von Mensuren waren. Sie fürchteten wohl auch, daß ihr Sohn den Verlockungen des Alkohols allzu schnell erliegen würde.

Trotzdem mußte ich aber Kontakt bekommen, um nicht ganz auf mich allein gestellt zu sein. Da auf dem Bahnhof zu jedem ankommenden Schnellzug Aktive der verschiedensten studentischen Verbindungen patrouillierten, um sich ihre Keilfüxe zu suchen, geriet ich auf diese Weise an die Burschenschaft »Germania« und ließ mich, obwohl ich meinem Vater versprochen hatte, keine Bestimmungsmensuren zu schlagen, zu den Samstagvormittag-Mensuren nach Wehrda mitnehmen. Die meist recht blutigen Zweikämpfe mit ihrem offiziellen Ritus und Komment erschreckten mich, wenngleich ich aber auch eine stille Bewunderung nicht unterdrücken konnte. Von der täglichen Kneipe hielt ich mich fern, und so schlief die Bekanntschaft schon bald wieder ein, auch die hochoffiziellen Grüße unterblieben.

Jetzt kam die schlagende Verbindung »Sigambria« an die Reihe. Ihre Mütze hatte ich schon mal probeweise in der Wohnung meiner Eltern getragen, als dort ein zwei Jahre älterer früherer Klinger-Schüler, Paul Friemelt, vorgesprochen hatte. Als Keilfux aß ich einige Male in diesem Kreise zu Mittag, lernte dort aber einen Umgangston kennen, der mir nicht gefiel. Man war allzu forsch, oft sogar brutal, und Takt hatte man wenig. So fiel es mir auch nicht schwer, mich wieder von der »Sigambria« zu lösen. Paul Friemelt rächte sich später für die Enttäuschung, die ich ihm und seiner Verbindung damit bereitete, wie noch zu berichten sein wird.

Ein weiterer Klinger-Schüler, der drei Jahre ältere Karl Fries, versuchte es nun mit seinem »Naturwissenschaftlich-Medizinischen Verein«. Das war ein Zusammenschluß ohne Mütze und Band, Bestimmungsmensuren wurden nicht geschlagen, wohl aber wurde Satisfaktion gegeben. Auf der Kneipe fand ich einige Kommilitonen, die mir gut gefielen, und der Verein war zudem etwa das, was meinen Eltern wie auch unserem Hausfreund Geisenheimer als für mich passend erschien. Ich entschloß mich also, hier aktiv zu werden, wurde Fux und wählte mir einen sehr fröhlichen Leibburschen, der mir übrigens die ihm geliehenen 100 Mark sogar nach 20 Jahren noch zurückgegeben hat.

Ein bißchen sentimental war mir allerdings noch lange zumute, wenn ich frisch gebackene Mützenstudenten auf den Straßen sah. Wir zeigten nur unsere Bier- und Weinzipfel, dokumentierten aber doch damit, daß wir inkorporiert und keine »Blase« waren.

Ich wurde nun von einem »Erzieher«, dem Fuxmajor, in den Komment eingeführt und lernte schnell das zünftige Trinken. Sehr bald merkte ich, daß unser braver Verein in Sachen Komment mit dem »Spinnen«, den »Bierjungen« und dem »Biergericht« den Couleurverbindungen in nichts nachstand, sie vielleicht sogar noch überbot. Selbstverständlich hatten wir regelmäßigen Fechtunterricht, und die Fechtstunden waren fast wichtiger als das Kolleg. Die »Wissenschaft« unseres Vereins bestand in einem Referat, samstags vor Beginn der offiziellen Kneipe. Diese Vorträge boten keinerlei wissenschaftliche Anregung und wurden auch – als notwendiges Übel – möglichst schnell abgetan.

Anfangs behagte mir der Zwang nicht, an den nichtoffiziellen Abenden zum Bier kommen zu müssen. Aber bald gewöhnte ich mich daran und machte alles mit. Mancher Widerwillen wurde im Bier ertränkt. Nach ein paar Glas »trank man sich« am leider nicht sehr guten Marburger Bier »empor«. Die Biermarken, zehn Stück für eine Mark, wurden meist aufgebraucht und oft noch durch einige weitere ergänzt. Das Bier war wirklich sehr leicht, und vielleicht wurde das Glas vom Fax, dem Vereinsdiener, auch nicht immer bis zum Rand gefüllt. So wurde man auch ohne Schnaps fröhlich. Ich erinnere mich, daß ich am Anfang meiner »Erziehung zum Bier« an einem Sonntagmorgen mit dem Besen unter dem Tisch hervorgekehrt werden mußte.

Selbstverständlich spielten wir uns und anderen auch manchen Streich. Ich wurde einmal von einigen Vereinsbrüdern kurz vor Sonnenaufgang geweckt und aus dem Bett geholt. Angeblich wollten sie mich auf einen Morgenspaziergang mitnehmen. Während ich meine Morgentoilette machte, waren sie über das Eßpaket, das meine Mutter aus Frankfurt geschickt hatte, hergefallen. Als ich wieder in das Zimmer trat, hieß es: »Wir haben gut gefrühstückt und legen uns jetzt ins Bett. Auf Wiedersehen, lieber Hahn!« Ich hatte das Nachsehen.

Damals gab es in Marburg noch keine richtigen Schutzleute. Nachts taten sogenannte Nachträte ihren Dienst. Diese besuchten gelegentlich unsere Kneipe und ließen sich mit ein paar Glas Bier gerade von dem

Ort fernhalten, wo man einen Ulk vorhatte. Ein Strafmandat bekam ich später aber einmal mit einigen weiteren Vereinsbrüdern, als wir eines Nachts, so gegen zwei Uhr, unser ausrangiertes, altes, wackeliges Klavier von der etwa 300 Meter entfernten Kneipe in das Wachlokal des Rathauses am Markt schleppten und dort angaben, wir hätten das Klavier gefunden. Nachdem man uns mehrfach aus der Wache hinausgeworfen hatte, zogen die Wachmannschaften ihre alten Säbel und wollten uns im Spritzenhaus einsperren. Das verschärfte Strafmandat betrug 15 Mark, während man bei einem normalen nur drei Mark zu zahlen hatte. Später wurde in Marburg ein Polizeikommissar als höchster Ordnungshüter eingesetzt. Er war ein sehr dicker Herr, der in ganz Marburg von den Studenten »Fettauge des Gesetzes« genannt wurde.

Ich wohnte bei Mutter Lesch, der Frau eines Schuhmachers, auf der Ketzerbach und hatte zwei kleine Zimmer für 80 Mark im Semester, mit Frühstück. Das Quartier war sehr bescheiden; bei hochgestreckten Armen stieß man an die Decke. Über mir wohnte mein Vereinsbruder Hans Grau, einer der wenigen ernst arbeitenden Kommilitonen. In späteren Jahren war er Chefarzt einer Lungenheilstätte in Honnef am Rhein. Mit ihm war ich bis zu seinem Lebensende befreundet.

Auf der Universität belegte ich natürlich das Hauptkolleg Chemie bei Theodor Zincke sowie Physik bei Melde und wählte als Nebenfach Mineralogie und Kristallographie bei Bauer, weil dieses Fach der Chemie am nächsten stand. Diese drei Vorlesungen fanden vormittags statt; am Nachmittag war das Anfängerpraktikum über qualitative Analyse bei dem jungen, eben habilitierten Dozenten Rudolf Schenck. In das Chemiekolleg von 9 bis 10 Uhr ging ich regelmäßig. Auch die nicht sehr interessant gebotene, rein beschreibende Mineralogie hörte ich mit wenigen Ausnahmen. Aber mit der Physik stand es schlecht. Das Kolleg war von 8 bis 9 Uhr und Professor Melde ein alter Herr, der von den Studenten nicht mehr ernst genommen wurde. In meinem Verein hieß es, Melde liest zu früh, man braucht ihn nicht zu hören. So ging ich nach einigen ersten Anläufen tatsächlich nur ziemlich selten in die Physikvorlesung und habe den Mangel an gründlicher Ausbildung trotz mancher späterer Versuche nie eingeholt.

Völlig verfehlt war ein kurzer Versuch mit der Mathematik. In der ersten Stunde der »Einführung in die höhere Mathematik« durch Schottky, den Vater des jetzigen bekannten Physikers, Professor Schottky in Erlangen, verstanden wir jungen Chemiker nicht ein Wort. Wir belegten also nicht und gingen nie wieder hin. Erst mehrere Semester später kam ein jüngerer Dozent der Mathematik, Dr. von Delwigk, nach Marburg, hielt eine Einführung in die höhere Mathematik für Chemiker und Naturwissenschaftler, und da habe auch ich etwas profitiert.

Schließlich belegte ich im ersten Semester eine Vorlesung über Geschichte der Chemie bei Professor Fittica. Wir hatten uns dieses Kolleg eigentlich anregend und lehrreich gedacht. Aber Professor Fittica war ein schwerer Epileptiker. Schon im ersten Kolleg bekam er einen starken Anfall, der alle Hörer so erschreckte, daß die meisten nicht mehr wiederkamen. Er beschränkte sich auf das Vorlesen alter alchimistischer Texte. Offenbar war er durch eine Krankheit und die Beschäftigung mit den alten Texten selbst eine Art Alchimist geworden. Seine letzten Veröffentlichungen, von wissenschaftlichen Fachzeitschriften nicht mehr angenommen, behandelten eigene Elementverwandlungen, die er in den nach seinen epileptischen Anfällen folgenden Dämmerzuständen gefunden zu haben glaubte. Fittica war ein innerlich gütiger Mensch, der sich über seine schwere Krankheit nicht klar war. Er hatte einen Arbeitsplatz im Organischen Saal des Instituts. Was er dort arbeitete, wußte keiner von uns. Aber wir alle waren höflich zu ihm, er tat uns sehr leid.

Das Hauptkolleg bei Zincke war lehrreich, der Vortrag sachlich. Vor dem Kolleg schrieb Zincke die wichtigsten Gleichungen an die beiden großen Tafeln und arbeitete sie dann, durch Versuche unterstützt, systematisch durch. Wer sich die Gleichungen aufschrieb, sammelte einen eisernen Bestand an Kenntnissen, die später durch Spezialkollegs ergänzt werden konnten.

Im Wintersemester 1897/98, meinem zweiten Semester, folgte auf die anorganische Chemie die organische. Bei Schenck hörte ich ein Spezialkolleg; im Labor nahm die analytische Chemie ihren Fortgang. Das

Ganze war der Ende des vergangenen Jahrhunderts übliche Ausbildungsgang eines jungen Chemiestudenten, der keinen weiteren Ehrgeiz hatte und sich sonst das Leben so angenehm wie möglich machte.

Damals war es üblich, die Universität mehrere Male zu wechseln. So ging ich für das dritte und vierte Semester nach München. Ein wohl zu spät beantragter Wunsch nach einem Arbeitsplatz im Institut von Adolf von Baeyer konnte nicht mehr erfüllt werden. Ich mußte deshalb in dem in München gut bekannten privaten Institut von Dr. Bender und Hobein einen Platz für das Praktikum belegen. Thema der praktischen Arbeit: Die quantitative Analyse.

Ich belegte aber die Vorlesungen von Adolf von Baeyer. Sie waren eine Art Wiederholung des Kollegs von Zincke. Allerdings besuchte ich sie nicht ganz regelmäßig, da 15 Minuten nach Adolf von Baeyers Vorlesungen, der in der Arcisstraße las, ein Kolleg in der Universität folgte über Rembrandt und Rubens mit Exkursionen in der Alten Pinakothek, die mich sehr interessierten. So pendelte ich zwischen Arcisstraße und Universität hin und her und habe manchmal das eine, manchmal das andere ausfallen lassen.

Im Wintersemester 1898/99 kamen einige weitere Vorlesungen hinzu: physikalische Chemie von Muthmann, spezielle anorganische Chemie von K. A. Hofmann und ein Publikum aus der Zoologie, das wohl »Natürliche Schöpfungsgeschichte« hieß. Professor Muthmann war nicht sehr anregend: seine Experimente wollten nicht immer gelingen. Ganz anders war es bei K. A. Hofmann. Er war ein brillanter Vortragender, machte interessante Versuche, bei denen es oft knallte, und hatte stets interessierte Zuhörer.

Leider hatte ich gerade bei Professor Hofmann ein peinliches Erlebnis. Ich spielte des Mittags nach dem Essen in einem der Bierlokale der Kaufinger- oder Neuhauser Straße gelegentlich mit ein paar Freunden einen sogenannten Kaffeeskat. Wir wollten, wie es der Name sagt, nur während der kurzen Kaffeezeit spielen. Einmal blieben wir aber so lange sitzen, daß es früher Nachmittag wurde und ich gerade noch rechtzeitig um fünf Uhr in das Hofmannsche Kolleg eilen konnte. Das Ergebnis: Ich war müde und schlief nach einiger Zeit fest ein. Die Zuhörer merkten es und scharrten mich wach. Ich genierte mich so, daß ich das wirklich sehr gute Kolleg nicht mehr besuchte.

Bei Bender und Hobein war ich aber regelmäßig und machte meine quantitativen Analysen. Manche fielen mir schwer, und die Trennung Zinn / Antimon wollte mir trotz Wiederholungen nie recht glücken. Ich versuchte aber kein »corriger la fortune«, wie das wohl der eine oder andere tat. Zur Aufmunterung bei der Arbeit kam übrigens jeden Morgen etwa um 11 Uhr der Labordiener und brachte dem, der die Aufmunterung nötig zu haben glaubte, einen halben Liter Bier als bescheidenen Frühschoppen.

Einige meiner aus Marburg ebenfalls nach München gekommenen Vereinsbrüder gründeten hier zum Zwecke der Geselligkeit eine Art Ableger unseres Vereins. Er wurde ergänzt durch Kommilitonen des »Deutschen Wissenschaftler-Verbands«, die von anderen Universitäten gekommen waren. Im Gegensatz zur strengen Zucht unseres Marburger Bundes blieb es in der Großstadt München bei einer losen Vereinigung ohne Bierzwang, aber auch ohne sonstige Bindungen. Unsere Vereinskneipe war ein sehr bescheidenes Hinterzimmer in einem Lokal in der Lindwurmstraße. Wissenschaftliche Vorträge wurden natürlich hier nicht gehalten, aber auch der Bierkonsum war – trotz der guten Qualität des Bieres – wesentlich geringer als in Marburg.

Ich erinnere mich, daß wir eines Tages eine polizeiliche Mitteilung erhielten, ein Student sei tot aufgefunden worden, der vielleicht zu unserem Verein gehörte. Wir fanden den Vereinsbruder, den wir aber kaum kannten, im Keller der Anatomie. An seiner großen Zehe steckte ein Zettel mit dem Namen! Wir konnten den Leichnam identifizieren, begruben ihn und veranstalteten eine »Trauerkneipe«. Nach wenigen Tagen war er vergessen. Das Ganze war für mich ein Beispiel für die Grausamkeit der Großstadt; in Marburg wäre diese Routinehandlung undenkbar gewesen.

Um diese Zeit machte ich meine erste Bergtour. Zu dritt fuhren wir nach Garmisch und bestiegen die Zugspitze. Garmisch und Partenkirchen waren im Jahre 1898 noch ziemlich kleine, voneinander getrennte

Dörfer. Wir wanderten noch am ersten Tage den langen Weg bis zur Knorrhütte, übernachteten dort und gingen am nächsten Tag über das Schneefernerhaus auf die schneebedeckte Spitze.

Pfingsten 1898 folgte mit drei Freunden eine sehr schöne Tour über den Brenner und den Gardasee bis Venedig; zurück ging es durch die Dolomiten. Diese Pfingsttour ist mir heute, nach knapp 70 Jahren, noch recht deutlich in Erinnerung. Das gilt besonders für den Abstecher zum Jaufenpaß, von wo wir nach St. Leonhard wandern wollten, um Andreas Hofers Heimat kennenzulernen. Eine Fahrgelegenheit auf den Paß gab es damals natürlich noch nicht. Wir brachen frühmorgens auf und kamen erschöpft, erhitzt und mit leerem Magen auf der Paßhöhe an. Dort trank ich einen ganzen Liter Milch, von der Almbäuerin noch kuhwarm serviert. Ergebnis: Ich mußte mich so erbrechen, daß ich seit dieser Zeit nie mehr frische Milch getrunken habe. Mein Magen kam aber schnell wieder in Ordnung, nachdem mir die Sennerin eine Portion guten Käse verordnet hatte.

An unserem ursprünglichen Ziel, dem Gardasee, angekommen, faßten wir gemeinsam den Entschluß, nun noch Venedig zu besuchen. Unseren Eltern, die uns die Tour nur bis hierher genehmigt hatten, schrieben wir jeweils per Ansichtskarte, wir wären von den anderen Kameraden überredet worden. So erleichterten wir unser Gewissen und erlebten in Venedig einige schöne Tage. Die Stadtbesichtigung mußten wir allerdings in Pantoffeln machen, da wir die Schuhsohlen durchgelaufen hatten. Doch nach einem Tag waren unsere Schuhe bereits frisch besohlt.

Die Rückreise sah eine zweitägige Wanderetappe durch die Dolomiten vor. Wir waren bis Belluno gefahren und wollten in Lienz einen ganz bestimmten Schnellzug nach München erreichen, um pünktlich zum Kolleg zurück zu sein. Da es aber am ersten der beiden Wandertage stark regnete, schlugen wir für das vorgesehene Wanderpensum noch den nächsten Tag dazu und blieben im Quartier. Am zweiten Tag zogen wir los und machten einen Gewaltmarsch, den ich in meinem ganzen Leben nie wieder übertroffen habe. Der eine von uns hielt die Anstrengungen für überhaupt unmöglich und fuhr mit dem Omnibus. Wir anderen wollten es ihm aber zeigen und erreichten auch tatsächlich den verabredeten Zug in Lienz. Im Abteil fielen wir sofort in einen tiefen Schlaf und wachten auch dann nicht auf, wenn andere Reisende über uns hinwegkletterten.

Ich habe später viele Bergtouren in Österreich und in der Schweiz unternommen und dabei die Schönheit der Alpenwelt kennengelernt. Das kann ich von dieser Parforcetour nicht sagen, die ich aber trotzdem nie vergessen werde. Die ganze Reise kostete meiner Erinnerung nach knapp 80 Mark.

Natürlich ließ ich auch den Münchner Fasching nicht aus, glaube aber nicht, dabei einmal völlig bezecht gewesen zu sein, was in Marburg oft der Fall war. Häufig ging ich abends in den Löwenbräukeller, wo bis 11 Uhr großes Militärkonzert war. Ich liebte schon damals Militärmusik. Einige Male nahm ich auch einen Anlauf zum Besuch philharmonischer Konzerte, hatte aber noch keine rechte Freude an klassischer Musik. Öfter ging ich auf billige Plätze ins Schauspielhaus und sah Stücke von Sudermann, Ibsen oder Hauptmann, die mir sehr gefielen. Auch Operetten im »Theater am Gärtnerplatz« hatten es mir angetan. Im Staatstheater, der Großen Oper, war ich damals nicht. Das war mir zu teuer.

In den Osterferien 1899 passierte es dann: Ich hatte das erste und einzige Duell meines Lebens auszutragen, und zwar mit Paul Friemelt, der mich, wie schon gesagt, für die »Sigambria« gekeilt und dem ich eine Abfuhr erteilt hatte. Ich traf ihn in Frankfurt auf der Kaiserstraße. Um einem anderen jungen Kommilitonen zu imponieren, ließ er im Vorübergehen das Wort »Fatzke« fallen. Mir blieb nichts anderes übrig, als ihn »um seine Karte zu bitten« und ihm durch meinen Vereinsbruder Fries eine Schlägerforderung zu schicken. Als Friemelt zu Fries sagte, er habe mich nicht nur »Fatzke«, sondern »Fatzke und Kneifer« tituliert, erhöhte Fries meine Forderung natürlich sofort auf »schwere Säbel«.

So mußte ich, nachdem die Forderung angenommen war, Säbelfechten lernen, was mir sehr schwer fiel. Ich lernte es rechts, obgleich ich doch Linkshänder war. Dabei war Friemelt ein baumlanger Mann. Er studierte damals in Breslau, und ich, als Forderer, mußte ihm nachreisen und bei einer dortigen schlagenden Verbindung, einer Landsmannschaft, Waffen belegen. Ich habe »ausgepaukt«, das heißt, alle Gänge durchgestanden, aber mich kaum mit Ruhm bedeckt. Friemelt war mir sehr überlegen, und ernsthafte Verletzungen meinerseits blieben wohl nur dadurch aus, daß die gefährlichen Hiebe meines Gegners, die immer am Schluß eines Ganges kamen, von dem Sekundanten in geschickter Weise aufgefangen wurden. Ergebnis: zwei blutige kleine Kratzer am Arm.

Das Geld zu dieser Reise und Paukerei hatten mir meine Brüder geliehen. Die Eltern wußten natürlich nichts davon. Einem meiner Vereinsbrüder hatte ich eine vordatierte Ansichtskarte unserer Marburger Kneipe übergeben. Er mußte sie während meiner Abwesenheit an einem Samstag nach Hause schicken. Der übliche nichtssagende Inhalt: »Von gemütlicher Kneipe sendet Euch herzliche Grüße…«. Diese und ähnliche Karten waren wohl auch der Grund, daß mein Vater, auf gelegentliche Fragen guter Bekannter, was ich mache, antwortete: »Mein Sohn ist in Marburg und trinkt Bier.«

Ich schreibe dies hier, um zu zeigen, welcher Unsinn doch diese Art von studentischer Honorigkeit war. Ich hatte Glück; es hätte ja auch anders kommen können, und meine nichtsahnenden Eltern hätten mir meine Verschwiegenheit dann nur schwer verziehen. Ich erinnere mich an eine schwere Säbelmensur in Marburg, wobei der eine Kontrahent, ein Mediziner, am Arm so schwer verletzt wurde, daß man befürchten mußte, er könne einen dauernden Schaden für seinen späteren Beruf davontragen.

Etwa 30 Jahre später hielt ich einen Vortrag in der Aktiengesellschaft für Anilinfarben in Bitterfeld. Nach dem Vortrag kam mein früherer Kontrahent, Dr. Paul Friemelt, Chemiker in der Fabrik, auf mich zu und begrüßte mich herzlich: »Guten Tag, lieber Hahn, wie geht es dir?« Ich antwortete freundlich, war aber doch verblüfft und hielt mich wohl auch zurück.

Säbelmensuren waren gar nicht nach meinem Geschmack. Ich war niemals ein »Ramscher«, der Händel suchte. Aber das Kokettieren mit den schlagenden Verbindungen hat mich in meinen mittleren Semestern in Marburg doch einmal in Versuchung geführt. Ich ging in einer schönen Sommernacht aus unserer Kneipe leicht angeheitert über die bekannte Ketzerbach, die alte Straße, in der ich wohnte, und fragte mich wieder einmal, was ich doch eigentlich versäumt habe, nicht ein einziges Mal Schläger gefochten zu haben. Da kam mir ein junger Mann entgegen. Und, wie Goethe bei Friederike Brion: »Es war getan, fast eh's gedacht« – rempelte ich den jungen Mann an, in der Annahme, daß er meine Karte fordern würde. Eine Schlägermensur wollte ich doch zu gern einmal probieren. Aber der junge Mann faßte die Sache ein wenig anders auf. Er nahm seinen Spazierstock und schlug – nicht zu stark, aber auch nicht gerade schwach – auf meinen schönen Strohhut. Die Krempe des Strohhutes löste sich vom Kopfteil und zierte nun meinen Hals. Der Hutrest fiel auf das Pflaster. Der junge Mann war kein satisfaktionsfähiger Kommilitone, sondern irgendein beherzter junger Mann, vielleicht ein Handwerker gewesen. Dieser Mißerfolg hat mich von meinen »kriegerischen« Gelüsten ein für allemal geheilt.

Sehr viele Jahre später, als ich schon lange in Berlin habilitiert war, konnte ich eine Pistolenforderung durch gutes Zureden rückgängig machen. Der Fall war insofern interessant, als es sich dabei um das damalige Vorstandsmitglied der Zentrumspartei im Preußischen Landtag, den heute noch lebenden bekannten Herrn Franz von Papen handelte. Eines Tages kam mein Marburger Bundesbruder Dr. Stein zu mir und bat mich, Herrn von Papen eine Pistolenforderung von ihm zu überbringen. Als ich Stein davon abbringen wollte, bekam ich die Antwort: »Papen hat meine Frau beleidigt, das lasse ich nicht auf mir sitzen. Papen muß revozieren und deprezieren, oder wir schießen uns.« Stein meinte es also durchaus ernst; er war ein Draufgänger und hatte Säbel und Schläger gefochten. Ich mußte nun den schweren Gang zu Herrn von Papen antreten, bat ihn aus einer Sitzung des Preußischen Landtags heraus und überbrachte meinen Auftrag: »Revozieren und deprezieren oder Pistole!« Herr von Papen war natürlich sehr überrascht. Irgendein Streit war wohl vorgekommen, aber sicher keinerlei ehrenrührige Beleidigung. Ich besprach mit ihm, was ich Dr. Stein überbringen könne. Von Revozieren und Deprezieren wollte er natürlich nichts wissen, aber die Antwort fiel doch so aus, daß der kampfeslustige Stein einigermaßen zufriedengestellt war. Dadurch entfiel die Forderung.

Nicht nur ich, sondern auch die meisten meiner Vereinsbrüder kokettierten damals und auch später mit der Mütze. Und so geschah es, daß ich viele Jahre später als Alter Herr plötzlich eine blaue Mütze ins Haus geschickt bekam. Der nicht couleurtragende Verein hatte sich in die couleurtragende Verbindung »Nibelungia« verwandelt. Aber auch das war nur ein Zwischenstadium. Sie nahm Verbindung mit der »Deutschen Landsmannschaft« auf, paukte sich in diesen – Bestimmungsmensuren schlagenden – Bund ein und wurde Bundesmitglied des »Coburger L.C.«, neben den Corps und den Burschenschaften der dritte große Studentenverband. Bei dem 50. Stiftungsfest meiner »Nibelungia« in Marburg im Jahre 1929 setzte auch ich die blaue Mütze auf und feierte mit den noch übrigen Freunden wie 30 Jahre vorher. Ich war plötzlich und eigentlich ganz ohne Zutun Alter Herr einer schlagenden Verbindung, ohne je Schläger gefochten zu haben. Der traditionelle »Landesvater« wurde zelebriert, und die Bundesbrüder verbanden sich zu ewiger Freundestreue und Eintracht. Ich will nicht bestreiten, daß dies alles aus der feierlichen Situation heraus einen großen Eindruck auf mich machte.

Nach dem 30. Januar 1933 nahm auch die »Nibelungia«, wie alle Studentenverbindungen, den »Arierparagraphen« in ihre Satzung auf, der alle nichtarischen Mitglieder, ob sie nun Aktive oder Alte Herren waren, aus ihren Listen strich. Nach dem Schwur zur »ewigen Treue« wenige Jahre zuvor hielt ich meine Mitgliedschaft daraufhin nicht mehr für tragbar. Ich erklärte meinen Austritt aus dem Bund, und so hatte meine früher erträumte, später mir geschenkte Couleurzugehörigkeit nach wenigen Jahren ein Ende. Ich habe mich auch nach 1945 nicht entschließen können, wieder einzutreten. Die ganz wenigen meiner noch lebenden Freunde aus der Studentenzeit und ein paar mir später nähergetretene Bundesbrüder halten mich in alter Anhänglichkeit persönlich und durch die »L.-C.-Zeitung« auf dem laufenden, ihre stille Hoffnung auf Rückkehr des verlorenen Sohnes wird aber vergeblich sein.

Nach meinen ersten vier Semestern machte ich während der Ferien in Frankfurt im »Physikalischen Verein« ein Praktikum über Maßanalyse. Vom Sommersemester 1899 an war ich wieder in Marburg. Ich war mit 20 Jahren damals sehr aktiv in unserem Verein, hatte eine ganze Anzahl von Leibfüxen und machte den Kneipbetrieb eifrig mit. Mein Studium, vor allem das chemische Praktikum, führte ich dennoch gewissenhaft durch.

Ein kleines Intermezzo war in meinem fünften Semester die Liebe zu Lotte Henke, der Tochter einer Marburger Chemikerswitwe. Sie ging in die Studententanzstunde, die auch ich mit meinem Leibfux Feldermann besuchte. Lotte und ich hatten uns sehr gern. Sie war gerade 16 Jahre alt und sehr hübsch, ihre erste Liebe war ich aber nicht. Wir schickten uns Briefchen, versuchten uns sonntags morgens beim Bummel zu sehen, durften uns nie allein treffen, denn das wäre zu sehr aufgefallen. Am Ende des Semesters war Stiftungsfest unseres Vereins, das mehrere Tage lang mit viel Erfolg – und großen Kosten für die Vereinsbrüder – gefeiert wurde. Endlich konnte ich mit Lotte bei Ausflug, Tanz und Damenfrühschoppen zusammen sein. Ich war sehr glücklich. In diesem Semester schrieb ich Lottchen, als sie einmal verreist war, das Verslein:

Aus Marburg, dem lieblichen Städtchen,

Gelegen am Ufer der Lahn,

Da send' mein'm lieblichen Mädchen

Viel' Grüß' ich, genannt Otto Hahn.

Später schrieben wir uns in den Ferien Ansichtskarten, niemals aber einen Brief. Das Ganze war eine Liebelei, die bald auf beiden Seiten abflaute. Lotte Henke heiratete später den Chemiker Dr. Hübner in Hoechst. Sie bekam vier Söhne, wurde aber von ihrem Mann schuldlos geschieden. Wir blieben durch die beiderseitigen Beziehungen zu Marburg stets in loser Verbindung. Veranlaßt durch irgendwelche Zeitungsnachrichten schrieb mir Lotte 30 Jahre später den ersten langen Brief. Wir trafen uns auch öfter in Frankfurt; sie schickte Bilder von sich und ihren Söhnen und berichtete immer wieder einmal über Marburger Bekannte. Lotte hielt mir die Freundschaft bis zu ihrem Tod im Jahre 1942 oder 1943.

Gegen Ende des Sommersemesters 1899 machte ich in Marburg mein erstes akademisches Vorexamen. Man wurde offiziell nur in Chemie geprüft. Dank dem guten Einfluß meines früheren Mitschülers Georg Dahmer bestand ich aber auch ein freiwilliges Vorexamen in physikalischer Chemie bei Professor Schaum; Die Prüfung war sicher recht leicht; denn später hatte ich oft Gelegenheit, mit Schrecken festzustellen, wie dürftig meine Kenntnisse in physikalischer Chemie gewesen sein mußten. Thermodynamik habe ich nie gut verstanden, geschweige denn mit thermodynamischen Gleichungen etwas anfangen können. Meine mathematischen Kenntnisse waren ebenfalls gering. Damals störte mich das wenig, denn als Organiker der Zincke-Schule brauchte ich keine Mathematik.

Dem Alkohol war ich weiterhin nicht abgeneigt, trank allerdings fast nie etwas anderes als das leichte, ziemlich schlechte Bier, das mir nicht geschadet hat. Ich wohnte jetzt am Renthof bei einem älteren Fräulein, das mich wegen meines allabendlichen Ausgehens nicht gut leiden mochte. Des öfteren sprang ich, um keinen Lärm zu machen, nachts vom Gartenzaun in mein offenes Parterrezimmer. Ob ich bei dieser Art Heimkehr nicht aber mehr Lärm gemacht habe als auf dem normalen Wege, weiß ich nicht.

Besonders befreundet war ich damals mit meinem Leibfux Feldermann. Zwei andere, sehr vernünftige und gewissenhafte Leibfüxe, Rudolf Seele und Rudolf Richter, blieben leider nicht lange im Verein. Der Zwang und das Trinken paßte ihnen nicht. Richter wurde später Ordinarius für Geologie an der Frankfurter Universität. Einen vierten Leibfux, Otto Genssler, habe ich 1933 in New York besucht, wo er in einem chemischen Unternehmen eine gute Position innehatte.

Im Winter 1899/1900 machte ich anorganische und organische Präparate sowie Verbrennungen und hörte einige Spezialkollegs, außerdem Philosophie bei Cohen. Auch Mathematik belegte ich wieder, arbeitete aber nicht genügend mit, so daß nicht sehr viel hängenblieb.

Bei den regelmäßigen Tanzabenden fehlte ich nie. Neben dem einen oder anderen recht harmlosen Flirt entwickelte sich um diese Zeit meine Freundschaft zu Olga Urhahn, Tochter eines Arztes aus Jesberg bei

Wildungen. Wir hatten einander bald sehr gern und schrieben uns regelmäßig, wenn einer von uns nicht in Marburg war. Hatten wir Tanzkränzchen oder war etwas Besonderes los, dann wohnte sie bei einer älteren Verwandten. Zu einer bestimmten Zeit nach dem Mittagessen ging ich an ihrer Wohnung vorbei, und wir begrüßten uns an ihrem Fenster. Wir wagten es sogar einige Male, uns in einer stillen Straße zu treffen.

Bei einem dieser Kränzchen widmete ich Olga Urhahn das gleiche Verslein »Aus Marburg, dem lieblichen Städtchen...«, das ursprünglich für Lotte Henke bestimmt gewesen war. Zufällig trafen sich die beiden, und Olga erzählte der Lotte, daß ich ihr ein nettes Verslein geschrieben habe. Als die eine die erste Zeile deklamiert hatte, setzte die andere bei der zweiten Zeile ein! Lotte Henke erzählte mir das später und meinte, ich müsse in Zukunft vorsichtiger sein. Sie nahm es aber gar nicht übel, und Olga war natürlich auch nicht böse, denn sie hatte den Vers ja gerade erst bekommen.

Im Laufe des Sommers 1900 begann ich meine Doktorarbeit. Die damaligen Zinckeschen Themen drehten sich um bromierte und chlorierte Pseudoketone und Methylenchinone. Das sind meist leicht zersetzliche, gefärbte Verbindungen, die ohne Chlor oder Brom nicht haltbar waren. Ich kaufte einen Liter Isoeugenol, das gut nach Nelkenöl roch, und machte damit Bromierungen. Es kamen sehr schöne, kristallisierte Derivate heraus, auch ein oder zwei leicht zersetzliche Methylenchinone. Experimentiert wurde mit den einfachsten Hilfsmitteln. Dabei lernte man gut beobachten und gewissenhaft arbeiten. Ich war recht fleißig, arbeitete auch abends zu Hause, allerdings niemals samstags abends oder am Sonntag. Einen guten Einfluß übte – wie immer – Georg Dahmer auf mich aus, der mich anhielt, die Philosophievorlesungen ebenfalls regelmäßig zu besuchen.

Im Winter 1900/01 war unser Verein so schwach an Aktiven, daß ich in meinem damaligen achten Semester Erster Chargierter wurde. Den Fastnachtsdienstag jenes Jahres habe ich noch in guter Erinnerung. Wir gingen zu bekannten oder auch unbekannten Familien in oder an die Wohnung und machten unsere Späße. Ich war höchst erfolgreich, denn ich hatte meinen Schnurrbart zu einer schönen Spitze aufgezwirbelt und ließ ein aus einer Postkarte geschnittenes Monokel so aus dem Auge fallen, daß es an den Barthaaren hängenblieb. Der Dank für die Vorführung waren Fastnachtskrapfen.

Viele Verbindungen stellten für diesen Tag Karnevalsgruppen auf und fuhren auf Wagen durch die Stadt. Bis Mitternacht war allgemeiner »Burgfriede«, und man konnte auf alle Kneipen der Korporationen gehen und dort umsonst Bier trinken. Ich war in dieser Nacht so angeheitert, daß ich meine Wohnung, die seit 1901 am Steinweg 20 lag, verfehlte. Statt die Treppe hinaufzusteigen, stieg ich nach unten und landete im Kellergeschoß. Dort schlief ich bis zum nächsten Morgen. Als ich – nicht allzu früh – mit einem erheblich geschwollenen blauen Auge ins Labor kam, konnte mein Chef Zincke nach einigem Zögern es doch nicht unterlassen, mich nach der Ursache zu fragen. Er glaubte mir aber nicht, daß ich mich am Abend in der Dunkelheit gestoßen hätte, und meinte, einem Examenskandidaten dürfe eigentlich so etwas nicht mehr passieren.

Am 24. Juli 1901 absolvierte ich den mündlichen Teil meines Doktorexamens, gleichzeitig mit meinem Freunde Dahmer. Es ging alles gut. Natorp prüfte in Philosophie Kants »Kritik der reinen Vernunft«, über die ich gut Bescheid wußte. Bei der »praktischen Vernunft« wäre es wohl kritischer gewesen! Für die Mineralogie bei Bauer hatte ich mich auch vorbereitet. Dann kam die Physik. Dahmer und ich waren die ersten, die von dem neuen Physikordinarius Richards, dem Nachfolger von Professor Melde, geprüft wurden. Er wollte sich offenbar in Marburg einen guten Eingang sichern und war besonders großzügig. Statt der 30 Minuten für jeden schickte er uns nach der halben Zeit weg mit der Bemerkung, wir wüßten ja alles und könnten jetzt nebenan ins »Café Markes« gehen, sollten aber pünktlich für das Hauptfach Chemie wieder dasein, was wir auch taten. Die Chemie ging sehr glatt, so daß wir beide »magna cum laude« und noch ein besonderes Lob für unsere Leistungen in den Nebenfächern bekamen. »Summa cum laude« ist nach meiner Erinnerung in der damaligen Zeit nie vorgekommen.

Am Examensabend eilte ich sofort zum Sommertanzkränzchen meines

Vereins nach Wehrda. Ich hatte nur meinem Leibfux Feldermann von dem Examenstermin erzählt und erschien nun im geliehenen Examensfrack als stolzer Dr. phil. gerade in dem Moment, als das Abendessen aufgetragen wurde. Der Tischherr Olga Urhahns überließ mir sofort seinen Platz, und wer es bisher nicht wußte, erfuhr bei dieser Gelegenheit, daß wir zwei sehr befreundet waren.

Ich selbst machte mir an diesem Abend schon Gedanken, wie es nach dem Abschied aus Marburg weitergehen solle. Ich besprach mich mit Olga und schlug ihr vor, durch gelegentliche Postkarten Kontakt zu halten. Keiner von uns beiden wollte den anderen fester an sich binden, und so schieden wir nach reizenden Stunden in schöner Sommernacht für lange Jahre. Es blieb tatsächlich bei den Karten. Wir schrieben einander immer seltener, und auch dieser Traum ging allmählich zu Ende. Olga hat mir nichts nachgetragen; sie heiratete einige Jahre später einen Chemiker. Bei dem 50. Stiftungsfest meiner »Nibelungia«, also 1929, besuchte ich Olga Jehn geborene Urhahn. Sie war inzwischen Witwe geworden, stellte mir aber voll Stolz ihren Sohn vor, der jetzt in Marburg studierte.

Meinen Eltern hatte ich nichts vom Doktorexamen gesagt. So waren sie sehr überrascht, mein Telegramm mit der guten Note zu bekommen.

Im Sommer 1901 machte ich meine Doktorarbeit »Über Bromderivate des Isoeugenols« zum Druck fertig. Genau 60 Jahre später erhielt ich folgenden Brief von Professor Freudenberg, dem emeritierten Heidelberger Chemiker:

Heidelberg, 25. November 1961

Lieber Herr Hahn!

Die »Angewandte Chemie« meldet, daß Sie Ihr 60stes Doktorjubiläum feiern. So etwas ist nicht allzu aufregend, wenn man in die Jahre kommt. Aber ich möchte doch daran anknüpfen, da ich dauernd mit Ihrer Doktorarbeit zu tun habe, die Sie mit Zincke seinerzeit in den ›Annalen‹ veröffentlicht haben. Ihr gelbes bromiertes Chinonmethid aus Isoeugenol ist heute noch das beste kristallinische Beispiel dieser Körperklasse und wird von uns zu Modellversuchen immer wieder herangezogen, da wir bei der

Dehydrierung des Coniferylalkohols, der zum künstlichen Lignin führt, auf Schritt und Tritt Chinonmethiden begegnen, die wichtige Zwischenprodukte dieses Vorganges sind. Sie sehen, daß Sie sich auch als Organiker nützlich gemacht haben.

Mit kollegialen Grüßen
Ihr sehr ergebener
Freudenberg

Vielleicht wäre also auch etwas aus mir geworden, wenn ich bei der organischen Chemie geblieben wäre.

Am 1. Oktober 1901 trat ich dann als Einjährig-Freiwilliger in das 81. Infanterieregiment in Frankfurt ein. Ich wäre natürlich lieber zur Artillerie nach Bockenheim gegangen, wo, wie damals wohl oft bei der leichten Artillerie, das Reiten wichtiger war als das Waffenexerzieren. Aber die Artillerie war zu teuer für den Einjährigen; und da meine älteren Brüder alle bei der Infanterie gedient hatten, kam natürlich auch für mich nichts anderes in Frage. Den anfangs sehr anstrengenden Dienst brachte ich gut hinter mich. Sicher wurde ich als Dr. phil. wohl auch mit etwas mehr Respekt behandelt als die meisten meiner Kameraden. Ich wurde am 1. April Gefreiter, am 1. Juli Unteroffizier und ging am 30. September 1902 als Offiziersaspirant ab.

In dieser Eigenschaft machte ich in den kommenden Jahren die vorgeschriebenen Übungen, zuerst als Unteroffizier, dann als Vizefeldwebel. Nach der Reserveoffiziersprüfung konnte ich mich zum Reserveoffizier wählen lassen. Da ich damals aber schon Reisepläne hatte, verzichtete ich auf die Wahl. Bis zu dieser Absage war ich im amtlichen Sprachgebrauch der »Vizefeldwebel, Herr Otto Hahn«, danach nur noch der »Vizefeldwebel Otto Hahn«, eine klare Unterscheidung! Meine drei Brüder waren Reserveoffiziere geworden.

Im großen und ganzen war meine Militärzeit zwar anstrengend, aber ich überstand sie gesund und völlig unbeschwert. Das Studium war abgeschlossen, man tat seinen Dienst, und soweit dies möglich war, drückte man sich auch ein bißchen. Ich war ein ganz guter Turner, besonders am sogenannten Querbarren, einer Art Reck mit sehr dicken Holmen.

Ich erinnere mich, daß ich bei einer Turnbesichtigung vor dem Oberst an diesem hohen Querbarren die Kippe mit anschließender Hocke machte. Vorher war mir das immer ohne Schwierigkeit gelungen, doch zu dieser Besichtigung hatten wir neue, sehr große, eckige Schuhe bekommen. An diesen blieb ich bei der Hocke hängen und fiel kopfüber senkrecht nach unten, wurde aber von zwei Helfern noch rechtzeitig abgefangen. Ergebnis: ein Lob für die Helfer, ein Lob für mich.

Im Herbst zogen wir in das Manöver. Bei den Übungsmärschen mit gepacktem Tornister, Gewehr und Seitengewehr von Frankfurt nach Griesheim bei Darmstadt (nicht das nähere Griesheim bei Frankfurt) machte der eine oder andere »schlapp«. Er schied aus und wurde im Straßengraben von einem Sanitätsunteroffizier betreut. Die Kameraden riefen ohne viel Mitleid »Schwamm« und marschierten weiter. Etwas Ernstliches ist zu meiner Zeit nicht passiert.

Ich erinnere mich auch an eine Zigeunerin, die während einer kurzen Marschpause zu mir kam und mir die Zukunft aus der Hand deuten wollte. Ich hatte aber als Unteroffizier Handschuhe an und sagte ihr, ich hätte kalte Hände. »Das macht nichts, mein Herr, ich kann Ihre Zukunft auch durch Ihre Handschuhe hindurch sehen.« Diese Fähigkeit rührte mich so, daß ich ihr nicht nur 10, sondern 20 Pfennig schenkte.

Kein Mensch hat 1901 oder 1902 daran gedacht, daß er vielleicht einmal einen Krieg erleben würde. Man war Soldat, »weil es Kaiser und Vaterland so wollten«, und man genierte sich, wenn man von der Dienstpflicht befreit wurde. Der Offizier war eine Art Halbgott; und die einzelnen Waffengattungen hielten sich gegenüber den anderen für verschieden vornehm: Die reitende Artillerie sah auf die Infanterie, die Kavallerie auf die anderen herunter. Die Pioniere und die schweren Festungsartilleristen waren am wenigsten angesehen und hatten dabei doch den schwersten Dienst. Für die Vornehmsten hielten sich die Garderegimenter. Bei den farbentragenden Studentenverbindungen war es ähnlich gewesen: Landsmannschaft – Burschenschaft – Corps.

MARBURG – LONDON – MONTREAL

Schon während meiner Dienstzeit war mir die Stelle eines Vorlesungs-
assistenten bei meinem Lehrer Zincke angeboten worden. Da ich mir
von dieser Ausbildung eine gute Basis für eine spätere Industrietätigkeit
versprach, nahm ich sie natürlich an und war ab 1. Oktober 1902 wieder
am Chemischen Institut in Marburg.

Meine Hauptaufgabe war die Vorbereitung für die Vorlesungen. Kurz
vor 8 Uhr erschien ich und zündete zunächst die als Abzug wirkende
Gasflamme unter der großen Tafel an. Wenig später erschien der Chef,
überzeugte sich vom Stand der Dinge und schrieb die wichtigsten chemischen Reaktionen für den Tag an die Tafel. Glücklicherweise konnte
ich mir aus einem sehr guten, von meinem Vorgänger geführten Vor-
schriftenheft manche Anregung holen, denn mein eigenes Geschick im
Erfinden neuer instruktiver Experimente war nicht sehr groß.

Im Sommerhalbjahr wurden in der »anorganischen Chemie« viele hübsche Versuche gemacht. Wenn im Mai die Sonne schien, mußte ich den
Zweiliterkolben im Labor mit Chlorknallgas füllen und auf einen
sonnenbeschienenen Fleck werfen, wo er dann explodierte. Für ein anderes Experiment hatte ich Seifenblasen mit Knallgas zu füllen und
diese durch ein Kerzchen an langer Stange zur Explosion zu bringen.
Die schnell fliegenden Seifenblasen ließen sich aber nicht immer erwi-
schen. Erwünscht waren natürlich möglichst große Seifenblasen, weil
sie besonders laut knallten. Nach einigem Herumprobieren gelangen sie
mir ganz gut.

Zincke war neueren Forschungsergebnissen gegenüber durchaus aufgeschlossen, und wenn sie sich für die Vorlesung eigneten, gab er sie gern an die Studenten weiter. Damals war zum Beispiel die Herstellung von flüssiger Luft gerade erst bekanntgeworden, und ein früherer Assistent von Zincke, Professor F. W. Küster, Lehrstuhlinhaber für physikalische Chemie an der Bergakademie Clausthal, hatte schon die verschiedensten und sehr verblüffenden Experimente mit ihr angestellt. Er konnte auch Professor Zincke für Versuche mit flüssiger Luft interessieren und versprach ihm, einige Thermosgefäße voll nach Marburg zu schicken. Wir wollten die Küsterschen Versuche auch unseren Studenten vorführen.

Die Luft kam an einem Sonntag per Boten aus Clausthal an, und mein Chef und ich machten uns daran, die Versuche auszuprobieren, um sicherzugehen, daß sie auch in der Vorlesung am nächsten Tag gut gelängen. Alles klappte. Es kam der Montag. Offenbar hatte schon der eine oder andere der Studenten davon gehört, daß diese Vorlesung besonders interessant zu werden versprach. Zincke hielt eine schöne Einführung in die Eigenschaften der flüssigen Luft und beschrieb die Dinge, die nun vorgeführt werden sollten. Man spürte, wie alle gespannt darauf warteten. Nach Zinckes Vortrag ging ich an mein Thermosgefäß, um die Versuche zu beginnen. Aber nichts geschah! Die flüssige Luft war vom Sonntag bis zum Montag restlos verdampft, und die Enttäuschung des Chefs, des Assistenten und der Studenten war gleichermaßen groß. Nach einiger Zeit erhielten wir aber eine neue Sendung, und da kamen alle auf ihre Kosten.

In der »organischen Chemie« ging es ruhiger zu. Um die schnelle Entwicklung dieses Zweiges zu demonstrieren, stellte Zincke in der Winter-Antrittsvorlesung die erste Auflage und daneben Teile der dritten Auflage von Beilsteins »Handbuch der organischen Chemie« auf den Vorlesungstisch. Nach der ein oder zwei Bände umfassenden ersten Auflage hatte die dritte Auflage bereits vier dicke Hauptbände und mehrere Ergänzungsbände.

Da in der organischen Chemie weniger experimentiert wurde als in der anorganischen, konnte ich meinen Chef auch bei seinen Doktoranden entlasten. Zu der Zeit veröffentlichte ich meine Doktorarbeit in etwas erweiterter Fassung gemeinsam mit Zincke in »Liebig's Annalen der Chemie«.

Im Vergleich zu heute verfügte damals die organische Chemie noch über ein einigermaßen überschaubares Tatsachenmaterial. Der Benzolring hatte seinen Siegeszug angetreten; die organischen Farbstoffe spielten eine große Rolle; der künstliche Indigo verdrängte den natürlichen, das künstliche Alizarin den natürlichen Krappfarbstoff. Die großen Zuckersynthesen hatten Emil Fischer im Jahre 1902 den Nobelpreis gebracht. Otto Wallach, ein Freund Zinckes, erhielt für seine Arbeiten über Terpene und alicyclische Verbindungen den Preis später. Der Organiker war in Deutschland in fast allen Fällen der Ordinarius und Direktor des Instituts. Anorganische und physikalische Chemiker mußten noch um ihre Anerkennung als gleichgestellte Kollegen kämpfen. Die großen Gebiete der Vitamine, der synthetischen Kunststoffe und der hochmolekularen Ketten waren zu meiner »organischen Zeit« noch nicht bekannt.

Theodor Zincke war Junggeselle. Er pflegte in den langen Sommerferien weite Reisen zu machen, von denen er stets interessante Dinge mit nach Hause brachte. Seidene Gewänder aus Madagaskar, echte Teppiche aus dem Orient und Batikstoffe aus Java zierten seine Wohnung. Mir hatte es ein wohlpräparierter Haifischrachen angetan, aber selbst durch meinen Hinweis, daß der Rachen einen schlechten Geruch verbreite, gelang es mir nicht, ihn Zincke abspenstig zu machen; er hat ihn mir nicht geschenkt. Ich erhielt später aus seinem Nachlaß eine schöne Perserbrücke zur Erinnerung.

Auch nachdem ich im Jahre 1905 von der organischen Chemie zur Radiumforschung übergewechselt war, blieb ich mit Theodor Zincke bis zu seinem Tode in Dankbarkeit verbunden. Ich hatte die Freude, seinen 70. und 80. Geburtstag mitfeiern zu können. Seinen 85. Geburtstag im Mai 1928 hat er leider nicht mehr erlebt.

Obwohl sich Zincke nach außen hin nicht durch besonders großartige Forschungsergebnisse hervortat, hatte er in der chemischen Industrie einen sehr guten Namen, und viele Zincke-Schüler sind in einflußreiche Stellen gekommen. Auch heute ist sein Name noch nicht vergessen.

Während meiner Assistentenzeit in Marburg bestand eigentlich nie ein Zweifel daran, daß ich weiter organischer Chemiker bleiben und in die Industrie gehen werde. So wurde ich einmal in die Farbwerke Hoechst eingeladen, wo man mir offenbar eine spätere Anstellung schmackhaft machen wollte. Gegen Ende meiner Assistentenzeit fragte der Direktor der Chemischen Werke Kalle & Co. in Biebrich, Professor Fischer, bei meinem Chef nach einem jungen Chemiker, den er nicht nur in der Fabrik beschäftigen, sondern auch gelegentlich ins Ausland schicken könnte. Zincke schlug mich vor, und Professor Fischer versuchte es mit mir. Ich sollte mich zunächst einmal ins Ausland begeben, um Englisch und Französisch zu lernen. Nachdem ich meine Eltern in den letzten zwei Jahren durch das eigene Assistentengehalt entlastet hatte, stimmten sie der Auslandsreise zu.

Professor Zincke riet mir, zunächst für ein halbes Jahr nach London zu gehen, wo ich vielleicht bei dem berühmten Entdecker der Edelgase, Sir William Ramsay, einen Arbeitsplatz finden würde. Zincke fragte Ramsay, ob er einen seiner Schüler für einige Zeit im University College aufnehmen wolle, und Ramsay antwortete, ich möge kommen. So reiste ich im Herbst 1904 nach zweijähriger Assistentenzeit nach London.

Mein älterer Bruder Julius war vorher einige Zeit in London gewesen und empfahl mir das Boarding House, in dem auch er gewohnt hatte. Er gab mir dessen Adrésse, Regents Park Road, London NW, und sagte mir, mit welchem Omnibus ich vom Bahnhof Charing Cross aus dorthin fahren müßte. Ich stieg auf das Oberdeck des Omnibusses, von wo aus man eine schöne Aussicht hatte, und gab dem Schaffner eins von den 20-Shilling-Stücken, die ich von meinen Eltern mitbekommen hatte, um mein Billet zu bezahlen. Der Schaffner murmelte etwas und gab mir das Goldstück zurück. Ich überreichte es ihm abermals, und die Prozedur wiederholte sich. Da rettete mich mein roter »Baedecker«, den ich in der Hand hielt. Ein Herr stellte sich als Deutscher vor und zahlte das Zwei-Pence-Billet. Er erklärte mir, der Schaffner dürfe auf dem Oberdeck des Omnibusses Gold nicht annehmen, da er es nicht auf Echtheit prüfen könne.

Zur Tischgesellschaft des Boarding House gehörten einige Deutsche und einige Engländer. Unter den Deutschen war ein Herr Knewitz, natürlich »Njuitsch« ausgesprochen, den auch mein Bruder schon dort kennengelernt hatte. Er und noch ein anderer Herr waren Clerks in einer Bank und gingen jeden Morgen mit Zylinder und Schirm in die City. Das und ihr regelmäßiges Spiel nach dem Lunch, wobei der Gewinn stets ein 20-Shilling-Stück war, imponierten mir sehr. Viele Jahre später bekam ich einmal einen netten Brief von Herrn Knewitz, der inzwischen in England Karriere gemacht hatte und geadelt worden war. Da Sir William Ramsay erst in 14 Tagen von einer Auslandsreise zurückerwartet wurde, hatte ich Zeit, mir London in aller Ruhe anzusehen. Das British Museum, die National Gallery und das Kensington Museum mit ihren Schätzen machten einen besonderen Eindruck auf mich. Ich fuhr auch in die Umgebung von London und versuchte, mein Ohr an das Englische zu gewöhnen. Am Anfang meines Aufenthaltes hatte ich natürlich mit der englischen Sprache ziemliche Schwierigkeiten; so passierte es mir, daß der Friseur in einem Barbershop auf mein »Shave, please« deutsch antwortete: »Mit oder gegen den Strich, mein Herr?« Es gab auch andere kleine Pannen mit meinem Englisch, von denen ich später noch berichten werde.

In der ersten Zeit meines Aufenthaltes besuchte ich den früher sehr berühmten »Crystal Palace«, eine Ausstellung aus der Mitte des vorigen Jahrhunderts mit allen möglichen Sehenswürdigkeiten und Unterhaltungen. Mein Bruder hatte mir das dortige »looping the loop« als herrliches Erlebnis beschrieben. Ich zahlte also sechs Pence für die Karte und wunderte mich zwar, am Zugang nur einen Herrn sitzen zu sehen, der kein sehr fröhliches Gesicht machte, bestieg aber erwartungsvoll eine Gondel, ließ mich mit einer Metallstange sichern, und das Rad begann seine Bewegungen. Prompt wurde mir innerhalb weniger Sekunden außerordentlich übel, und ich verstand jetzt den Herrn, den ich kurz zuvor in einem bejammernswerten Zustand gesehen hatte. Als ich meinem Bruder von der Wirkung des »looping« berichtete, schrieb er zurück, ihm sei es genauso schlecht gegangen, aber er hätte mich nicht um das Vergnügen bringen wollen.

Nachdem Sir William Ramsay zurück war, bat ich ihn um eine Arbeit. Gleichzeitig mit mir war aus Breslau, auf Empfehlung von Professor Abegg, der Physikochemiker Dr. Otto Sackur erschienen. Ramsay überreichte Sackur ein Mineral und schlug ihm vor, zu prüfen, ob neue radioaktive Elemente darin zu finden seien. Mir gab Ramsay eine große Porzellanschale mit mehr als 100 Gramm weißem Bariumsalz. Ich sollte nach der Methode Madame Curies die darin enthaltenen 10 Milligramm Radium durch fraktionierte Kristallisation herauslösen und das Atomgewicht dieses Elementes bestimmen. Diese Menge sei für eine solche Bestimmung zwar nicht viel, aber ich könne mit dem Radium eine Anzahl organischer Verbindungen herstellen und aus deren Molekulargewicht auf das Atomgewicht des Radiums schließen. Mir blieb also gar nichts anderes übrig, als mich mit Radium und Radioaktivität zu beschäftigen. Unter den Chemikern des University College war niemand, der halbwegs brauchbare Kenntnisse über Radium gehabt hätte, so waren Herr Sackur und ich auf uns selbst angewiesen und erhielten nur einige Anregungen von Physikern aus dem benachbarten Physikalischen Institut.

Ramsay interessierte sich für die Radioaktivität und hatte sich zu diesem Zweck auch die Muttersubstanz der damals bekannten dritten Zerfallsreihe, das Actinium, aus Frankreich schicken lassen. Dort hatte Debierne dieses Element entdeckt. Aus Deutschland kam von Professor Giesel aus Braunschweig ein sogenanntes Emaniumpräparat. Es hieß, daß beide Substanzen sehr kurzlebig und vielleicht sogar identisch seien. Ramsay übergab Herrn Sackur und mir sowohl Proben von Actinium als auch von Emanium und schlug uns vor, die beiden Substanzen miteinander zu vergleichen und diese Frage zu klären.

Über eine Bestimmung der Halbwertzeit beider Substanzen bewiesen wir, daß es sich um ein und dasselbe Element handelte. Auch der sogenannte aktive Niederschlag, der durch die Emanation entstand, bekräftigte unseren Befund. Professor Giesel hatte seine Substanz für lanthanähnlich gehalten, während Professor Debierne sie für thorähnlich angegeben hatte. Es stellte sich später heraus, daß Giesel, was die Chemie anbelangt, mit seiner Theorie recht hatte.

Das Actinium ist tatsächlich dem Lanthan viel ähnlicher als dem Thorium. Da Debierne aber den Namen »Actinium« geprägt hatte, bevor Giesels Bericht über das Emanium erschienen war, blieb es bei der Bezeichnung Debiernes.

Herr Sackur und ich veröffentlichten unsere erste radioaktive Arbeit in den »Berichten der Deutschen Chemischen Gesellschaft«.

Nach diesem Vorspiel gingen wir getrennt an unsere weiteren Arbeiten, und ich fraktionierte nach dem Vorbild Madame Curies. Sehr bald stellte sich aber heraus, daß in dem für Radium gehaltenen Präparat noch eine oder mehrere andere radioaktive Substanzen enthalten sein mußten. Bei der fraktionierten Kristallisation reichert sich nämlich das Radium in den ersten Fraktionen an und kann durch ein häufiges Wiederholen des Kristallisationsprozesses allmählich rein gewonnen werden. In meinen Präparaten fand ich aber immer noch eine erhebliche Aktivität bei den leichter löslichen Fraktionen, und zwar außer der langlebigen Emanation des Radiums eine stark strahlende Substanz, die die kurzlebige Emanation des Thoriums abgab. Ihre Aktivität war sehr viel stärker als die des gewöhnlichen Thoriums. Es mußte also ein neues radioaktives Element sein, das offenbar aus der Muttersubstanz Thorium entstanden war. Ich nannte das neue Element Radiothorium in der Annahme, daß es der strahlende Bestandteil des strahlungslosen Thoriums sei. Und aus diesem Radiothorium entstanden dann neue Produkte, die von Rutherford und Soddy bereits entdeckt waren, nämlich das Thorium X und der aktive Niederschlag.

Nicht nur Ramsay interessierte sich für meine Arbeit, sondern auch zwei junge Damen, die im gleichen Labor beschäftigt waren. Vor allem eine Miß O'Donoghue war mir freundlich gesinnt. Ihr hatte ich einmal meine Präparate in der Dunkelkammer gezeigt, wo sie, selbst schwach beleuchtet, fluoreszierten. Seitdem kam sie immer wieder gern mit in die Dunkelkammer, aber ich wagte nicht, ihr einen Kuß zu geben. Man hatte mir vorher gesagt, daß in England ein Kuß einer Verlobung gleichkäme oder zu einer Klage wegen »break of promise« führen könne.

Auch einigen Dozenten und Professoren im Ramsayschen Institut kam ich freundschaftlich näher, vor allem dem physikalischen Chemiker

Professor Wilsmore und dem Anorganiker Professor Inglis. Bei dem jüngeren Dr. Stewart, der früher einmal in Marburg studiert hatte, war ich mehrfach eingeladen. Er war Junggeselle und trug zum Abendessen einen Smoking, sogar wenn er allein speiste. Neben diesen englischen Kollegen und Herrn Sackur lernte ich im Institut den Deutschen Dr. Korte und den Japaner Professor Ogawa kennen. Wir gingen öfter abends gemeinsam spazieren und aßen in einem Tea-Room ausgezeichneten Buttertoast. Alkohol wurde nicht getrunken.

Im Winter 1904/05 kamen einige neue Gäste in das Boarding House, nämlich ein jung verheiratetes Ehepaar und eine junge Dame namens Barbara Stephan. Das Ehepaar kam aus Deutschland und verkehrte bei dem englischen Germanisten Professor Priebsch und seiner Frau. Durch sie wurde auch ich bei der Familie Priebsch eingeführt. Wir verlebten dort manchen netten Abend.

Barbara Stephan war sehr musikalisch. Abends spielte sie auf dem Klavier, und ich sang zu ihrer Begleitung deutsche Lieder, wohl nicht sehr schön, aber mit Hingabe. Auf jeden Fall war Barbara beeindruckt. An freien Wochenenden machten wir gemeinsame Spaziergänge und besuchten auch mehrfach populäre Konzerte in der »Albert Hall«. Barbara Stephan und ich kamen uns näher, und wir haben unsere Freundschaft aus dem Jahre 1904 bis heute nicht vergessen. Ich traf Frau Simon, geborene Stephan, nach Möglichkeit jedes Jahr mindestens einmal am Starnberger See, wo sie als hochbetagte Witwe und mehrfache Großmutter in einem schönen Heim lebt.

Am University College war von einem Mitarbeiter Sir William Ramsays, Professor Baly, ein kleiner Chor gegründet worden; ich wurde zum Mitsingen aufgefordert. Wir sangen hier altenglische Madrigale. Der freundschaftliche Umgang mit den Engländern wurde einige Male durch etwas weniger nette Erlebnisse unterbrochen. Auf Veranlassung von Lady Ramsay und ihrer Tochter war ich eines Abends zu einer größeren, offiziellen Dancing party eingeladen. Damals war gerade der Twostep in Mode, und ich bemühte mich, außer dem Walzer, den ich nur rechtsherum gut tanzen konnte, auch den Twostep zu lernen. Mit einer sehr jungen Partnerin versuchte ich die für mich ungewohnten

Schritte. Da wir auf schönen, weichen Teppichen tanzten und ich wenigstens etwas zur Unterhaltung beitragen wollte, sagte ich: »You here in England you dance on the carpet. We in our country prefer to dance on the naked bottom.« Ich wollte ausdrücken, daß wir in Deutschland auf Parkettboden tanzten, während man es in England auf dem Teppich tat. Das junge Mädchen machte ein entgeistertes Gesicht, ließ mich stehen und sah mich an diesem Abend nicht mehr an. Als ich Ramsays Sohn von meiner Unterhaltung erzählte, lachte er und klärte mich über mein sehr anstößiges Englisch auf.

Die zweite böse Überraschung erlebte ich bei einer anderen jungen Dame. Ich sah sie in London inmitten vieler Zuschauer, die auf die Durchfahrt des Königs von Portugal warteten. Sie war in Begleitung eines Herrn, der völlig betrunken und der Menge ein offenbar ebenso interessantes Objekt war wie der erwartete Monarch. Um die Dame aus ihrer peinlichen Situation zu befreien, rief ich einen Cab-Fahrer heran und bat ihn, sich des Herrn anzunehmen. Da die Dame sehr hübsch und mir auch zugetan schien, trafen wir uns bald wieder. Sie fragte mich einmal, was ich von der Heirat eines englischen Mädchens mit einem deutschen Mann hielte. Ich wich aus und hätte durch diese überraschende Frage eigentlich schon gewarnt sein müssen, bat sie aber bald darauf erneut um ein Stelldichein. Als Antwort kam jetzt der Brief eines Herrn, der mir in aller Deutlichkeit klarmachte, daß ich seine Braut nicht weiter belästigen solle.

Viel angenehmer ist die Erinnerung an eine Einladung in die Royal Society zur Antrittsvorlesung eines neugewählten Mitglieds, nämlich der des »Honourable Mr. Strutt«, Sohn des berühmten Lord Raleigh, und ebenso eine andere Einladung zu einer dort veranstalteten »Conversazione«. Das war ein großes gesellschaftliches Ereignis; die Damen erschienen in großer Abendtoilette, die Herren im Frack. Wie ich selbst zu einem Frack kam, weiß ich nicht mehr. Hier hatte ich als junger, unbekannter Chemiker das Glück, einer ganzen Reihe der damals bedeutendsten englischen Wissenschaftler vorgestellt zu werden. Da Ramsay stolz war, daß ich in seinem Institut ein »neues Element« gefunden hatte, durfte ich in einer halbwegs abgedunkelten Kammer die Emanation meines Radiothors vorführen. Ich bin sicher, daß keine der Berühmtheiten unter den primitiven Verhältnissen auf dem Leuchtschirm etwas gesehen hat, aber alle waren sehr höflich und bedankten sich bei mir für die Vorführung.

Im Institut setzte ich meine Arbeiten zur Anreicherung des Radiums auf der schwerlöslichen Seite der Fraktion mit großem Fleiß, aber ohne klares Ergebnis fort. Denn immer, wenn ich eine Zeitlang fraktioniert hatte, also das Radiothor aus den ersten Kristallen entfernt sein sollte, stellte ich in den neuen Lagen wieder das »neue Element« fest. Die Aufklärung fand sich erst später, nach der Entdeckung des Mesothors. Dieses in London damals noch nicht bekannte weitere »neue Element«, das zusammen mit dem schwerlöslichen Radium abgetrennt wurde, bildete das Radiothor immer wieder nach und wurde dann in den Laugen nachgewiesen.

Ich verstand damals wirklich nicht sehr viel von der Radioaktivität und habe bei meinen Arbeiten nur Glück gehabt. Einen Bericht über meine Forschungen in einer Londoner Zeitung hielt ich damals für unangebracht. Ich wollte versuchen, zu Professor Rutherford nach Kanada zu gehen, um mich bei ihm weiter ausbilden zu lassen.

Der Anlaß hierzu war eine Unterhaltung mit Ramsay, in der er mich nach meinen weiteren Plänen fragte. Von der in Aussicht genommenen Stellung in der Industrie riet er mir ab und empfahl, bei der Radiumforschung zu bleiben und mich in Berlin für das neue Fach zu habilitieren. Da ich jedoch in Berlin niemand kannte, half mir Ramsay auch hier weiter. Er schrieb einen Brief an Emil Fischer, den berühmten Direktor des Chemischen Instituts, ebenfalls Nobelpreisträger. Dieser Brief wurde offenbar wohlwollend aufgenommen, denn Fischer schrieb mir, er habe von Ramsay etwas über meine radioaktiven Arbeiten gehört, und ich möge ihn nach meiner Rückkehr nach Deutschland besuchen.

Ich berichtete Rutherford über meine Tätigkeit bei Ramsay und teilte ihm die Entdeckung des »neuen Elements« mit. Gleichzeitig fragte ich ihn, ob ich ab Herbst 1905 für ein halbes Jahr bei ihm in Montreal arbeiten könne. Rutherford sagte zu.

Ramsays Brief vom Sommer 1905 an Emil Fischer bekam ich erst etwa 20 Jahre später, als ich zu einem »Ramsay Memorial Dinner« nach London eingeladen war, zu lesen. Er hatte ihm damals mitgeteilt, ich sei mit allen Untersuchungsmethoden der Radioaktivität vertraut. Wieder hatte sich Ramsay als der große Optimist gezeigt, der er immer war.

Während der Korrespondenz mit Rutherford kam ein Schreiben der Firma Kalle & Co., daß ich die in Aussicht genommene Stelle als Organiker jetzt haben könne. Ich sagte nun natürlich ab, denn die Weichen von der organischen Chemie zur Radiumforschung waren inzwischen gestellt.

Nach Deutschland zurückgekommen, fuhr ich im Sommer verabredungsgemäß zu Emil Fischer nach Berlin. Er erklärte sich bereit, mich nach dem geplanten Aufenthalt in Kanada in seinem Institut aufzunehmen. Die freie Zeit bis zu meiner Fahrt nach Montreal benutzte ich zur ausführlichen Niederschrift meiner Arbeit über das Radiothor im »Jahrbuch der Radioaktivität und Elektronik«. Eine Zusammenfassung wurde nach meiner Abreise nach Kanada von meinem Kollegen Otto Sackur in der Sitzung der Deutschen Chemischen Gesellschaft am 1. Oktober 1905 vorgetragen.

Die Arbeit im »Jahrbuch der Radioaktivität und Elektronik« umfaßt nicht weniger als 43 Druckseiten, war also viel zu lang; ein Beweis für meine damalige Unerfahrenheit in wissenschaftlichen Mitteilungen. Das Hauptergebnis war ein Radiothorpräparat von 10,9 Milligramm Gewicht, das rund 700 000mal so stark strahlte als eine gleiche Menge Thorium. Die Zahl 700 000 erhob keinen Anspruch auf große Genauigkeit, zeigte aber doch, daß ich ein sehr stark strahlendes Präparat in Händen gehabt hatte.

Meine Reise in die Neue Welt führte mich zunächst nach New York. Ich war natürlich überwältigt von dieser großen Stadt, und ihre Silhouette bot bei der Einfahrt in den Hafen schon vor 60 Jahren ein ganz anderes Bild als jede europäische Stadt. Damals gab es bereits sehr hohe Häuser; das »Flat-Iron-Building« hatte 20 Stockwerke und wurde als höchstes Haus der Welt gepriesen.

Ich war während der New Yorker Tage auch nicht ganz auf mich allein gestellt, sondern wurde von einem vermögenden amerikanischen Geschäftsmann für einen ganzen Tag beköstigt. Er war der Verwandte einer jungen Deutschamerikanerin, die ich am Ende meiner Marburger Zeit bei einem Tanzabend kennengelernt hatte und die mich eingeladen hatte, sie und ihre Verwandten zu besuchen, wenn ich einmal nach New York käme.

So konnte ich in dem sehr vornehmen Hotel »Astoria« zu Mittag essen und den Zirkus Barnum und Bailey, »the biggest show in the world«, kennenlernen. Die gleichzeitig in fünf Arenen vorgeführten Kunststücke und Dressuren verwirrten mich so, daß ich keiner einzigen Schaustellung wirklich folgen konnte. Weniger wäre auch hier mehr gewesen. Immerhin bekam ich an diesem einen Tag einen Eindruck von der Neuen Welt. Die weiteren Tage in New York habe ich ebenfalls gut genutzt, indem ich zu Fuß die interessantesten Teile der Stadt durchstreifte. Trostlos war die »Bowery« mit den vielen Italienern, Juden und anderen Völkerschaften, und »China Town by Night« war schon zu jener Zeit Bluff für Fremde.

Die Fahrt nach Kanada machte ich zunächst mit einem mittelalterlich anmutenden Schiff den Hudson hinauf bis Albany. Dann ging es nach Buffalo und zu den Niagarafällen, die besonders von der kanadischen Seite her einen gewaltigen Eindruck machen, und schließlich per Bahn nach Montreal. Einen Reisepaß brauchte man damals nicht.

In Montreal suchte ich mir für die ersten Tage ein einfaches Hotel, nicht das vornehme »Windsor«, in dem ich mir später manchmal mit meinem deutschen Kollegen Max Levin sonntags abends ein feines Dinner zu einem Dollar leistete. Mein Hotel hatte eine runde Empfangshalle mit einem sehr großen Spucknapf in der Mitte, ringsherum von Stühlen umgeben. Die Gäste saßen da, rauchten ihre Pfeife und spuckten in den Napf. Etwa 20 Jahre später fand ich in den Omnibussen und elektrischen Wagen das große und gut sichtbare Schild: "Gentlemen will not, others must not spit." Das Spucken war also nicht immer populär.

Das Rutherfordsche »McDonald Physics Building« gehörte zur McGill

University. Rutherford war noch nicht von einer Reise in seine Heimat New Zealand zurück, aber im Institut war man sehr freundlich und half mir bei der Suche nach einer Pension. Der Preis für Zimmer und Essen außer Lunch am Mittag betrug fünf Dollar pro Woche. Das war nicht viel, aber die Mahlzeiten waren auch so knapp, daß ich oft noch Hunger hatte. Allmählich gewöhnte ich mich jedoch daran.

Sobald Rutherford zurück war, zeigte er mir das Institut. Anschließend mußte ich ihm über mein »neues radioaktives Element« berichten. Er schien zunächst etwas skeptisch zu sein. Rutherford und Soddy hatten wenige Jahre zuvor ihre berühmte Entdeckung über den Zerfall der radioaktiven Elemente, über die materielle Natur der Radium- und der Thoriumemanation und der induzierten Aktivität gemacht. Sie hatten dabei im wesentlichen mit den Umwandlungsprodukten des Thoriums gearbeitet und gezeigt, daß aus dem Thorium das Thorium X, aus diesem die Emanation und die später als aktiver Niederschlag bezeichnete induzierte Aktivität entsteht. Für mein neues Element Radiothorium war kein Platz vorgesehen. In unserer ausführlichen Unterhaltung konnte ich aber Rutherford überzeugen, daß das von mir entdeckte neue Umwandlungsprodukt tatsächlich existiert. Daß es Rutherford und Soddy nicht gefunden hatten, kam daher, daß Thorium und das neue Radiothorium chemisch völlig gleiche Eigenschaften haben, nämlich – wie man heute sagt – Isotope sind. Ich hatte das Radiothor, wie sich ein Jahr später herausstellte, nur gefunden, weil es aus einer noch unbekannten Muttersubstanz entstanden war, die vom Thorium abweichende Eigenschaften hatte.

Ich bekam im Keller einen Arbeitsplatz, wo ich meine aus Konserven- und Tabaksdosen gefertigten Elektroskope aufbauen konnte, und außerdem eine räumlich weit getrennte Möglichkeit zum chemischen Arbeiten. Für die Chemie war das Institut nicht besonders ausgestattet; es gab nur eine sogenannte chemische Küche. Ich erinnere mich, daß auf meine Bitte, mir zum Reinigen meiner Gläser eine Flasche roher Salzsäure zu verschaffen, der Verwalter einen großen Ballon mit 33prozentiger reiner Salzsäure aus New York kommen ließ.

Rutherford war »Research Professor«, hatte keine offiziellen Dienstverpflichtungen und konnte bei aller Freiheit das tun, was ihn interessierte. Der eigentliche Direktor des Instituts, dem die Vorlesungen übertragen waren, war Professor Cox, ein sehr liebenswürdiger älterer Herr, der keinen wissenschaftlichen Ehrgeiz mehr entwickelte, sich für Radium gar nicht interessierte, aber einen großen und neidlosen Respekt vor dem jungen Kollegen hatte. Ferner gab es noch einen außerordentlichen Professor Barnes, der mit seinen eigenen Arbeiten voll ausgelastet war.

Neben diesem offiziellen Personal des Instituts war schon damals, also 1905, eine Reihe von Schülern von Rutherford teils als Assistenten, teils als sonstige Mitarbeiter mit radioaktiven Forschungen beschäftigt. Von ihnen seien hier nur genannt: Dr. Howard Bronson mit seinen Präzisionsmessungen über Halbwertszeiten der Radiumumwandlungen, R. K. McClung, ein Spezialist für Betastrahlen, und A. S. Eve, der sich für die Gammastrahlen von Uran und Thorium interessierte. Eve baute seine Elektroskope in seiner Wohnung auf, denn die Anzeige der schwachen Gammastrahlen seiner Präparate hätten Elektroskope verfälscht, die in der Werkstatt des Instituts zwangsläufig radioaktiv infiziert worden wären.

Mir ging es besser. Ramsay hatte mir stark aktives Radiothor wie auch die beiden Actiniumpräparate mitgegeben, die von Giesel und Debierne stammten. Mit Teilen des Radiothors maß ich unter möglichst unveränderten Bedingungen regelmäßig die Aktivität und fand eine langsame, aber deutliche Abnahme. Ich schätzte die Halbwertszeit des Radiothors auf rund zwei Jahre. Daneben begann ich auf Vorschlag von Rutherford eine längere Untersuchung über die Reichweite der Alphastrahlen des Radiothors und aller seiner Umwandlungsprodukte. Das ging bei dem in unendlich dünner Schicht leicht herstellbaren aktiven Niederschlag sehr gut. Ich fand zwei unterschiedliche Reichweiten; zu den schon bekannten Thorium A und Thorium B kam nun ein Thorium C hinzu, das eine sehr große Reichweite und offenbar eine sehr kurze Halbwertszeit hatte. Nach dem damaligen Sprachgebrauch war auch dieses Produkt, das ebenfalls nur durch die Reichweite seiner Strahlen nachgewiesen werden konnte, ein »neues Element«.

Ich habe bis zum Schluß meines Aufenthaltes in Montreal an der Aufstellung von Reichweitekurven gearbeitet und nach meiner Rückkehr nach Deutschland zwei lange Mitteilungen in der »Physikalischen Zeitschrift« veröffentlicht.

Während diese Untersuchungen auf dem Gebiet des Physikers Rutherford lagen, galt mein besonderes Interesse der Chemie. Da aber rein chemisch von dem Radiothor und seinen Zerfallsprodukten nichts Neues zu erwarten war, begann ich mich nun mit den chemischen Eigenschaften des Actiniums zu beschäftigen. Godlewski, ein Mitarbeiter Rutherfords, hatte beim Actinium, ähnlich wie beim Thorium das Thorium X, das Actinium X aufgefunden. Nachdem sich das Radiothor als Zwischenprodukt zwischen dem Thorium und dem Thorium X erwiesen hatte, lag ein ähnlicher Schluß auf das Actinium nahe. Ich fand auch tatsächlich – und eigentlich wieder fast zufällig – eine neue Substanz, die zwischen dem Actinium und dem Actinium X stand, und nannte sie, dem Radiothor entsprechend, Radioactinium. Sie bildete sich aus dem Actinium und zerfiel mit einer Halbwertszeit von etwa 20 Tagen in das bei Rutherford gefundene Actinium X.

Als ich Rutherford diese Beobachtung mitteilte, wollte er mir zunächst nicht glauben, denn sein sehr guter Mitarbeiter hätte die neue Substanz schon finden müssen. In Wirklichkeit hatte dieser auch gar nicht schlecht gearbeitet, nur war bei der Abtrennung des Actiniums X die neue Substanz bei ihrer Muttersubstanz Actinium geblieben und dadurch nicht erkannt worden. Bei meinen Versuchen hatte eine Trennung stattgefunden. Ich hatte also wieder ein »neues radioaktives Element« entdeckt. Und wie beim Radiothor konnte ich Rutherford auch beim Radioactinium nur durch die Aktivitätskurven – nicht durch die Chemie – davon überzeugen, daß ich recht hatte.

Meine regelmäßigen Messungen am Radiothor zeigten einen deutlichen Abfall mit einer Halbwertszeit von etwa zwei Jahren. Mein amerikanischer Kollege Professor Boltwood, der statt mit Radiothor mit einem handelsüblichen Thoriumpräparat arbeitete, bekam ein anderes Ergebnis. Ich habe an anderer Stelle ausführlicher über diese Diskrepanz gesprochen. Hier sei nur erwähnt, daß wir beide recht hatten. Der Grund lag in der von mir vermuteten Anwesenheit eines unbekannten, strahlungslosen Elements in der Thoriumlösung von Boltwood, nicht in meinem Radiothor. Der Beweis fand sich später in Berlin durch die Entdeckung dieser Substanz, dem Mesothorium.

Die Zeit in Montreal war angefüllt mit emsiger Arbeit in angenehmer Atmosphäre. Ich hatte aber auch netten persönlichen Kontakt mit der Familie Rutherford, mit S. A. Eve und seiner lieben Frau, mit Professor Cox und natürlich mit meinem Kollegen Max Levin.

Wenn ich an meine recht alkoholischen Tage in Marburg zurückdenke, dann wundere ich mich noch heute, daß ich während meines Aufenthalts in Montreal mit Ausnahme einer kleinen Flasche Bier am Sonntagabend zum guten Ein-Dollar-Dinner im Hotel »Windsor« fast keinen Alkohol getrunken habe. Bei Rutherfords war Alkohol verpönt. Dagegen war Rutherford wie ich ein passionierter Raucher. Wenn er seine Pfeife irgendwo verlegt hatte, mußte ich ihm mit meinem angekauten Exemplar aushelfen.

Im Sommer 1906 kehrte ich von Kanada nach Europa zurück. Nach kurzem Aufenthalt in London fuhr ich an einem schönen Abend per Bahn nach Harwich, von wo mich das Schiff nach Hoek van Holland bringen sollte. Mit mir im Abteil saßen zwei ziemlich abgerissen aussehende ältere Männer und ein dritter, jüngerer und offenbar recht schüchterner Mann. Während der Fahrt begannen die beiden älteren ein Kartenspiel und überredeten den jüngeren, doch mitzuspielen. Dieser tat es, und nach einigen Anfangserfolgen verlor er ständig. Er wurde immer nervöser, spielte und verlor aber weiter. Ich riet ihm, die Spielerei zu lassen. Daraufhin forderten mich die beiden Älteren auf, doch selbst zu spielen, statt anderen Ratschläge zu geben. Als ich das ablehnte, meinten sie, ich habe wohl auch gar kein Geld zum Mitspielen. Das erboste mich nun, und ich sagte: »Ich habe vielleicht mehr als Sie.« Die Alten bezweifelten es, und um sie zu überzeugen, spielte ich doch mit. Ergebnis: Innerhalb weniger Minuten hatte ich von meinem gesparten Geld hundert Shilling verloren. Beim Halten des Zuges verschwanden alle drei sofort, und ich merkte, daß ich der Dumme war.

Alle drei, also auch der schüchterne Junge, waren gefährliche Falsch-spieler und hatten mich mit ihrem »Kümmelblättchen« hereingelegt.

Immerhin wurde ich durch dieses Erlebnis so gewarnt, daß ich im Jahre 1933 in New York nicht noch einmal zwei Falschspielern auf den Leim ging. Professor Josef Mattauch, mein Nachfolger im Kaiser-Wilhelm-Institut in Mainz, hatte bei einem Aufenthalt in Amerika weniger Glück. Er wurde in der oben geschilderten Weise sein Fahrgeld New York–Kalifornien los und mußte sich den Betrag beim deutschen Konsul leihen.

Wieder in Deutschland, besuchte ich natürlich zunächst mein Eltern-haus in Frankfurt. Ich nutzte die Wochen der Ruhe mit der Nieder-schrift meiner Arbeiten über das in Montreal entdeckte Radioactinium und unternahm mit meinem Bruder Julius eine Reise nach Tirol.

FRAGE: Herr Professor Hahn, gestatten Sie, daß wir an dieser Stelle Ihre Erinnerungen zum erstenmal unterbrechen. Wir haben bereits von den Arbeiten gehört, die Ihrem Leben die entscheidende Wendung gaben. Sie waren organischer Chemiker, hatten also an sich keinen Anlaß, sich jemals mit Radium zu beschäftigen. Vermutlich haben Sie deshalb auch damit gerechnet, daß Ihnen Ramsay Aufgaben auf Ihrem eigentlichen Forschungsgebiet stellen würde.

PROFESSOR HAHN: Ich hatte keine besonderen Vorstellungen. Der Sinn meiner Reise nach England war ursprünglich, gutes Englisch zu lernen, weil die Firma Kalle & Co. für eine Anstellung Sprachkenntnisse voraussetzte. Bei Ramsay wollte ich nur arbeiten, um die Zeit auszunutzen. Eigentlich war es mir gleichgültig, welche Aufgaben er mir stellen würde.

FRAGE: Sie kannten Sir William Ramsay als den Entdecker wichtiger Edelgase. Wußten Sie, daß er mit radioaktiven Substanzen arbeitete?

PROFESSOR HAHN: Das war damals ein ganz neues Forschungsgebiet, von dem ich so gut wie gar nichts wußte.

FRAGE: Wenige Jahre vorher – 1898 – hatte Marie Curie gemeinsam mit ihrem Mann das Radium entdeckt...

PROFESSOR HAHN: ...und kurz vorher das Element Polonium nach ihrer polnischen Heimat benannt. Sie war eine geborene Sklodowska und hatte in Paris Pierre Curie geheiratet. Das wußte ich.

FRAGE: Sie hatten bei Geheimrat Zincke in Marburg studiert. Hat er über diese neuen Ergebnisse in seiner Vorlesung berichtet?

PROFESSOR HAHN: Nein, gar nicht. Das hat ihn nicht interessiert. Über die Entdeckung des Radiums hatte ich gelegentlich etwas in der Zeitung gelesen.

FRAGE: An der Universität Marburg wurde nicht darüber gesprochen?

PROFESSOR HAHN: Wenig. Ich erinnere mich, daß ich als Student einige

Zeit beim Assistenten der Anorganischen Chemie gearbeitet habe, dem späteren Geheimrat Schenck, der sich damals für die Fluoreszenz, das eigenartige Leuchten bestimmter Substanzen, interessierte. Er glaubte zeitweilig, die Radioaktivität sei der Fluoreszenz ähnlich. Darin hat er sich zwar geirrt, aber man sieht daraus, daß man gerade angefangen hatte, sich mit diesen merkwürdigen Phänomenen zu beschäftigen.

FRAGE: Die Radioaktivität ist schon zwei Jahre vorher entdeckt worden. Henry Becquerel in Paris hatte festgestellt, daß es chemische Elemente gibt, die ständig Strahlen aussenden. Darüber haben Sie sich doch wahrscheinlich schon mit Herrn Dr. Schenck in Marburg unterhalten?

PROFESSOR HAHN: Aber ohne besondere Absichten. Herr Schenck hatte ja selbst keine genauen Kenntnisse von der Radioaktivität. Das war damals alles noch so neu.

FRAGE: Haben Sie Ramsay gesagt, daß Sie vom Radium gar nichts wüßten?

PROFESSOR HAHN: Natürlich. Aber er antwortete, daß es die beste Voraussetzung sei, ohne vorgefaßte Meinung an eine Sache heranzugehen.

FRAGE: Zur gleichen Zeit wie Sie bekam auch Dr. Otto Sackur einen Arbeitsplatz im Institut Ramsay. Ramsay fragte Sie damals, ob Sie über Radium arbeiten wollten, während er Herrn Sackur die Aufgabe stellte, ein anderes Präparat auf ein möglicherweise neues Element zu untersuchen. Läßt sich aus diesen beiden Aufgabenstellungen folgern, daß Ramsay mehr von Herrn Sackur gehalten hat als von Ihnen?

PROFESSOR HAHN: Ja, ganz sicher. Sackur war Physikochemiker. Er verstand schon ein bißchen von der Radioaktivität. Er beherrschte die Physik auch viel besser als ich. Wahrscheinlich hat Ramsay gedacht, Hahn muß sich überhaupt erst einmal einarbeiten, aber Sackur wird vielleicht bald ein neues Element finden.

FRAGE: In Wirklichkeit hatte Sackur aber keinen Erfolg, während Sie ein neues Element fanden.

PROFESSOR HAHN: Sackur hatte das Pech, daß in seinem Präparat kein neues Element enthalten war. Ich hatte dagegen das Glück, in meinem Präparat außer Radium auch noch das bis dahin unbekannte Radiothorium zu finden.

FRAGE: Sie sprechen immer sehr viel von Ihrem Glück. Es war sicher Glück dabei, daß in dieser Substanz gerade Radiothorium enthalten war. Andererseits bezweifeln wir, daß es nur Glück war, denn so einfach ist es ja für einen Mann, der nie auf diesem Gebiet gearbeitet hat, nun auch nicht, sofort die richtigen Methoden zu finden.

PROFESSOR HAHN: Ich habe nach der Methode von Madame Curie gearbeitet.

FRAGE: Aber diese Methode kannten Sie in dem Moment doch noch gar nicht, in dem Ihnen Ramsay das Präparat in die Hand drückte.

PROFESSOR HAHN: Ich habe mich natürlich sofort darüber informiert und dann nach dieser Methode gearbeitet. Ich war damals sehr fleißig in London und habe mir das notwendige Wissen angeeignet. Ich fand immer mehr Freude an der Sache. Später habe ich bemerkt, daß ich mir sogar viel zuviel Arbeit gemacht hatte.

FRAGE: Sie haben Ernest Rutherford als den Mann geschildert, der damals am meisten von der Radioaktivität verstand.

PROFESSOR HAHN: Er war der einzige, der sie richtig begriffen und gedeutet hat. Bei Rutherford war ich an der besten Stelle. Und insofern glaube ich, war ich klug, als ich merkte, daß ich zu dumm war, um selbständig erfolgreich arbeiten zu können. Ich habe es nie bereut, daß ich von London aus an Rutherford geschrieben und ihn um einen Platz in seinem Institut gebeten habe.

FRAGE: In Paris arbeitete damals das Ehepaar Curie. War Paris nicht das Mekka der Radiologie? Warum sind Sie nicht direkt nach Paris gegangen?

PROFESSOR HAHN: Die Curies haben sehr schöne Präparate gemacht, das Radium ziemlich rein dargestellt und fleißig gearbeitet. Aber die Atomzerfallsidee stammt von Rutherford und Soddy. Beide haben den Zerfall der radioaktiven Elemente am besten verfolgt.

FRAGE: Die beiden haben also festgestellt, daß Elemente, die Strahlen aussenden, sich in andere Elemente umwandeln?

PROFESSOR HAHN: Mit dem Begriff »Elemente« sind wir später vorsichtiger geworden. In Wirklichkeit handelte es sich meistens nur um Isotope ein und desselben Elements, also um Abarten mit unterschiedlichen Atomgewichten. Aber damals sprachen sowohl Rutherford als auch Ramsay immer nur von »neuen Elementen«. Auch ich habe in den ersten Jahren meiner Tätigkeit dauernd »neue Elemente« entdeckt, wie es hieß. Die Umwandlungsprodukte Mesothorium 1, Mesothorium 2, Radioactinium und Thorium C waren nach den späteren Erkenntnissen Isotope. Rutherford pflegte damals von mir zu sagen: »Hahn has a special smell for discovering new elements.« (Hahn hat einen besonderen Riecher für die Entdeckung neuer Elemente.)

FRAGE: Das hat er aber sicher erst gesagt, als Sie einige Zeit bei ihm gearbeitet hatten. Ehe Sie nach Montreal kamen, wollte er doch nicht an Ihre Entdeckung des Radiothors glauben.

PROFESSOR HAHN: Aber schon nach wenigen Tagen war er überzeugt. Er bestätigte mir, daß er zuerst sehr mißtrauisch war; und sein Freund Boltwood hatte ihm gesagt: »This new element of Hahn seems to be a mixture of Thorium and stupidity.« (Dieses neue Element von Hahn scheint eine Mischung von Thorium und Dummheit zu sein.)

FRAGE: War Rutherford vielleicht deshalb mißtrauisch, weil er Ihrem damaligen Chef Ramsay gegenüber skeptisch eingestellt war?

PROFESSOR HAHN: Das ist denkbar. Ramsay war tatsächlich ein besonders großer Optimist. Rutherford hat von Ramsay nicht allzuviel gehalten. In den Niederschlägen seines Zigarettenrauchs glaubte Ramsay auch ein neues Element gefunden zu haben. Später stellte sich heraus, daß es sich um eine Spur Lithium gehandelt hat. Als Herr Ogawa ein neues Element gefunden zu haben glaubte, bestärkte ihn Ramsay, darüber sofort zu publizieren. Nach seiner Heimat nannte der Japaner das Element Nipponium. Auch das stellte sich später alles als falsch heraus. Rutherfords Vorsicht gegenüber Ramsay war also berechtigt. Andererseits darf man aber nicht vergessen, daß man im Grunde noch nicht viel über die neuen Elemente wußte und Irrtümer verzeihlich waren. Erst Rutherford hat später Ordnung in das ganze System gebracht.

FRAGE: Glauben Sie, daß Ramsays Optimismus für Ihr weiteres Leben und Ihre Laufbahn von Bedeutung war?

PROFESSOR HAHN: Von umwälzendem Einfluß. Er hat mich darin bestärkt, bei der Erforschung der Radioaktivität zu bleiben.

FRAGE: Sie haben Ramsay als einen sehr impulsiven Menschen geschildert, der also wahrscheinlich gar nicht dem Typ des nüchternen und sachlichen Engländers, den wir kennen, entspricht.

PROFESSOR HAHN: Er war impulsiv und optimistisch, aber auch ein guter, sachlicher Arbeiter. Seinen Nobelpreis hat er sich ehrlich verdient.

FRAGE: Gab es persönliche Differenzen zwischen Ramsay und Rutherford?

PROFESSOR HAHN: Ramsay hat sich einmal wohl nicht ganz korrekt benommen. Er hatte aus Wien Pechblende bekommen. Die Joachimsthaler Pechblende aus dem Erzgebirge war das wichtigste radiumhaltige Mineral. Gemeinsam mit Soddy hat Ramsay dann eine Arbeit gemacht, die eigentlich Rutherford zugestanden hätte. Beide haben die Herstellung von Emanation optisch nachgewiesen, obwohl die Idee von Rutherford war. Daher mag Rutherfords Abneigung stammen.

FRAGE: Sie haben Sir Frederick Soddy noch in den fünfziger Jahren mehrmals auf den Lindauer Nobelpreisträger-Tagungen getroffen, bekamen aber nie ein herzliches Verhältnis zu ihm. Woran lag dies?

PROFESSOR HAHN: Ich war ihm nie böse. Er war aber immer ein Einzelgänger, ein Eigenbrötler.

FRAGE: Als Rutherford das Cavendish-Institut in Cambridge leitete, soll er »Krokodil« genannt worden sein. Hatte er diesen Namen schon damals in Kanada?

PROFESSOR HAHN: Nein, in Montreal noch nicht. Ich habe aber später gehört, warum er diesen Spitznamen bekam: Es gibt eine Geschichte von einem Krokodil, das etwas Unverdaubares geschluckt hatte, so daß es ständig in seinem Leib rumorte. Und wenn sich das Krokodil näherte, dann soll man das schon an den Geräuschen aus seinem Inneren gehört haben. Rutherford wurde »Krokodil« genannt, weil er immer so laut und lebhaft gesprochen hat. Man hörte ihn schon von weitem und war gewarnt.

FRAGE: Menschen, die gern laut und viel reden, schätzen es oft nicht, wenn ihre Mitarbeiter ebensoviel Temperament haben. War das auch bei Rutherford so?

PROFESSOR HAHN: Im Gegenteil. Ich erinnere mich, daß ich mich während der Arbeit mit meinem deutschen Freund Max Levin aus Göttingen laut und fröhlich auf deutsch unterhalten habe. Wenn Rutherford dazukam, fragte er in bester Laune: »What do you swear about?« (Worüber schimpft ihr denn?) Er war ein sehr fröhlicher Mensch und sehr anregend...

FRAGE: ...Obwohl in seinem Haus, wie Sie berichtet haben, kein Alkohol getrunken wurde.

PROFESSOR HAHN: Mrs. Rutherford war dagegen.

FRAGE: War er ein eleganter Mann?

PROFESSOR HAHN: Nein. Er hat den Bauernburschen aus Neuseeland, der er einmal war, niemals verleugnet. Seiner einfachen Kleidung verdanke ich ein Foto in einer wissenschaftlichen Zeitschrift, das ich besonders schätze.

FRAGE: Wurden Sie damals schon für Zeitschriften fotografiert?

PROFESSOR HAHN: Nicht ich, nur Teile meiner Kleidung, meine Röllchen. Das waren damals Manschetten, die man über das Oberhemd streifte. Wenn man als vornehm gelten wollte, mußten die Röllchen aus den Jackettärmeln hervorschauen. Die englische Zeitschrift »Nature« ließ Rutherford 1906 fotografieren. Die ersten Bilder gefielen den Fotografen aber nicht, weil keine Röllchen zu sehen waren. Rutherford besaß gar keine und lieh sich deshalb meine aus. Das Bild mit den Röllchen wurde dann veröffentlicht, und darauf bin ich ganz besonders stolz.

Anfang Oktober 1906 fuhr ich nach Berlin und meldete mich im Chemischen Institut der Universität bei Geheimrat Fischer. Noch vor dem offiziellen Semesterbeginn konnte ich mich in der mir zur Verfügung gestellten, freigemachten früheren Holzwerkstatt einigermaßen einrichten. Das wichtigste Möbelstück war ein neu angeschaffter, großer und schwerer Eichentisch. Die zur Messung von Alpha-, Beta- und Gammastrahlen notwendigen Elektroskope wurden in Anlehnung an die einfachen Montreal-Apparate in Mechanikerwerkstätten angefertigt. An Stelle des Schwefels als Träger der dünnen Elektroskopblätter konnte jetzt der besser isolierende und leicht bearbeitbare Bernstein verwendet werden.

Zum Semesterbeginn machte ich mich mit den vielen am Institut beschäftigten Mitarbeitern bekannt. Mit Emil Fischer hatte ich schon vorher ausführlich gesprochen. Von den Dozenten lernte ich vor allem den Abteilungsleiter für anorganische Chemie, Professor Alfred Stock, und den Privatdozenten für physikalische Chemie, Dr. Franz Fischer, näher kennen. Ich hatte das Glück, von Professor Stock noch in einem seiner beiden großen Diensträume einen schönen Arbeitsplatz zur Verfügung gestellt zu bekommen. Ich habe den Platz für diejenigen meiner Versuche, welche keine weiteren apparativen Hilfsmittel verlangten, bis zu meinem Auszug aus dem Institut im Herbst 1912 behalten können. Professor Stocks späterer Nachfolger, Franz Fischer, hat mir das gleiche Entgegenkommen erwiesen.

Zunächst hatte ich natürlich ein bißchen Lampenfieber. Wie würde sich meine Zukunft entwickeln? Ich stand mit meinem Arbeitsgebiet ganz allein, denn im Institut eines berühmten Organikers wußte niemand etwas von Radioaktivität, und außer den Kollegen Stock und Fischer nahm keiner meine Arbeiten ernst. Andererseits machte ich niemandem Konkurrenz und wurde von allen freundlich aufgenommen.

Mit meinem radioaktiven Arbeitsmaterial konnte ich zufrieden sein. Ich hatte die »Mitgift« von Ramsay, das stark aktive Radiothorium, und kaufte mir zusätzlich von Professor Giesel in Braunschweig für Eich- und Meßzwecke zwei Milligramm Radium. Mehrere Kilogramm unreines Bleichlorid aus Pechblende bekam ich von ihm geschenkt. Aus dieser Verbindung waren ohne Schwierigkeit die Radium-Umwandlungsprodukte Radium E und Radium F (Polonium) herzustellen. Natürlich gab es Uran als Urannitrat bei der Industrie für billiges Geld, woraus das betastrahlende Uran X gewonnen werden konnte. Die wichtigsten damals bekannten aktiven Substanzen standen mir also zur Verfügung.

Ich ging nun gleich an das Radiothor heran. Professor Boltwood hatte mit Thoriumsalzen gearbeitet, die einen zu niedrigen Radiothorgehalt hatten, was also zeigte, daß bei der technischen Herstellung des Thoriums ein Teil des Radiothors vom Thorium getrennt war, daß also beide Elemente unterschiedliche chemische Eigenschaften hatten. Ich wandte mich an die Firma Knöfler in Berlin, die mir Ramsay als damals größten Thoriumproduzenten empfohlen hatte. Sie lieferte die gewünschten Präparate bereitwillig. Damit hoffte ich Boltwoods Befund, daß seine Thoriumsalze nicht stärker wurden, und meine Befunde, daß die Aktivität des Radiothors abnahm, aufzuklären. Bei dem technischen Herstellungsgang der Thoriumsalze konnte ich keine Trennung des Radiothors vom Thorium nachweisen.

Aber bei einer Reihe verschieden alter, auf gleiche Weise hergestellter Thoriumsalze zeigte sich mit zunehmendem Alter eine Abnahme der Aktivität. Schließlich bekam ich noch ein paar sehr alte Proben von Salzen, die mehr als 20 Jahre herumgelegen hatten, und diese waren wieder stärker. Dieses Verhalten, also erst Abnahme der Aktivität frisch hergestellter Präparate und dann eine allmähliche Zunahme, war nun ein direkter Beweis der Richtigkeit meiner Vermutungen: Zwischen dem Radiothor und dem Thorium mußte es noch eine unbekannte langlebige Zwischensubstanz geben. Ich nannte sie Mesothorium. Über die Auffindung selbst habe ich an anderer Stelle berichtet.

Die Firma Knöfler hat mir bei den Arbeiten zur Anreicherung des »neuen Elements« große Hilfe geleistet. Der technische Leiter der Firma war, nach dem frühen Tode von Dr. Knöfler, Dr. Cammerer, ein freundlicher, nicht mehr ganz junger Herr, mit dem ich nicht nur dienstlich, sondern auch privat verkehrte. Frau Knöfler, die Besitzerin der Firma, eine Deutschrussin, lud mich später ebenfalls einige Male in ihre sehr üppige Wohnung in der Fasanenstraße in Berlin zu großer Gesellschaft mit Kaviar und Sekt ein. Sie hatte eine Tochter im heiratsfähigen Alter, und diese Tatsache wurde mir ziemlich deutlich klargemacht. Ich zog aber keine Konsequenz daraus.

Die Firma Knöfler erklärte sich, nachdem ich von der Existenz des Mesothors berichtet hatte, sofort bereit, die Herstellung in technischem Maße zu übernehmen. Da sie nicht genügend akademische Mitarbeiter hatte, wurde ein Studienfreund von mir, Dr. Walter Metzener, fest angestellt, um in der Firma die Anreicherung zu leiten. Mir selbst sollten dann regelmäßig Proben übersandt werden. Ich wurde aber gebeten, über die chemischen Eigenschaften des Mesothors nichts zu veröffentlichen, denn die Firma wollte kein Patent nehmen. Ein solches würde doch sehr bald umgangen werden, während man ohne Patent ungehindert arbeiten könne. In meinen Veröffentlichungen behandelte ich nun alle radioaktiven Eigenschaften der Substanz, die Umwandlung des Mesothoriums in ein kürzerlebiges Element, das ich Mesothor 2 nannte, die Nachbildung des Radiothors und die Eigenschaften der verschiedenen Strahlenarten aus den einzelnen Körpern. Währenddessen kam plötzlich der Patentanspruch des englischen Chemikers Professor Frederick Soddy, des früheren Mitarbeiters von Professor Rutherford, auf die chemische Herstellung des Mesothors. So, wie mir die chemischen Eigenschaften bekannt waren, war es auch für Soddy nicht schwer, herauszufinden, daß Mesothor die chemischen Eigenschaften des Radiums hatte.

In der Firma Knöfler bekam man nun Bedenken, setzte sich mit Soddy in Verbindung, und dieser verkaufte seinen Anspruch in Deutschland gegen rund 20000 Mark für die Entdeckung der chemischen Eigenschaften und weitere 6000 Mark für allgemeine Auslagen. Schweren Herzens zahlte die Firma diese große Summe und meldete den Anspruch in ihrem Namen an. Da kam aber die Auer-Gesellschaft, die ebenfalls Thorium in großem Maße herstellte, und erhob gegen den Patentanspruch den Einwand, aus meinen Veröffentlichungen hätte man die chemischen Eigenschaften des Mesothors schon erkennen müssen, deshalb sei der Anspruch nicht gerechtfertigt. Bei einer großen Sitzung mit dem Vertreter der Firma Knöfler, dem Direktor der Auer-Gesellschaft und den Anwälten beider Firmen wurde der Fall besprochen. Als Sachverständiger der Gegenseite war mein Kollege Kasimir Fajans aus München erschienen. Der Anwalt der Auer-Gesellschaft war dem Anwalt der Firma Knöfler himmelhoch überlegen. Der Knöfler-Anspruch fiel, und nun konnte Auer das Mesothor unbehindert herstellen; 26000 Mark waren verloren.

Inzwischen hatte man in der Medizin begonnen, sich für Radium zu interessieren. Man hoffte auf eine Heilung des Krebses, und die Preise für dieses Element zogen in wenigen Jahren erheblich an. Die ursprünglichen 10 bis 20 Mark pro Milligramm, die ich seinerzeit bezahlte, als ich mir zwei Milligramm bei Professor Giesel kaufte, waren auf 100 Mark pro Milligramm gestiegen, und jetzt hatten sie 300 Mark pro Milligramm erreicht. Auch das Mesothor fand deshalb steigendes Interesse, denn es wurde, nachdem einmal die Herstellung in etwas größerem Maßstab geglückt war, für den halben Preis des Radiums verkauft, obwohl es die gleiche Strahlungsintensität zeigte. Im Jahre 1910 wurde in München sogar ein öffentliches »Mesothor-Konzert« veranstaltet. Die Eintrittspreise waren sehr hoch, so daß der Zweck des Konzerts, einen erheblichen Geldbetrag zur Anschaffung von Mesothor für ein Krankenhaus zu erhalten, in Erfüllung ging.

In diesem Zusammenhang ist der Einspruch eines Berliner Professors gegen den Preis des Mesothoriums interessant. Er verglich die von mir festgestellte Halbwertszeit des Mesothoriums von sechs Jahren mit der des Radiums von etwa 1500 Jahren und schrieb, das Mesothorium dürfe bei seiner 250mal kleineren Halbwertszeit auch nur den 250. Teil des Radiums kosten. Er sagte nicht, daß die Aktivität des Mesothors zunächst gar nicht ab-, sondern mehrere Jahre lang durch die Nachbildung des wertvollen Radiothors zunimmt und durch die Anwesenheit des zu 25 Prozent im technischen Mesothor enthaltenen Radiums niemals unter ein Viertel der Ausgangsaktivität absinkt.

In der Tat wurde kurz vor dem Ersten Weltkrieg neben allem verfügbaren Radium auch alles von Knöfler und der Auer-Gesellschaft hergestellte Mesothorium an medizinische und andere Institute verkauft. Ich erinnere mich an ein Telefongespräch, das ich Anfang 1914 mit der Firma Knöfler führte; man fragte mich, auf welches Konto die 66000 Mark überwiesen werden sollten, die ich als Provision für den Verkauf des Mesothors zu bekommen hätte. Das war damals eine außerordentlich große Summe. Ich habe meiner Kollegin Meitner, die bei den Fraktionierungen mir sehr wertvolle Hilfe geleistet hatte, wie später noch zu berichten sein wird, ein Zehntel des Betrages gegeben. Meinen Freund Metzener lud ich mit seiner Frau nur zu einer Spreewaldtour ein, denn er bekam von der Firma Knöfler neben seinem Gehalt eine beträchtliche Tantieme. Ein Jahr später habe ich dann für den Betrag eine erhebliche Kriegsgewinnsteuer bezahlt und den Rest als Kriegsanleihe gezeichnet. Auch die 40000 Mark, die ich 1915 bekommen habe, gingen den Weg alles Irdischen. Während des Krieges hörte die Produktion ganz auf, da der Import von Thoriumsalzen aus Brasilien und Indien nicht mehr möglich war.

Der Vollständigkeit halber möchte ich an dieser Stelle noch einige nette Erlebnisse erzählen, die mit dem Mesothor zusammenhängen, obwohl sie späteren Ereignissen vorgreifen. Einmal hatte ich einen berühmten Mediziner der Berliner Charité über die Strahlen des Mesothors aufzuklären. Der Herr Geheimrat zeigte mir seine Versuchsanordnung und sprach immer vom Semithorium. Ich erlaubte mir nach einiger Zeit zu sagen: »Verzeihen Sie, Herr Geheimrat, der Körper heißt Mesothorium.« Der Geheimrat antwortete, mir jovial auf die Schulter klopfend: »Glauben Sie mir, junger Freund, er heißt Semithorium!«

Im Weltkrieg wurde ich einmal einem Oberst als »chemischer Sachverständiger und Entdecker des Mesothoriums« vorgestellt. Worauf der Oberst fragte: »Ich denke, Sie sind Chemiker, was haben Sie denn mit vorsintflutlichen Tieren zu tun?« Dabei war das Mesothorium nur einige Jahre alt, das Megatherium aber etwa 200 Millionen!

Im Frühjahr 1907 konnte ich mich bei Emil Fischer für das Fach der Chemie habilitieren. Ich brauchte keine besondere Habilitationsschrift vorzulegen. Meine bisherigen Publikationen wurden für ausreichend gehalten; es waren etwa zehn Arbeiten. Eine davon wurde als Habilitationsschrift bezeichnet. Auch das Kolloquium ging ohne irgendwelche besondere Prüfung vonstatten. Es war eine Unterhaltung über das neue Gebiet der Radioaktivität, wobei ich mich bemühte, Emil Fischer zu überzeugen, daß nicht der abscheuliche Geruch gewisser organischer Schwefelverbindungen die Nachweisgrenze kleinster Substanzmengen bestimmt, sondern daß man durch die Alpha- und Betastrahlen radioaktiver Umwandlungsprodukte zu sehr viel kleineren, in Wirklichkeit absolut unwägbaren Substanzmengen ohne Schwierigkeit kommt.

Am gleichen Tage wie ich habilitierte sich auch der pharmazeutische Chemiker Dr. Carl Mannich; er und ich waren auch am gleichen Tage geboren. Wir haben viele Jahre lang bis zu seinem Tode freundschaftlich miteinander verkehrt.

Übrigens hörte ich einige Tage nach meinem Kolloquium, daß ein Abteilungsleiter bei Emil Fischer – auf mich gemünzt – gesagt habe: »Es ist unglaublich, was sich heutzutage alles habilitiert.« Ich war selbst diesem Herrn später durchaus freundschaftlich verbunden, er konnte ja mit Radium nichts anfangen und nahm mich deshalb nicht ernst.

Wie bei meinem Doktorexamen trug ich auch bei meiner Habilitation Frack und weiße Handschuhe. Im ganzen war ja früher das akademische Leben noch mit einiger Etikette verbunden. Den leitenden Herren des Chemischen und des Physikalischen Instituts machte ich meine Besuche, was aber wohl auch heute noch der Fall ist, wenn ein junger Gelehrter sich habilitieren will oder der Berufung einer Universität folgt. Nur gingen damals die Besuche etwas förmlicher vor sich.

Es entwickelten sich freundschaftliche Beziehungen. So kam ich mit

Professor Stock, Franz Fischer und auch Professor Pschorr, Sohn des Besitzers der Münchner Brauerei, zusammen. Schöne Stunden verlebte ich bei den Physikern Professor Rubens, Professor Nernst und Professor Warburg.

Emil Fischer, Chef des Chemischen Instituts, war Witwer und lud seine Mitarbeiter jedes Jahr einmal im Winter zum Abendessen ein. Diese Einladung vollzog sich in immer genau der gleichen Weise. Es gab Zander und einen Nachtisch. Verabredungsgemäß stand der älteste der Eingeladenen um 11 Uhr auf und verabschiedete sich. Fünf Minuten nach 11 war dann alles verschwunden.

Die Geselligkeiten bei Professor Rubens waren etwas prunkvoller. Er liebte ein großes Haus und lud nicht nur zum Essen, sondern auch zum Tanz. Man konnte dabei also junge Ehekandidatinnen kennenlernen. An einen dieser Abende denke ich noch besonders gern zurück. Ich lernte eine junge Dame aus gutem Hause kennen. Wir sprachen über »Jettchen Gebert«, und sie sagte, sie wolle mir den Roman leihen. Ich erhielt das Buch und sollte es ihr gelegentlich wiederbringen. Obwohl keine der Damen, die ich damals kennenlernte, einen solchen Eindruck auf mich gemacht hat, konnte ich mich dennoch nicht entschließen, das geliehene Buch der jungen Dame persönlich zurückzugeben und dabei ihren Eltern einen Besuch zu machen; ich war mir nicht sicher, was das Mädchen aus so einem offiziellen Besuch folgern würde. Wir hatten uns beide zwar sehr lieb gewonnen, aber ich mußte berücksichtigen, daß sie aus einem sehr vornehmen jüdischen Hause stammte, während meine Eltern nur einfache Geschäftsleute waren.

Von den jüngeren Kollegen aus dem damaligen Physikalischen Institut nenne ich meine späteren Freunde Otto von Baeyer, James Franck, Gustav Hertz, Robert Pohl, Peter Pringsheim, Erich Regener und Wilhelm Westphal. Alle wurden später bekannte Wissenschaftler. Diese jungen Physiker bildeten allmählich einen Freundeskreis, zu dem sich bald ein weibliches Mitglied gesellte. Es war Dr. Lise Meitner, die kurz nach meiner Habilitation, noch im Jahre 1907, aus Wien nach Berlin gekommen war, um sich bei Geheimrat Max Planck in theoretischer Physik weiter auszubilden.

Wir arbeiteten bald gemeinschaftlich, denn Lise Meitner hatte auch schon »radioaktive Erfahrungen« gesammelt. Aus dem zunächst auf zwei Jahre begrenzten Aufenthalt Lise Meitners in Berlin wurden mehr als 30 Jahre gemeinsamen Schaffens und dauernder Freundschaft.

Der Start für Lise Meitner war zunächst nicht leicht. Emil Fischer nahm damals Akademikerinnen noch nicht in sein Institut auf. Unter der Bedingung, daß Dr. Meitner sich in den Experimentiersälen der Studenten nicht zeigen durfte, machte er ihr eine Konzession: Sie durfte in der Holzwerkstatt arbeiten.

Von Gemeinsamkeiten zwischen uns, außerhalb des Instituts, konnte keine Rede sein. Lise Meitner hatte noch ganz die Erziehung einer höheren Tochter genossen, war sehr zurückhaltend und fast scheu. Während ich mit meinem Kollegen Franz Fischer täglich zu Mittag aß und wir an Samstagen und später auch mittwochs noch ins Kaffeehaus gingen, habe ich mit Lise Meitner viele Jahre lang außerberuflich nie zusammen gegessen. Wir sind auch nicht gemeinsam spazierengegangen. Abgesehen von physikalischen Kolloquien begegneten wir einander nur in der Holzwerkstatt. Dort haben wir meist bis kurz vor 8 Uhr gearbeitet, so daß mal der eine, mal der andere in die Nachbarschaft laufen mußte, um schnell noch Aufschnitt oder Käse zu kaufen, denn um 8 Uhr schlossen die Läden. Niemals wurde das Eingekaufte gemeinsam verzehrt. Lise Meitner ging nach Hause, und ich ging nach Hause. Dabei waren wir doch herzlich miteinander befreundet.

Ich erinnere mich, daß Lise Meitner einmal starke Sitz- und Gehbeschwerden hatte und offenbar große Schmerzen aushalten mußte; sie hatte, wie sie mir sagte, einen Furunkel am Fuß. Monate später sagte mir ein Bekannter: »Die Lise Meitner hatte einen unangenehmen Furunkel an einer Stelle, die sie Ihnen wohl nicht genannt hat. Deshalb konnte sie so schlecht sitzen und hatte solche Schmerzen.« Es wäre auch wirklich ein medizinisches Wunder gewesen, wenn ein Furunkel am Fuß Sitzbeschwerden verursacht hätte.

Das Fundament der Freundschaft, das lange Jahre vor dem Ersten Weltkrieg gelegt wurde, hat bis heute gehalten. Mit Lise Meitner, Gustav Hertz, Robert Pohl und Wilhelm Westphal bin ich noch immer verbunden. Bis vor kurzem gehörten auch James Franck und Rudolf Ladenburg noch zu unserem Kreis. Franck starb während eines Besuches bei Göttinger Freunden. Nach einem besonders netten Abend, der alten Erinnerungen gewidmet war und für den er sich am nächsten Morgen, am 21. Mai 1964, noch telefonisch bedankt hatte, starb er ganz plötzlich an einem Herzschlag. Ein beneidenswerter Tod!

Ich erinnere mich ferner an Emil Abderhalden, Ernst Stähler und Wilhelm Houben. Houben hatte ein etwas unglückliches Naturell. Er verstand sich mit seinen Kollegen nicht besonders gut und kam immer zu mir in die Holzwerkstatt, um mir seinen Kummer über die vielen bösen Menschen auszuschütten, die ihn schlecht behandelten. Mir selbst ging es in dieser Beziehung sehr gut. Ich kam mit allen Anwärtern auf eine wissenschaftliche Laufbahn gut aus, weil ich keinerlei Konkurrenz für sie bedeutete. Von den Chemikern wurde das Radium noch nicht recht ernst genommen, und beruflicher Neid konnte die persönlichen Kontakte deshalb nicht stören. Die Physiker sahen mich als Chemiker an und fühlten sich durch mich auch nicht beeinträchtigt. Eine besonders enge Freundschaft entwickelte sich zwischen dem damaligen Fischerschen Assistenten Dr. Siegfried Hilpert und mir. Ihm habe ich es zu verdanken, daß ich gute Musik kennen- und schätzengelernt habe. Als Sohn eines Kapellmeisters war er sehr musikalisch. Wir gingen oft dienstags oder mittwochs in die populären philharmonischen Konzerte. Besonders die Beethoven-Symphonien hörte ich damals mit viel Genuß, aber auch Tschaikowski und Mozart begeisterten mich. Einen musikerzieherischen Einfluß übte auch Lise Meitner aus. Sie summte mir bei unseren stundenlangen Messungen viele Lieder von Brahms, Wolf, Schumann und anderen vor, so gut sie es konnte. Später hörte ich viel Musik bei dem Ehepaar Grüneisen. Die Dame des Hauses, eine ausgebildete Sängerin, trug bei Einladungen stets Lieder vor.

Eine angenehme Unterbrechung der wissenschaftlichen Arbeiten ergab sich Ende 1908. Mein verehrter Lehrer Rutherford erhielt im Dezember dieses Jahres für seine Arbeit über den Zerfall der radioaktiven Elemente den Nobelpreis für Chemie. Bei der Rückreise aus Stockholm kam er mit seiner Frau für einige Tage nach Berlin. Er erzählte mir, daß er sich über die hohe Auszeichnung sehr gefreut habe, schmunzelte aber etwas darüber, daß man ihm den Preis für Chemie gegeben habe. Seine Arbeiten waren zwar von größter Bedeutung für die Chemie; aber Rutherford fühlte sich immer als Physiker, und irgendwelche chemischen Experimente hat er niemals gemacht.

Während Frau Rutherford – teilweise in Begleitung von Lise Meitner – Weihnachtseinkäufe in Berlin tätigte, führte Rutherford lange Gespräche mit mir. Er fragte mich nach meinen Aussichten für die Zukunft, und als ich ihm sagte, daß ich als Privatdozent an der Universität keinerlei feste Stellung habe, wunderte er sich. Ich hätte doch so viele radioaktive Elemente entdeckt, ob das denn nicht irgendwie durch eine Anstellung oder Berufung anerkannt würde. Aber weder der Chemiker Emil Fischer noch die Physiker Rubens und Nernst konnten für mich etwas tun, denn für mein Arbeitsgebiet, die Radioaktivität, gab es keine Professur. Ich machte mir aber darüber keine großen Sorgen und war von meiner Arbeit ganz ausgefüllt.

An den regelmäßigen physikalischen Kolloquien, die der Direktor des Physikalischen Instituts der Berliner Universität jeden Mittwoch abhielt, nahmen Lise Meitner und ich ständig teil. Ich habe dort über meine oder unsere gemeinsamen Arbeiten oder auch über andere Gebiete der Radioaktivität referiert. Uns waren die Begriffe Radium C, Thorium X oder Radioactinium vollständig in Fleisch und Blut übergegangen, andere hatten damit Schwierigkeiten. Ich erinnere mich, daß Professor Rubens mich einmal fragte: »Wie kommt es, daß es Ihnen möglich ist, alle diese Namen zu unterscheiden und auch noch ihre chemischen Eigenschaften zu kennen? Das ist doch furchtbar kompliziert.« Und etwa 50 Jahre später gestand mir mein Freund Max von Laue nach einem zusammenfassenden Vortrag: »Es ist jetzt das erstemal, lieber Hahn, daß ich wirklich verstehe, was du eigentlich machst. Deine Sachen waren mir nie recht verständlich.« Man sieht daraus, daß man auf einem Gebiet, mit dem der andere nicht vertraut ist, nicht zu viel Verständnis verlangen oder gar voraussetzen darf.

Die Forschungen in der Holzwerkstatt gingen gut voran. Ende 1908 konnte ich ein Problem aufklären, auf das im Wiener Radiuminstitut Meyer und Schneider gestoßen waren. Die sehr geringe Aktivität des Actiniums beruhte auf dem »radioaktiven Rückstoß«. Dabei fand ich mit Lise Meitner ein neues Thoriumprodukt, das Thorium D. Die Arbeit hat im Laufe der Jahre als »Rückstoßmethode« eine ziemliche Bedeutung bekommen und wurde später von Szilard und Chalmers auf den Rückstoß bei Alphastrahlenprozessen erweitert.

Während dieser Jahre habe ich in der Hessischen Straße in Berlin N gewohnt. Ich hatte ein Zimmer mit Blick zum Platz vor dem Neuen Tor. Da ich auch während der Ferienmonate die ziemlich hohe Miete von 50 Mark monatlich anstandslos zahlte, war ich ein geschätzter Mieter, und während meine Wirtsleute mehrmals wechselten, wurde ich von den Nachfolgern immer mit übernommen. Offenbar haben meine diversen Wirtinnen das Zimmer während meiner Abwesenheit in den Ferien gelegentlich noch anderweitig vermietet. Elektrisches Licht gab es noch nicht im Haus. Ich hatte eine Petroleumlampe auf dem Schreibtisch und außerdem eine Gaslampe an der Zimmerdecke; beim Arbeiten benutzte ich immer die Petroleumlampe. Zum Hinaufsteigen in meine sehr hoch gelegene Wohnung bedurfte es in der Nacht immer einer Anzahl von Streichhölzern.

Mein neu entdecktes Interesse für Musik ging so weit, daß ich 1908 oder 1909 in den »Heiseren Fasan«, ein Gesangskränzchen, eintrat, das unter der musikalischen Leitung eines Majors a. D. und späteren Doktors der Musikwissenschaft stand. Major Körte leitete einen vierstimmigen Chor von etwa 20 bis 25 Personen. Neben den Professoren Grüneisen und Westphal war ich einer der Tenöre. Stütze des Soprans war Fräulein Bruhns, die spätere Frau Grüneisen. Außerdem sangen unter anderem die beiden Nichten Plancks, die Töchter Harnacks, die Töchter Körtes und Fräulein Lore Delbrück mit. Alle kamen aus guten Kreisen, und es war nicht leicht, in die Familien aufgenommen zu werden. Zur Stärkung gab es nach dem Singen Bier und Kekse; dann fuhr man nach Hause. Wir sangen anfangs fast ausschließlich Lieder, die Körte selbst komponiert hatte.

Von den Sängerinnen gefielen mir besonders Fräulein Marie Mommsen und Fräulein Annemarie Zierold, die spätere Frau Telschow. Diese beiden jungen Damen studierten Chemie und besuchten auch meine Vorlesung über Radioaktivität. Hätte ich 1911 nicht Fräulein Edith Junghans kennengelernt, dann hätte ich wahrscheinlich bei dem Kohlengroßhändler Mommsen um die Hand seiner Tochter angehalten. Fräulein Mommsen, mit dem großen Historiker Theodor Mommsen verwandt, heiratete später einen Chemiker. Ich blieb bis 1941/42 mit Frau Schmidt, geborene Mommsen, in freundschaftlicher Verbindung.

Die Gesangsabende, abwechselnd bei Plancks oder Harnacks, waren sehr schön. Bei beiden Familien wurde ich auch persönlich ins Haus geladen, ebenso bei Delbrücks. Da ich zwar eine kräftige, aber ganz ungepflegte Tenorstimme hatte, riet mir Planck, doch Gesangsunterricht bei einem guten Lehrer zu nehmen, es ließe sich aus meiner Stimme wohl etwas machen. Ich tat dies im Juli 1914 und hatte einige Wochen lang Unterricht. Dann kam der Krieg, und mit dem fröhlichen Gesang war es vorbei.

Ich war nicht nur Musikliebhaber, sondern auch ein guter Bergsteiger. Meine erste Bekanntschaft mit den Bergen verdanke ich meinem Bruder Heiner, mit dem ich im Jahre 1907 zum erstenmal eine Hochtour unternahm. Wir bestiegen im Ötztal die Wildspitze und einige andere Berge. Nach den ziemlich anstrengenden Touren traf ich dann meinen jungen Kollegen und Freund Hilpert am Gardasee, und nachdem mein Bruder wieder nach Haus gefahren war, ruhte ich mich aus.

Eine Sensation für mich Berliner war die Tatsache, daß am Gardasee damals Frauen und Männer gemeinsam badeten. Früher hatte ich das für außerordentlich aufregend gehalten, jetzt gab es aber doch eine ziemliche Enttäuschung. Bikinis gab es noch nicht, sondern auch die jungen Mädchen trugen recht schlappe Badeanzüge, die sie bestimmt nicht schöner machten.

Ein Jahr später schloß ich mich Professor Jakob Meisenheimer von der Landwirtschaftlichen Hochschule an. Er war ein sehr guter Bergsteiger, und mit ihm machte ich dann einige führerlose Touren. Wir waren im Ferwall und in der Silvretta. Eine Besteigung des Pateriol bei schlechtem Wetter führte fast zu einer Katastrophe. Wir fanden nicht den richtigen Abstieg und waren wegen großer Verspätung nicht angeseilt, da rutschte ich nach rückwärts aus, und wäre unweigerlich einen tiefen Abhang hinuntergestürzt, wenn mich Meisenheimer nicht gerade an einer Hand festgehalten und auf den Bauch geworfen hätte. Als wir spätabends die Konstanzer Hütte erreichten, beschlossen wir feierlich, bei schlechtem Wetter überhaupt keine, bei gutem nur noch sichere Touren zu machen. Die Hüttenwirtin gab uns den Schlüssel zu ihrem Weinvorrat, und wir feierten in der Nacht meine Rettung.

Der nächste Tag war Ruhetag. Dann folgte eine Tour auf die an sich nicht schwierige Kuchenspitze. Aber wir verliefen uns wieder, und Meisenheimer konnte seiner Münchner Sektion einen neuen Anstieg auf diesen Berg melden. Auch die mehrere Tage später gemachte Tour auf das Verstanklahorn in der Silvretta war wegen schlechten Wetters schwierig, so daß wir uns abermals verirrten. Den Großen Litzner haben wir nicht mehr angegangen, und wer weiß, ob der Dauerregen, der unser Vorhaben vereitelt hat, nicht ein Wink des Schicksals war.

Im Jahre 1911 war ich mit meinem Bruder Heiner in Zermatt, und das Wetter war diesmal so gut, daß wir einige sehr große Touren wagen konnten. Der Aufstieg zum Matterhorn wurde von einer Hütte aus nachts um 2 Uhr begonnen, und der noch anstrengendere Aufstieg auf die Dent Blanche begann schon um Mitternacht. Dieser Berg war wegen einer großen Eisrinne schwieriger als das Matterhorn, aber wir konnten sie ohne allzu große Mühen meistern.

Wieder ein Jahr später war Chamonix unser Ausgangspunkt. Wir gingen den Mont Blanc von Courmayeur aus an, versuchten also die Traversierung, trafen aber schon bald eine vom Berg herunterkommende Gruppe mit einem abgestürzten Toten, und das nahm uns den Mut, bei dem schlechten Wetter die Spitze von Süden zu erreichen. Wir kehrten um. Über den Sankt Bernhard wanderten wir nach Chamonix zurück und probierten nun den Mont Blanc von Chamonix aus, aber auf einem etwas anderen Wege als dem normalen. Wieder zwang uns das Wetter zur Umkehr, und bei einem dritten Versuch gelang es uns nur, die Grands-Mulets-Hütte zu erreichen.

Im letzten Jahr vor dem Ersten Weltkrieg, also 1913, war zum erstenmal meine junge Frau mit in den Bergen. Ich machte vom Steinernen Meer aus allein mit einem Führer einen Abstecher auf die Schönfeldspitze. Da der Führer aber nur einen Arm hatte, war meine Frau sehr ängstlich. Sie äußerte dies meinem Freund Hilpert gegenüber so eindringlich, daß auch er das Schlimmste befürchtete. Ich kam aber heil zurück.

Zwischen den Kriegen habe ich teils im Sommer, teils im Winter weitere große Touren unternommen. Besonders schön waren in der Schweiz Mönch und Jungfrau. In Österreich habe ich mit Max von Laue den Dachstein und die Bischofsmütze bestiegen. Der Weg zur Spitze des Dachsteins – wir waren führerlos – fiel Laue gegen Schluß ziemlich schwer. Als wir das Ziel erreicht hatten, erfuhren wir den Grund. Er nahm aus seinem schweren Rucksack eine Kilodose Aprikosenkonfitüre und bot sie uns an. Wir hatten einen großen Genuß, er hatte die Anstrengung gehabt.

Ich erinnere mich vieler weiterer Touren, die ich ab und zu allein, meist mit meinem Bruder Heiner, aber nur ganz selten mit einem Bergführer gemacht habe. Das schwierigste Unternehmen war wohl die Traversierung der Südlenzspitze über den Nadelgrat von Saas-Fee aus. Man kann diesen Weg nur im Aufstieg, nicht im Abstieg nehmen.

Meine Frau hat mit mir nur einen Viertausender, das Allalinhorn, bestiegen. Das war für sie eine beachtliche Leistung, da sie völlig ungeübt war und der Abstieg bis Zermatt sich recht lang hinzieht. Mit einiger Schadenfreude berichtete sie später bei passenden Gelegenheiten, daß ich auf einer Almhütte wegen geschwollener Füße meine Stiefel ausziehen mußte, während sie dies nicht nötig gehabt hätte.

Seit Anfang der zwanziger Jahre fuhr ich im Winter ziemlich regelmäßig Ski. Da sich meine Frau aber für diesen Sport nicht begeistern konnte, schloß ich mich auch hier wieder meinem Bruder Heiner, meinen Nichten oder Max von Laue an. Meine Freunde Elmire und Jakob Meisenheimer gründeten später unseren Chemiker-Skiklub »Chemski«, dem neben anderen auch Professor Finck und Frau von der Auer-Gesellschaft, Professor Knoop aus Tübingen und meine Berliner Kollegen Schlubach, Wieland und Schwarz beitraten.

1933/34 verbrachten meine Frau und ich, zusammen mit Herrn und Frau Quasebart von der Auer-Gesellschaft, Weihnachten und Neujahr in der Schweiz. Ich erinnere mich, daß beim Toast auf das neue Jahr meine Frau, angesichts des nationalsozialistischen Regimes und der zu erwartenden unausbleiblichen Folgen, die Tränen nicht unterdrücken konnte.

Mit Professor Meyerhof und Dr. Glücksmann, dem Schwager von Professor Haber, Professor Polanyi und Professor Hess trainierte ich außerdem regelmäßig in Dahlem. Wir nahmen bei der Tochter des früheren Ministers Dernburg einmal in der Woche eine Stunde Gymnastik. Manchmal turnten wir im Harnack-Haus in Dahlem oder übten uns im Dauerlauf, im Hochsprung und anderen Disziplinen. Bis zum Kriegsbeginn wurden diese Übungen fortgesetzt, und vielleicht hat dieses Training dazu beigetragen, daß ich 1945 in englischer Internierung noch mehr als zehn Kilometer im Dauerlauf bewältigen konnte. Ich schaffte diese Strecke aber nicht, wie für das Sportabzeichen nötig, in 50 Minuten, sondern nur in 59 Minuten.

Durch Otto von Baeyer wurde ich im Frühjahr 1909 während der akademischen Ferien von der Familie seines Vaters nach Gries bei Bozen eingeladen. Schwiegersohn war der Chemiker Piloty, Abteilungsleiter im Institut von Baeyer, ein sehr musikalischer und gebildeter Herr, der aber als Chemiker kein besonderes Ansehen genoß. Von ihm erzählte man sich, daß er, als er bei Adolf von Baeyer um die Hand seiner Tochter anhielt, zu hören bekam: »Ich hoffe, Sie werden ein besserer Ehemann als Sie ein Chemiker sind.« Ein weiteres Familienmitglied war der Sohn Hans von Baeyer, späterer Ordinarius für Orthopädie in Heidelberg.

Als Gäste weilten damals außer mir eine Gräfin Schwerin mit ihrer etwa sechzehnjährigen Tochter im Hause. Mit dieser jungen Dame machte ich einmal einen längeren Spaziergang auf einen Berg in der Nähe von Gries. Wie so oft in meinem Leben habe ich mich auch dabei verlaufen. Wir gerieten in dichtes Schneetreiben und kamen viel zu spät zum Abendbrot zurück. Die Tour selbst war aber besonders schön und für das junge Mädchen noch dazu ein großes Abenteuer, sich im Schnee verirrt zu haben. Die spätere Frau von Martius und ich erinnerten uns noch gern an unsere Schneewanderung vor mehr als einem halben Jahrhundert.

Auch sonst war ich ab und zu bei der Familie von Baeyer eingeladen, die in Starnberg eine große Villa hatte. Der Hausherr war einer der wenigen Autobesitzer der damaligen Zeit und fuhr möglichst an jedem Nachmittag mit seinem Chauffeur spazieren, fand aber wegen der ziemlich häufigen Pannen wenig Gegenliebe bei seinen Kindern und Enkeln. So nahm er mich dann im Auto mit. Eigentlich gab es täglich irgendwelche Defekte am Wagen, aber ich hatte das Glück, während dieser Fahrten durch Adolf von Baeyer in interessante Unterhaltungen gezogen zu werden.

Bei einem Aufenthalt in Starnberg begegnete ich auch Professor Rutherford und Professor Boltwood, die sehr gute Freunde waren und gelegentlich aus England und Amerika herüberkamen. Sie statteten Adolf von Baeyer einen kurzen Besuch ab. Leider litt Boltwood in späteren Jahren unter Minderwertigkeitskomplexen und nahm sich das Leben. Dabei war er nicht nur ein ausgezeichneter Radiochemiker, sondern auch ein besonders liebenswerter Mensch.

Im Jahre 1909 war ich zu einer Tagung der British Association nach Winnipeg in Kanada eingeladen. Ich verdankte diese schöne Reise meinem Lehrer Ernest Rutherford, der die Leitung der Physikalischen Sektion dieses Kongresses übernommen hatte. Präsident war der berühmte Physiker Sir J. J. Thomson. Außer mir waren aus Deutschland Professor Goldstein, der Entdecker der Kanalstrahlen, ein älterer, schon etwas ruhebedürftiger, aber liebenswürdiger Herr, sowie meine drei Physikkollegen Peter Pringsheim, Otto Reichenheim und Wilhelm Westphal gekommen. Ich selbst konnte in einem Vortrag über neue Versuche von Lise Meitner und mir über die ersten Betastrahlspektren von Radioelementen berichten.

Auch die anderen Herren hielten Vorträge und bekamen, obgleich sie nicht offiziell eingeladen waren, genau wie ich einen Auslagenersatz in beträchtlicher Höhe. Da wir für die Pacific Railway Freikarten hatten, wußten wir gar nicht, was wir mit dem vielen Geld machen sollten. Wir beschlossen deshalb, den Geburtstag unseres Professors Goldstein zu feiern und eine gute Flasche Sekt zu trinken. Als wir ihn aber bestellten, teilte uns der Oberkellner mit, samstags und sonntags seien alkoholische Getränke verboten. Er meinte aber leise weiter: »Wenn Sie Sekt haben wollen, bestellen Sie Limonade.« Das taten wir auch, bekamen unseren Sekt und verlebten einen fröhlichen Abend.

Acht Tage später waren wir auf der Reise in den Westen in einem Prärieort angekommen. Wieder beschlossen wir, Sekt zu trinken, und bestellten ordnungsgemäß. Abermals antwortete der Kellner: »Es tut mir leid, Sonnabend abends kann ich Ihnen keinen Alkohol geben.« Daraufhin erwiderte unser alter Professor Goldstein in seinem deutsch akzentuierten Englisch ziemlich laut: »Why don't you give us champagne and say it is limonade?« Diese freundliche Aufforderung wurde natürlich von den Umstehenden mit herzlichem Lachen quittiert, und am Tage danach erschien in der Zeitung ein Bericht unter der Überschrift »The German professor wants his drink«.

Einige Zeit fuhren wir am Fraser River entlang, und ich konnte den Zug der Lachse den Fluß hinauf zu ihren Laichplätzen beobachten, ein Fisch neben dem anderen, in diesen Mengen ungeheurer Reichtum. In gewissen Abständen schaufelten große Räder die Fische aus dem Wasser heraus. Sie kamen später als Büchsenlachs in den Handel.

Wir machten einen Abstecher mit der Great Northern Railway und bekamen die neugegründeten Präriestädte gezeigt. Aus einem kleineren Fluß wurde Sand herausgeholt und mit Quecksilber versetzt. Das Quecksilber nahm das im Flußsand enthaltene Gold auf, so daß dieser durch Schütteln von dem Amalgam getrennt werden konnte. Nach kurzer Zeit wurden Sir J. J. Thomson und Ernest Rutherford von so abgetrenntem purem Gold kleine Klümpchen überreicht, die für eine Vorstecknadel ausreichten.

Endstation der Canadian Pacific Railway war Vancouver. Die englischen und deutschen Reiseteilnehmer wohnten gemeinsam im Hotel »Canadian Pacific«. Der Oberkellner, ein Deutscher, der offensichtlich in dem Hotel etwas zu sagen hatte, placierte uns bei dem offiziellen Festessen auf einer Empore, so daß wir die gesamte Versammlung, etwa 100 Personen, übersehen konnten. Wir haben uns zwar etwas geschämt, hatten aber ein gutes Gewissen, und die Engländer haben sich auch nichts anmerken lassen.

Der deutsche Oberkellner vermittelte uns auch einen Besuch in einer chinesischen Opiumhöhle. Die Süchtigen, mit glasigen Augen in kleinen Kojen liegend, machten auf uns einen starken Eindruck. Es gab aber auch viele Japaner in den kanadischen Provinzen. Sie bekleideten im Gegensatz zu den damals noch langbezopften Chinesen, die nur untergeordnete Arbeiten ausführten, meist höhere Stellungen.

Wir besichtigten das Regierungsgebäude von British Columbia, wo vorher gerade ein feierlicher Empfang stattgefunden hatte. Der Gouverneur hatte sich schon zurückgezogen, kam aber noch einmal in die Empfangshalle, als ihm fünf deutsche Gäste gemeldet wurden. Er begrüßte uns feierlich und schloß mit den Worten: »I give you the freedom of British Columbia.«

Mit dem Schiff ging es nach Europa zurück. Ich blieb noch einige Tage in Manchester und lernte dort Rutherfords jungen Assistenten Hans Geiger kennen, der später das Geiger-Müller-Zählrohr mitentwickelt hat.

Wieder in Berlin wandte ich mich mit Lise Meitner erneut den Betastrahlen zu. Wir waren immer der Meinung, daß diese Strahlenart nach einem einfachen logarithmischen Gesetz absorbiert werde und Abweichungen von der glatten Absorptionskurve auf eine komplexe Natur der Strahlen schließen lassen. Doch schon nach meinem Vortrag in Winnipeg hatte Rutherford Einwände gegen unsere Auffassung vorgebracht. Nach weiteren Untersuchungen mußten wir tatsächlich unsere Vorstellungen über die Natur der Betastrahlen einzelner Produkte aufgeben. Die Aufklärung hatten unsere Forschungen über die magnetischen Linienspektren der Strahlen gebracht.

Aber die früheren Arbeiten waren nicht überflüssig gewesen. Wir hatten neue Zerfallsprodukte gefunden und das Absorptionsverhältnis ihrer

Betastrahlen genauer studiert. Durch die weitergeführten Untersuchungen Lise Meitners und ihrer Mitarbeiter wurde die Rolle der Beta- und Gammastrahlen beim Atomzerfall völlig klargestellt.

In unserem Institut entstanden allmählich aus der einen Abteilung Hahn-Meitner zwei selbständige Abteilungen Hahn und Meitner: Radiochemie und Kernphysik. Ich selbst beschäftigte mich zunächst weiter mit dem Mesothorium und seiner Anreicherung zu hohen Aktivitäten, kam aber schließlich zu den rein radiochemischen Arbeiten über das Verhalten unwägbarer Mengen bei der Absorption und Fällungsreaktionen, über die Bildung normaler und anomaler Mischkristalle und anderes.

Heute frage ich mich, wieso Lise Meitner und ich bei dem Umgang mit den meist sehr starken Präparaten keine nennenswerten Strahlenschäden davongetragen haben. Wahrscheinlich lag das daran, daß bei der Fraktionierung des Mesothors das Radiothor mit den durchdringenden Strahlen seiner Umwandlungsprodukte immer abgetrennt wurde. Dasselbe geschah mit dem zu etwa 25 Prozent anwesenden Radium. Die angereicherten Fraktionen hatten deshalb zunächst nur wenig durchdringende Strahlung.

Im Jahre 1910 fand in Brüssel ein internationaler Radiumkongreß statt. Die damals hergestellten Radiumsalze konnten noch keinen Anspruch auf völlige Reinheit – vor allem Freiheit von Barium – erheben. Bei dem Brüsseler Kongreß wurde deshalb auf Vorschlag von Rutherford beschlossen, eine internationale Radiumstandardkommission zu gründen. Von den sich mit Radium befassenden Ländern wurden je zwei Vertreter ernannt; die wichtigsten waren natürlich Rutherford und Soddy. Die deutschen Vertreter waren der Wolfenbütteler Professor Geitel als Physiker und ich als Chemiker.

Unsere Tage in Brüssel waren aber nicht nur mit Fachdiskussionen gefüllt. Man führte uns auch in alte, kleine Speiserestaurants, die wegen ihres vorzüglichen Essens heute noch sehr bekannt sein sollen. Außerdem wurden wir einmal in die Oper eingeladen: »Madame Butterfly« von Puccini. Nach der Vorstellung war Professor Eve aus Kanada so deprimiert, daß er meinte, er könne nach dem schändlichen Verhalten des Amerikaners der armen Japanerin gegenüber nie mehr recht glücklich sein. Professor Eve hatte in Kanada wohl überhaupt noch nie eine Oper gesehen!

Als dann 1912 die Kommission in Paris zum erstenmal offiziell zusammentrat, konnte der Vergleich der Radiumstandardpräparate von Madame Curie und dem österreichischen Chemiker Otto Hönigschmid stattfinden. Beide waren nämlich beauftragt worden, unabhängig voneinander Radiumstandardpräparate aus reinstem Radiumchlorid herzustellen. Ihre Ergebnisse stimmten ausgezeichnet überein, und damit standen zwei internationale Radiumstandardpräparate zur Verfügung, die in Paris und Wien aufbewahrt wurden.

Nachdem ich schon bei der Gründung der Kommission im Jahre 1910 mit Madame Curie kurz bekannt geworden war, konnte ich die Bekanntschaft in Paris erneuern. Sie lud mich in ihre Wohnung ein, wo uns ihre beiden jungen Töchter Klavierstücke ihres polnischen Landsmanns Chopin vorspielten. Genau erinnere ich mich auch an einen gemeinsamen Besuch des damals größten und vornehmsten Kinos von Paris, des »Gaumont Palace«. Wir hatten alle beieinanderliegende Plätze im Parkett. Kurz nach Beginn der Vorstellung wurde es hinter uns etwas unruhig, weil der sehr große Hut der Frau des Kommissionsmitgliedes Meyer die Sicht beeinträchtigte. Als wir Frau Meyer zuflüsterten, doch ihren Hut abzunehmen, sagte sie, das ginge nicht. Sie trug einen falschen Zopf, der mit dem Hut fest verbunden war. Ergebnis: die Radiumstandardkommission sah sich gezwungen, die Vorstellung vorzeitig zu verlassen.

Im Frühjahr 1911 wurde ich vom Verein Deutscher Chemiker zu seiner Pfingsttagung nach Stettin eingeladen und hatte den Hauptvortrag mit Demonstrationen zu halten: »Eigenschaften des Mesothoriums und Radiothoriums«. Die Firma Knöfler hatte unter meiner Leitung schon einige hundert Milligramm von der Stärke reinen Radiums hergestellt, die ich nun vorführen sollte. Neben dem Mesothor stand mir für den Vortrag auch Radiothor zur Verfügung. Die Präparate hatten einen Wert von weit mehr als hunderttausend Mark.

Am Tage des Vortrags fuhr ich, meinen Schatz in der Aktentasche, mit

der Straßenbahn zum Vortragssaal. Nachdem ich aus dem Wagen aus-
gestiegen war und sich die Bahn schon wieder in Bewegung gesetzt
hatte, rief mir eine Dame zu: »Mein Herr, Sie haben eine Tasche liegen-
lassen.« Nur mit großer Mühe konnte ich wieder in die Bahn springen
und so meinen Vortrag mit Demonstration retten.

Zum Abschluß des Kongresses, am 11. Juni 1911, fand eine große
Dampferfahrt von Stettin zur Ostsee statt. Hier lernte ich ein Fräulein
Edith Junghans kennen. Sie war auf Wunsch ihrer Eltern von Berlin,
wo sie die Königliche Kunstschule besuchte, mit zu dem Ausflug gekommen, denn ihr Vater war Stadtverordnetenvorsteher in Stettin und
mußte bei dem Ausflug neben anderen leitenden Herren die Honneurs
der Stadt mitmachen. Ich hatte auf der Fahrt nur ganz kurz Gelegenheit, mit Fräulein Junghans zu sprechen, und war sehr traurig, mich mit
einigen Kollegen zu einem Spaziergang in Swinemünde verabredet zu
haben. Um so größer war dann aber die Freude – wohl auf beiden Seiten –, als ich nach dem Spaziergang beim gemeinsamen Abendessen die
junge Dame wiedersah. Ich setzte mich zu ihr und wich bis zur Rückkehr des Dampfers nach Stettin nicht von ihrer Seite.
Nach dem Abschied hatte ich nicht einmal die Adresse von Fräulein
Junghans. Aber ich schrieb ihr nach ein paar Tagen eine Karte per
Adresse »Königliche Kunstschule, Berlin«. Die Karte erreichte ihre
Empfängerin und wurde beantwortet. Es folgte ein gemeinsamer Besuch
in der Krolloper. Ein weiteres Treffen ergab sich im Sommer, als Fräu-
lein Junghans mit ihrer Schule eine vierwöchige Reise nach Rom
machte. Der Zug hatte in Frankfurt etwa um Mitternacht zehn Minuten
Aufenthalt, und da ich gerade in Frankfurt war, trafen wir uns. Die mit-
reisende Mutter ahnte nicht, warum ihre Tochter sich zu nachtschla-
fender Zeit auf dem Bahnhof »die Füße vertreten« wollte.
Bis zum nächsten Jahr blieb es beim gelegentlichen Briefwechsel. Zur
Pfingstzeit 1912 verabredeten wir uns im Ostseebad Misdroy, wo die
Eltern von Fräulein Junghans die Festtage verbringen wollten. Wir
trafen uns »zur gegenseitigen Überraschung« – das hatten wir vorher
miteinander ausgemacht – an der Uferpromenade. Dort wurde ich nun

offiziell den Eltern vorgestellt. Am 5. Oktober 1912 zeigte ich Fräulein Junghans in Berlin-Dahlem das gerade fertiggestellte Kaiser-Wilhelm-Institut für Chemie, und auf dem anschließenden Spaziergang in den nahe gelegenen Grunewald verlobten wir uns. Die offizielle Verlobung fand in Stettin am 7. November 1912 statt.

Auch hier bewies ich, wie schon am Tage meines Vortrags bei der Chemikertagung in Stettin im Jahre 1911, wieder einmal meine Vergeßlichkeit bei wichtigen Gelegenheiten. Ich war zu der Verlobungsfeier mittags um 12 Uhr von Berlin abgefahren und um zwei Uhr in Stettin von meiner Verlobten mit einem Kuß begrüßt worden. Den Nachmittag verbrachten wir gemeinsam mit den Schwiegereltern. Am Abend, etwa gegen sieben Uhr, sagte mein Schwiegervater: »Lieber Otto, du mußt jetzt deinen Smoking anziehen, unsere Gäste sind auf $^1/_2$8 Uhr bestellt.« Ich ging also in mein – der Wohnung der Schwiegereltern gegenüberliegendes – Hotel, um mich umzuziehen. Aber: mein Koffer war nicht da. Mit einer Droschke war ich in kurzer Zeit wieder am Bahnhof, löste eine Bahnsteigkarte und fand meinen Koffer genau an der Stelle, wo ich ihn bei der stürmischen Begrüßung meiner Braut abgestellt hatte. Der Koffer hatte also fünf Stunden einsam und verlassen auf dem Bahnsteig auf mich gewartet.

In die Zeit meiner Verlobung fiel auch die offizielle Einweihung des Kaiser-Wilhelm-Instituts für Chemie in Berlin-Dahlem am 12. Oktober 1912. Ich sollte dem Kaiser ein paar schöne radioaktive Präparate zeigen. Es war natürlich ganz unmöglich, Majestät einen völlig verdunkelten Raum betreten zu lassen. Die unterschiedlich stark leuchtenden Mesothoriumpräparate und die Thoriumemanation waren aber nur im Dunkeln zu erkennen. Wir umgingen die Bedenken des Flügeladjutanten, indem wir ein kleines rotes Lämpchen installierten. Nun war die Dunkelheit nicht mehr absolut, und alles vollzog sich programmmäßig. Auch die bescheiden im Hintergrund stehende Lise Meitner wurde vom Kaiser mit ein paar freundlichen Worten kurz begrüßt. Der Direktor des neuen Instituts, Geheimrat Beckmann, und Professor Willstätter führten einige Experimente vor.

Bei seiner Ansprache ging der Kaiser auf die immer wieder Opfer fordernden Schlagwetter ein und ermahnte uns, ein Hilfsmittel zum rechtzeitigen Erkennen dieser Gefahrenquelle zu finden. Das sei eine Aufgabe, »des Schweißes der Edlen wert« und für ein Forschungsinstitut, wie das heute eingeweihte, von allgemeiner Bedeutung. Professor Haber, dessen Institut für Physikalische Chemie am selben Tage eingeweiht wurde, widmete sich tatsächlich dieser Aufgabe. Er konstruierte einen Apparat, der bei Schlagwettergefahr eine Pfeife ertönen ließ. Sie wurde »Haber-Pfeife« genannt; aber ein großer Erfolg war ihr nicht beschieden. Noch weniger Erfolg hatte ein entsprechender Vorschlag Beckmanns.

Professor Willstätter war auf die Anregung des Kaisers nicht eingegangen. Er machte in Fortsetzung seiner Arbeiten über das Blattgrün in den nächsten Jahren seine ebenso bedeutenden Arbeiten über andere Pflanzenfarben, darunter die sehr schönen Anthocyane, die im Sommer auf dem noch freien Gelände seiner Abteilung die Dahlemer Spaziergänger erfreuten. Schon 1915 bekam Willstätter den Nobelpreis.

Leider verließ Willstätter das Institut im Jahr 1916. Er folgte einer Berufung als Ordinarius für organische Chemie nach München. Ein Hauptgrund war wohl der, daß er als Ordinarius eines großen Universitätsinstituts eine breitere Basis zur Aufnahme von Mitarbeitern und Doktoranden hatte.

Ich hatte die mir von Emil Fischer angebotene Stelle angenommen, aber natürlich war im Gegensatz zu den großen und apparativ sehr gut ausgestatteten Abteilungen des Direktors Beckmann und des stellvertretenden Direktors Willstätter meine Abteilung für Radioaktivität nur bescheiden eingerichtet. Mein Etat betrug im ersten Jahr 2000 Mark, und zwar 1000 Mark für Anschaffungen und 1000 Mark für einen Assistenten. Dr. Rothenbach war mein erster Doktorand. Er fiel leider im Oktober 1914 in Frankreich. Dr. Telschow, der zweite Doktorand, ging nach seinem Examen als Assistent zu Emil Fischer. Als freiwilliger Mitarbeiter kam dann Dr. Reisenegger zu mir. Er war der Sohn eines leitenden Chemikers der Hoechster Farbwerke und mit dem bescheidenen Assistentengehalt durchaus zufrieden.

Die Hauptwerte der »Abteilung Hahn« steckten in den radioaktiven Präparaten; und zur Untersuchung dieser Substanzen bedurfte es keiner großen Apparaturen. Der Institutsdirektor wunderte sich denn auch bei der Einrichtung meiner Abteilung über meine Bescheidenheit und ermunterte mich, doch nicht zu sparen, da Mittel zur Einrichtung vorhanden seien. Auch die als Gast meiner Abteilung ins Institut mitgekommene Lise Meitner hatte damals keine besonderen Wünsche.

Durch die Gründung des Kaiser-Wilhelm-Instituts für Chemie wurde mir, abgesehen von der Tatsache, daß ich nunmehr als Wissenschaftliches Mitglied des Instituts finanziell gesichert war, das Arbeiten sehr erleichtert. In einem radioaktiv noch völlig unverseuchten Institut konnte ich auch solche Untersuchungen in Angriff nehmen, bei denen extrem schwach radioaktive Substanzen ausgemessen werden konnten. Ich wandte mich den damals noch wenig erforschten, sehr schwach aktiven Elementen Kalium und Rubidium zu. Die ausführliche und sehr gewissenhafte Untersuchung über die Betastrahlen dieser Elemente führte zu einer neuen Methode geologischer Altersbestimmung, die ich als »Strontiummethode« beschrieben habe. Aus der Menge des im Laufe von Jahrmillionen aus Rubidium entstehenden Strontiums läßt sich die Dauer der Elementumwandlung bestimmen.

Mit Lise Meitner führte ich unsere bisherigen Arbeiten über Mesothor und seine Umwandlungen, Actinium und seine Umwandlungen und vor allem auch über die magnetischen Linienspektren der Betastrahlen fort. Dazu kamen noch die Produkte Uran X und Uran Y mit ihren verschiedenen Strahlengruppen.

Meine Anstellung am Kaiser-Wilhelm-Institut war zunächst auf einige Jahre begrenzt. Nachdem aber im Institut eine Abteilung für Radioaktivität gegründet worden war, war es unwahrscheinlich, daß ich meine Stellung nach ein paar Jahren wieder verlieren würde. So konnte ich also ans Heiraten denken. Meine Hochzeit fand am 22. März 1913 in Stettin statt. Von meiner Familie kamen meine beiden Brüder Karl und Julius, von meinen Freunden Siegfried Hilpert und Otto von Baeyer. Der Fahrer Geheimrat von Baeyers, der mich von Starnberg her gut kannte, kommentierte meine Hochzeit, als er davon erfuhr: »Ach, herrje, der Professor Hahn war doch immer so ein netter und fröhlicher Mensch!« Offenbar hielt er die Ehe für eine traurige Angelegenheit.

Nach einem kurzen Aufenthalt in Berlin machten wir unsere Hochzeitsreise zunächst nach Bozen. Hier traf ich zufällig zwei gute Bekannte. Der eine, der Berliner Chemie-Professor Spiegel, schickte meiner Frau und mir einen sehr schönen Rosenstrauß ins Hotel. Der andere, Dr. Hans Fischer, der spätere Nobelpreisträger für Chemie, kam uns mit seinem Vater entgegen, und ich wollte meinen alten Studienfreund meiner Frau vorstellen. Als wir uns einander genähert hatten, gab es aber keinerlei Begrüßung, sondern Hans Fischer drehte seinen Kopf zur Seite und tat so, als ob er mich nicht kannte. Später sagte er mir: »Ich konnte doch nicht wissen, mit welcher Freundin Sie Ihre Spaziergänge in Bozen machen, wo einen doch sonst niemand trifft. Deshalb nahm ich das Naheliegende an und grüßte nicht!«

Von Bozen fuhren wir weiter zum Gardasee und machten Station in San Vigilio auf der stilleren Ostseite des Sees. San Vigilio mit seiner wundervollen Zypressenallee und das einfache und hübsche Hotel gefielen uns so gut, daß wir beschlossen, hier zu bleiben und nicht, wie geplant, bis Brioni zu fahren. Wenn der letzte Passagierdampfer den Ort abends verlassen hatte, waren wir mit einigen Malern fast allein.

Meine Frau, die eine große Schwimmerin war, bemühte sich, mich auch für das Wasser zu begeistern. Es war aber so kalt, daß ich fluchtartig wieder festen Boden suchte. So machten wir statt dessen Spaziergänge auf die schönen Anhöhen um San Vigilio herum und auf den alles überragenden Monte Baldo. Gelegentliche Dampferfahrten führten uns zu den vom Fremdenverkehr schon mehr erschlossenen Orten im Westen und Süden.

Im Anschluß an eine zweite Reise besuchten wir 1913 in Wien die Naturforscherversammlung. Dort gab es einen offiziellen Empfang in der Hofburg, wo der alte Kaiser Franz Joseph eine kurze Ansprache hielt, aber bald wieder verschwand. Danach erschien eine Anzahl kaiserlicher Lakaien mit gefüllten Sektgläsern auf großen Tabletts. Die paar hundert Gläser hatten im Handumdrehen ihre Liebhaber gefunden. Ich erinnere mich an die hochmütig heruntergezogenen Lippen der Lakaien und habe mich damals für diese Szene geschämt. Da später noch mehrmals Sekt gereicht wurde, kamen wohl alle »Naturforscher und Ärzte« zu ihrem Genuß, der im Jahre 1913 selten und teuer war.

Nach der Naturforscherversammlung ging es nach Budapest. Wir folgten einer Einladung meines Fachkollegen Georg von Hevesy. Unterwegs schloß sich uns die mir gut bekannte Tochter Emil Warburgs, Direktor der Physikalisch-Technischen Reichsanstalt in Berlin, an. Sie wurde wie wir sehr gastfreundlich und herzlich aufgenommen.

Die wenigen Tage bei der Familie von Hevesy waren ein schönes Erlebnis für meine Frau und mich und besiegelten eine herzliche Freundschaft, die bis zu Hevesys Tod (1966) andauerte. Er erhielt für seine Arbeiten über die Anwendung radioaktiver Indikatoren in Chemie und Biologie im Jahre 1943 den Nobelpreis und war regelmäßiger Gast und häufiger Vortragender bei den jedes Jahr in Lindau am Bodensee unter der Leitung des schwedischen Grafen Bernadotte stattfindenden privaten Tagungen der Nobelpreisträger.

In Berlin gingen unsere teils radiochemischen, teils radiophysikalischen Arbeiten zufriedenstellend weiter. Für Lise Meitner trat 1914 eine Änderung ihrer Stellung am Institut ein. Sie bekam aus dem damals österreichischen Prag das Angebot einer festen Anstellung an der dortigen Universität. Diese Anerkennung ihrer Arbeiten war Anlaß, daß Lise Meitner nun auch am Kaiser-Wilhelm-Institut für Chemie als Wissenschaftliches Mitglied eine bezahlte Stelle erhielt. Vorher war sie unbezahlter Gast des Instituts gewesen. Die nur für eine begrenzte Zeit ausgesprochene Anstellung wurde genau wie bei mir auf unbegrenzte Zeit verlängert. Lise Meitner arbeitete vorwiegend physikalisch-radioaktiv, ich chemisch-radioaktiv.

In den Farbenfabriken Bayer in Leverkusen wurde anläßlich der Einweihung eines großen Hörsaals im Verwaltungsgebäude im März 1914 ein großes Fest veranstaltet. Der Leiter des Werkes, Geheimrat Duisberg, hatte auch den Oberpräsidenten der Rheinprovinz, Exzellenz von

Rheinbaben und dessen Gattin, eingeladen. Um in die Monotonie der üblichen Geselligkeiten etwas Abwechslung zu bringen, hatte Duisberg mich um einen Experimentalvortrag über die radioaktiven Substanzen gebeten.

Am Festtag überreichte Duisberg nach dem Frühstück einige Sortimente mit allen in Leverkusen hergestellten Heilmitteln als Geschenk. Unter diesen befanden sich auch einige Packungen des in Leverkusen patentamtlich geschützten »Aspirins«, das er der Gattin des Oberpräsidenten besonders warm empfahl. Ich konnte mir dabei die Bemerkung nicht verkneifen: »Exzellenz, das Röhrchen Aspirin kostet eine Mark, das ebenso große Röhrchen Acetylsalicylsäure aber nur 50 Pfennig. Beides ist genau dasselbe.« Duisberg widersprach natürlich, so gut er konnte, um sein Patent zu verteidigen: »Aspirin« sei aufgrund seiner besonderen Herstellung und Reinheit doch etwas anderes. Später fragte er mich, ob ich ihm das Geschäft vermiesen wollte, war aber nicht böse, denn er hatte ja gemerkt, daß ich mir nur einen Scherz erlaubt hatte.

Meinen Vortrag würzte ich mit einigen bescheidenen Experimenten. Die Strahlen meiner radioaktiven Präparate demonstrierte ich dadurch, daß ich mit einem kleinen, mit starkem Mesothor gefüllten Glasröhrchen auf eine photographische Platte den Namen »Carl Duisberg« schrieb. Die Platte wurde sofort entwickelt und fixiert, und ich konnte dem Publikum die Radiographie mit den Namen im Projektionsschirm noch während des Vortrags zeigen.

Am Abend gab es ein Essen mit auserlesenen Genüssen. Auf jedem der kleinen Tische stand eine schöne Orchidee, aus Holland per Flugzeug herangeschafft. Der Wein wurde an vielen Tischen in Thermosgefäßen mit flüssiger Luft gekühlt.

Dieses Fest in Leverkusen im Frühjahr 1914 war fast ein Symbol für die Stärke und den Reichtum eines im tiefsten Frieden lebenden Deutschen Reiches. Es konnte aber schon nicht mehr die drohenden Wolken verdecken, die sich in Mitteleuropa zusammenbrauten. Bald sollten viele von uns aus ihrer wissenschaftlichen Arbeit herausgerissen werden, um gegen Menschen anderer Länder zu kämpfen, die wir im persönlichen Kontakt achten- und schätzengelernt hatten.

FRAGE: Nachdem Sie mehrere Jahre im Ausland gearbeitet hatten, können Sie sicher die Unterschiede zwischen englischen und deutschen Professoren in jener Zeit gut beurteilen.

PROFESSOR HAHN: Ja, der deutsche »Herr Geheimrat« war damals ein kleiner Gott. Man mußte ihn sehr vorsichtig behandeln und sich Kritik von ihm gefallen lassen, ohne daß man ihm widersprechen durfte.

FRAGE: War die Distanz zwischen englischen Professoren und ihren Schülern nicht so groß?

PROFESSOR HAHN: Selbstverständlich hatte man auch drüben Respekt vor einem Professor. Aber Rutherford war eher eine Art Kamerad von uns. Wir haben ihm viel Achtung entgegengebracht. Mit Ramsay und Rutherford hatte ich sehr bald ein herzliches Verhältnis.

FRAGE: Nicht mit dem Geheimrat Fischer?

PROFESSOR HAHN: Ich habe Fischer sehr verehrt, aber in ihm persönlich keinen Freund gehabt. Er war sehr nett und liebenswürdig, aber immer etwas zurückhaltend. Fischer hätte niemals einem Studenten oder Mitarbeiter auf die Schulter geklopft, wie ich es bei jungen Leuten tue, wenn ich sie gern habe. Der Abstand war damals noch viel größer als heute.

FRAGE: Sie hatten Ihre erste Besprechung mit Emil Fischer, als Sie aus England in den Sommerferien nach Deutschland kamen. Wie verlief sie?

PROFESSOR HAHN: Fischer hatte mir geschrieben, ich könnte ihn einmal aufsuchen. Da bin ich zu ihm nach Wannsee in seine Villa gefahren und habe mich ihm vorgestellt.

FRAGE: Wie ging solch ein Hausbesuch bei einem Geheimrat damals vor sich? Mußte man da mit Blumen...?

PROFESSOR HAHN: Aber nein, man ging einfach hin. Ich habe als junger Mann niemals Blumen bei Hausbesuchen mitgebracht.

FRAGE: Wie hat sich Herr Geheimrat Fischer Ihnen gegenüber verhalten?

PROFESSOR HAHN: Er war sehr freundlich, sagte mir aber auch sofort, daß er mir keine Assistentenstelle geben könne. Alle Stellen waren mit Wissenschaftlern besetzt, die auf ihrem jeweiligen Fachgebiet arbeiteten.

FRAGE: Es war also ein Entgegenkommen, daß er Ihnen überhaupt einen Arbeitsplatz anbot?

PROFESSOR HAHN: Ja, und er hat mir auch später geholfen, wo er konnte. Das erste Geld aus einem Stipendium, das ihm zugeleitet wurde – es waren etwa tausend Mark – hat mir Emil Fischer geschickt. Er hatte offenbar einen gewissen Respekt vor dem Radium, weil es für ihn etwas Unbekanntes war und weil er diese Arbeiten für entwicklungsfähig hielt.

FRAGE: Kann man sagen, daß Sie das Arbeiten mit radioaktiven Stoffen als Chemiker in Deutschland eingeführt haben?

PROFESSOR HAHN: Es arbeiteten mehrere Physiker in der Radiumforschung, aber als Chemiker war ich in Deutschland wohl der erste oder einer der ersten.

FRAGE: Sie haben uns gesagt, welchen Einfluß Ramsay und Rutherford auf Ihr Leben und Ihre spätere Arbeit gehabt haben. Hat auch Fischer Ihren Lebensweg beeinflußt?

PROFESSOR HAHN: Ihm verdanke ich, daß ich finanziell unabhängig wurde und nach Belieben meinen Forschungen nachgehen konnte. Zwar mußte ich mich anfangs mit einer unbezahlten Stellung zufriedengeben, bekam aber, nachdem einige Jahre später die Kaiser-Wilhelm-Gesellschaft gegründet war, ein festes Gehalt und am Kaiser-Wilhelm-Institut für Chemie eine kleine, aber selbständige Abteilung für Radioaktivität.

FRAGE: Die Alternative wäre sonst gewesen, daß Sie an eine Universität gegangen wären. Dort hätten Sie als akademischer Lehrer aber viel Zeit für den Unterricht der Studenten gebraucht.

PROFESSOR HAHN: Es war gut für mich, daß ich völlig frei arbeiten konnte, unbehindert von einem Lehrauftrag. Es war wunderbar.

FRAGE: Nun zu einem anderen Problem. Wie stark war das radioaktive Präparat, das Sie dem Kaiser vorlegten?

PROFESSOR HAHN: Es waren 300 Milligramm reines Mesothorium. Ich habe es dem Kaiser auf einem Tablett gezeigt.

FRAGE: Ohne jede Vorsichtsmaßnahme, ohne Schutz gegen die starke Strahlung?

PROFESSOR HAHN: Ja. Wenn ich das heute täte, käme ich ins Gefängnis oder ins Zuchthaus. Aber damals gab es noch keine Strahlenschutz-Bestimmungen. Nun, der Kaiser hat die Szene überlebt, und ich lebe auch noch, obwohl ich ständig mit solchen Präparaten gearbeitet habe.

FRAGE: Sind die modernen Strahlenschutz-Bestimmungen Ihrer Ansicht nach übertrieben?

PROFESSOR HAHN: Es gibt heute außerordentlich scharfe Bestimmungen. Sie spiegeln die Angst vor radioaktiven Strahlen wider. Natürlich muß man vorsichtig sein, wenn man mit Radium und radioaktiven Elementen arbeitet; aber die Strahlengefahr wird heute übertrieben.

FRAGE: Haben Sie auch im Laboratorium stets ohne Schutz gearbeitet?

PROFESSOR HAHN: Wir haben unsere Präparate immer mit den Händen angefaßt; wir haben darin gerührt; und unter dem Tisch, an dem ich mit Lise Meitner arbeitete, stand eine Kiste, die immer 150 bis 250 Kilogramm Uransalz enthielt. Chemiker und Physiker würden sich heute bekreuzigen, wenn sie sich jeden Tag von 150 Kilogramm Uransalz bestrahlen lassen müßten. Uns hat das nichts geschadet.

FRAGE: Haben sich bei Ihnen nie Strahlenwirkungen gezeigt?

PROFESSOR HAHN: Ich habe gelegentlich wunde Finger gehabt. Aber das ging vorüber. Nur der Nagel des linken Zeigefingers will nicht mehr wachsen. Aber von ernsthaften Beeinträchtigungen kann ich nicht berichten. Ich bin immer etwas mißtrauisch, wenn Leute furchtbar ängstlich sind.

FRAGE: Wenn es damals schon scharfe Strahlenschutz-Bestimmungen gegeben hätte...

PROFESSOR HAHN: ...dann hätte ich alle meine Arbeiten nicht machen können, weder die Anreicherung von Mesothorium, noch die Radiumbestimmung. Ich habe das vor einigen Jahren dem damaligen Bundesforschungsminister Lenz ganz deutlich klargemacht.

FRAGE: Aber es ist bekannt, daß eine ganze Anzahl von Wissenschaftlern und Ärzten in jener Zeit an Strahlenschäden gestorben ist.

PROFESSOR HAHN: Ja, ich weiß. Wer mit sehr starken Präparaten arbeitete, konnte in große Gefahr kommen. Im Anfang wußte man das noch nicht. Viele Forscher haben diese Unkenntnis mit ihrem Leben bezahlt. Aber aus eigener Erfahrung kann ich sagen: In unserem Institut gab es nur unbedeutende Schäden.

FRAGE: Künstliche Greifarme, mit denen die Radiochemiker heute arbeiten, gab es damals noch nicht?

PROFESSOR HAHN: Nein. Aber heute wird auch mit viel stärkeren Präparaten gearbeitet. Substanzen, die aus den Atomreaktoren kommen, haben meistens eine viel höhere Aktivität.

FRAGE: Da ein Laie diese Unterschiede nicht feststellen kann, dürfte man wohl verzeihen, wenn ein Staatsoberhaupt heute mehr Angst vor radioaktiven Präparaten hätte als Kaiser Wilhelm II. im Oktober 1912.

PROFESSOR HAHN: Natürlich.

ERSTER WELTKRIEG

Wie schon gesagt, war ich fest davon überzeugt, daß meine militärische Laufbahn mit der Ableistung der Wehrübungen beendet war. Niemand dachte wohl daran, daß die Militärdienstpflicht etwas anderes als eine persönliche körperliche Ertüchtigung und ein durchaus friedlicher Dienst am Vaterlande war. Aber die Zeiten änderten sich. 1904 kam die »Entente cordiale« zwischen Frankreich und England zustande. Die deutsche Flottenpolitik beunruhigte die Engländer in zunehmendem Ausmaß. Im Vertrag von Algeciras, der den Einfluß der Großmächte in Afrika festlegte, wurde Deutschland 1906 isoliert. Die Bosnische Krise 1909 und die zweite Marokko-Krise 1911 verschlechterten unsere Lage noch mehr, und die ein Jahr später mit England geführten Flottenbau-Verhandlungen wurden ergebnislos abgebrochen. So kam das verhängnisvolle Jahr 1914.

Am 28. Juni 1914, einem Sonntag, als ich gegen Abend von einem Spaziergang mit meiner jungen Frau und meinem Schwiegervater nach Hause zurückkehrte, erfuhren wir durch Extrablätter, daß der Erzherzog Franz Ferdinand von Österreich und seine Gemahlin in Serbien ermordet worden waren. Meine Frau und ich waren erschrocken und empört; mein Schwiegervater wurde sehr nachdenklich und sagte nach einiger Zeit: »Das ist der Krieg.«

Am 31. Juli wurde der »Zustand drohender Kriegsgefahr« verkündet, am 1. August Rußland der Krieg erklärt und die allgemeine Mobilmachung angeordnet. Ich bekam meine Einberufung nach Wittenberg zu einem Landwehrregiment, hatte aber noch einige Tage Zeit in Berlin. Nach der Spannung der letzten Tage fühlten wir alle eine gewisse Erleichterung. Die Würfel waren gefallen, und es gab kaum jemanden, der nicht an ein siegreiches Ende des gerechten Krieges glaubte. Des Kaisers Appell: »Ich kenne keine Parteien mehr, ich kenne nur noch Deutsche«, tat seine Wirkung: Auch die Sozialdemokraten, einst als »vaterlandslose Gesellen« gebrandmarkt, machten mit.

Die Nervosität und Hysterie trieben schon in den ersten Kriegstagen seltsame Blüten. Einmal hieß es, ein mit Gold beladenes russisches Auto sei in Berlin gesehen worden, und wo sich ein größeres Auto zeigte, rief man: »Da ist es.« Die Polizei hatte Mühe, die unschuldigen Fahrer vor der aufgebrachten Menge zu schützen. In einem älteren hohen Offizier in Zivil sah man einen verkappten Spion, der sich am Potsdamer Platz kaum vor seinen aufgebrachten Mitbürgern retten konnte.

Das Bataillon, dem ich als »Offiziersstellvertreter« zugeteilt war, wurde bald an die Westfront verlegt, und wir wurden in mehreren aufeinanderfolgenden Nächten durch die Meldung alarmiert, 500 Belgier seien im Anmarsch. Aber nichts passierte, nur ein deutscher Soldat wurde von seinem eigenen Zugführer in einer besonders unruhigen Nacht erschossen. Als ich mir bei einem weiteren Alarm die Frage erlaubte: »Die üblichen 500 Belgier sind wohl wieder im Anmarsch?«, bekam ich einen Rüffel. Andere Offiziersstellvertreter wurden beim Quartiermachen den jüngeren Offizieren gleichgestellt, ich blieb bei den Unteroffizieren und Mannschaften.

Leider machte ich schon nach wenigen Tagen eine unangenehme Entdeckung. Ich hatte mir früher einmal beim Skilaufen eine Verletzung am linken Knie zugezogen. Bei unserem Vormarsch, der eigentlich gar nicht besonders anstrengend war, machten mir die Schmerzen in meinem Knie in zunehmendem Maße zu schaffen und wurden dann so schlimm, daß ich kaum mehr weitergehen konnte. Mein Putzkamerad und späterer Bursche Rehfeldt half mir und renkte mein offenbar etwas am Meniskus gezerrtes Knie wieder ein.

Ich mußte einige Tage nach Aachen zurück und war dort sogar in einem Hotel untergebracht. Nach meiner Rückkehr zu unserer Kompanie half ich mir, indem ich mir mit Erlaubnis meines Kompaniechefs ein Fahrrad »organisierte«, was übrigens auch andere Kameraden meines Zuges taten. Durch das Fahrrad und die gelegentliche Hilfe meines Kameraden Rehfeldt hatte ich nun keine Schwierigkeiten mehr, und ich konnte bei meiner Kompanie bleiben.

Immer wieder, besonders in der ersten Hälfte des August, machte sich die Nervosität der Mannschaften durch die Warnung vor den belgischen Heckenschützen bemerkbar. Sah man irgendwo eine Windmühle, dann hieß es, mit Hilfe der Stellung der Windmühlenflügel gäben sich die Belgier irgendwelche geheimen Zeichen. Besonders die katholischen Priester galten damals als Vermittler solcher Geheimnachrichten. Bei unserem völlig friedlichen Vormarsch hinter der Front sah ich einmal, wie ein Unteroffizier meines Zuges sein Gewehr auf einen in ziemlicher Entfernung laufenden Menschen richtete. Ich fragte nach dem Grund. Die Antwort: »Das ist einer der belgischen Heckenschützen, der seine Uniform weggeworfen hat und jetzt flieht.« Als Beweis wies er auf einen in einem nassen Graben liegenden Uniformrock hin, der sicher seit Tagen dort gelegen hatte!

Als radfahrender Zugführer war ich etwas »beweglicher« als die meisten meiner Kameraden und machte mich öfter selbständig. Einmal, wir waren etwa sechs bis acht Mann unter meiner Führung, wagten wir uns näher an die Front heran. Wir kamen an ein Haus, um dort die Nacht zuzubringen. Die vollständig verstörte Bauersfrau konnte ich nur dadurch beruhigen, daß ich ihr sagte, daß ihr nichts passiere und wir nicht so böse seien, wie sie annehme. Sie sollte uns nur etwas Heu zur Verfügung stellen, damit wir schlafen könnten. Unsere Verpflegung hatten wir bei uns, brauchten sie also nicht zu schädigen. Am nächsten Morgen bot sie mir sogar ein Glas mit einer alten Zahnbürste an. Ich bedankte mich herzlich bei ihr, und wir schieden eigentlich als gute Freunde.

Gelegentlich machten wir Jagd auf Zeitungen, die durch irgendwelche geheimen Kanäle die Front passiert hatten und von den Belgiern begierig gelesen wurden. Wenn wir in einen belgischen Ort kamen, suchten wir das Wirtshaus und betraten es zu zweit oder dritt so schnell, daß der Wirt seine Zeitungen nicht mehr verstecken konnte. Wir beschlagnahmten sie und hatten so Gelegenheit, uns auch anhand der feindlichen Presse über den Stand des Krieges zu informieren. So erfuhren wir auch die Namen deutscher Soldaten, die in Gefangenschaft geraten waren.

Natürlich hatte ich auch meinen normalen Dienst zu tun und rückte mit meiner Einheit weiter vor. Immer wieder gab es dabei Feuerwechsel zwischen verschiedenen Truppenteilen, die oft nur durch einen zufällig losgegangenen Schuß ausgelöst wurden und manches leerstehende Haus in Flammen aufgehen ließ. Mich bedrückte es sehr, durch ein brennendes Dorf ziehen zu müssen, das schon seit einigen Tagen oder gar Wochen hinter der Front lag. Besonders erschütternd war der Brand der schönen mittelalterlichen Stadt Löwen, wieder durch die Nervosität der Truppe ausgelöst, nachdem abermals vor belgischen Heckenschützen gewarnt worden war. Wie ich später erfuhr, war auch ein Bataillon meines Regiments an dieser Tragödie beteiligt.

Ich erlebte in den ersten Monaten eine Art Krieg, der mehr an einen Spaziergang in einem besetzten Land erinnerte. Viele meiner Kameraden waren begeistert, andere litten unter dem Unrecht, das jeder Krieg mit sich bringt. Ein Kompanieführer unseres Regiments, der Schriftsteller Paul Oskar Höcker, hat unsere damalige Stimmung in dem kleinen Buch »Drei Monate an der Spitze meiner Kompanie« festgehalten. Später schied er aus der aktiven Truppe aus und gründete die »Liller Kriegszeitung«, die im besetzten Gebiet großes Interesse fand. Sie war sachlich und brachte keine Greuelmärchen, wie sie mir von einer französischen Frontzeitung noch in Erinnerung sind, die mir im Winter 1914 in die Hände fiel. Ein ganzseitiges Bild zeigte ein plumpes, reizloses, angeblich deutsches Mädchen, das entzückt die schlanke, mit zwei schönen Ringen geschmückte, abgeschlagene Hand einer Französin anhimmelte. Unterschrift: «Le cadeau du fiancé.» Ein Fall typischer Greuelpropaganda.

Nachdem ich zu einer anderen Kompanie meines Regiments versetzt worden war, änderte sich meine Stellung in der Truppe völlig. Ich freundete mich mit einem Stabsarzt an, der praktisch das Bataillon führte. Der eigentliche Kommandeur, ein sehr wohlwollender alter Herr, hatte nichts dagegen. Mit ihm kam ich ebenfalls in Kontakt, und die schlechte Behandlung, die ich vorher erfahren hatte, verwandelte sich nun in eine besonders gute und freundschaftliche.

Ende September oder Anfang Oktober kamen wir nach Lille, wo ich ein paar Tage Dienst im Postamt tat. Dann kamen die schweren Herbsttage in Flandern, und mit der »Gemütlichkeit« hörte es auf. Ypern wurde umkämpft. Die deutschen Freiwilligen-Regimenter erlitten dort im Oktober ihre furchtbaren Verluste, und wir selbst kamen auch in die Frontlinie. Ich sah an einem dieser Tage vor mir in einer Entfernung von einigen hundert Metern eine Reihe von Soldaten liegen, von denen ich annahm, daß sie dort einen Angriff abwarteten. Erst nach geraumer Zeit bemerkte ich, daß sie tot waren. Sie hatten zu den freiwilligen Studenten gehört, die in die englischen Maschinengewehrsalven gelaufen waren.

Von Anfang Oktober an hatte ich mit einigen meiner Leute mehrere belgische und französische Maschinengewehre zur Verfügung gestellt bekommen. Ich war natürlich im Umgang mit solchen Waffen völlig unerfahren und ließ beim ersten Einsatz so lange feuern, bis wir wegen Ladehemmung aufhören mußten.

An einem der nächsten Tage wurde ich aus der vorderen Stellung zur Nacht in den Ort zurückbeordert, wo unser Regiment Quartier bezogen hatte. Mit meinem Burschen Rehfeldt, der nicht von meiner Seite wich, suchten wir eine Unterkunft und fanden auch ein freies Bett, das offenbar schon längere Zeit benutzt worden war. Wir machten uns daran, uns in dem Zimmer häuslich einzurichten, als zwei Offiziere ohne Achselstücke eintraten und das Bett für sich beanspruchten. Ich protestierte zunächst, und zwar, wie ich glaubte, einem Oberleutnant und einem Leutnant gegenüber. Als ich mich aber doch zurückziehen wollte, sagte mir der ältere der beiden Offiziere: »Wenn Sie ein anderes Quartier gefunden haben, lade ich Sie zu einem Glas Sekt ein, es ist ja ruhig heute nacht. Sie haben mir ein großes Kompliment gemacht mit dem ‚Oberleutnant‘, ich bin nämlich General und Chef einer Infanteriebrigade.« Ich war also an dem Abend tatsächlich in das Zimmer des Generals und seines Adjutanten gekommen, und sehr bald stellte sich heraus, daß der Adjutant Chemiker war und ein Jahr zuvor in Leverkusen meinen Vortrag über Mesothorium gehört hatte.

Der Krieg ging weiter, aber die Offensive war zum Stehen gekommen, und wir hatten Ruhe. Ich bekam wegen meiner Schießereien mit den erbeuteten Maschinengewehren ein offizielles Lob und das Eiserne Kreuz II. Klasse. Die eigene Artillerie erschwerte uns allerdings das Leben. Die Geschütze hatten wesentlich mehr Schüsse abgegeben, als die Sicherheitsbestimmungen zuließen. Die Rohre waren ausgeleiert, und die Granaten fielen oft in unsere Stellungen.

Bald kamen wir in eine andere Stellung in der Nähe der hart umkämpften, aber nicht erreichten Stadt Ypern. Es wurde November und Dezember; an Angriff war nicht mehr zu denken, denn das Wetter war zu schlecht. Viele Angehörige meines Regiments wurden krank. Unsere Einheit hatte am 26. Oktober ihren letzten Erfolg gehabt. Unterstützt durch eine Kavalleriebrigade eroberten wir das Dorf Kruiseik und nahmen einige hundert Engländer gefangen. Ich selbst war bei dem eigentlichen Angriff nicht dabei, sondern hatte mit meinen Maschinengewehren zu tun. In meinem Militärpaß wurde ich aber doch als Teilnehmer der Eroberung von Kruiseik aufgeführt.

So kam allmählich die Weihnachtszeit. Unsere Stellung war bei Messines an der sogenannten Douweferme. Den Nachmittag des Heiligen Abend werde ich nie vergessen. Von uns und von den Engländern, die uns auf etwa fünfzig Meter gegenüberlagen, erhoben sich erst wenige, dann immer mehr, und es dauerte nicht lange, bis alle Soldaten aus den Gräben herauskamen. Wir verbrüderten uns. Die Engländer schenkten uns ihre guten Zigaretten, und wir gaben ihnen, sofern wir hatten, Weihnachtskonfekt. Wir sangen Lieder, und für die Nacht vom 24. auf den 25. Dezember kannte man auf beiden Seiten keinen Krieg. Auch am 25. herrschte Ruhe, kein Schuß fiel. Aber im Laufe dieses ersten Weihnachtstages trafen doch wieder die ersten Schießbefehle ein. Wir fragten unseren Kompanieführer, wo der Feind sei, wir sähen keinen und könnten also auch nicht schießen. Am 26. Dezember wurde das Feuer – offenbar von beiden Seiten – aber wieder aufgenommen, und der Krieg ging weiter. Leider bestätigte sich auch nicht die Voraussage meines Burschen, daß wir das nächste Weihnachtsfest wieder im Frieden verbringen würden. Der Krieg sollte noch vier lange Jahre dauern.

Wir hatten in dieser Zeit – neben einigen Verlusten an Gefallenen – infolge des naßkalten Bodens mit seinen Schlammlöchern größere Ausfälle an Kranken. Nach den Weihnachtstagen 1914 wurden wir deshalb in Ruhestellung, und zwar in die Etappe nach Brüssel, zurückgezogen. Ich selbst blieb mit meinen paar Leuten und den mit Mühe wieder in Ordnung gebrachten belgischen Maschinengewehren noch einige Tage in unserer alten Stellung, erhielt aber schließlich den Befehl, mich ebenfalls nach Brüssel zu begeben. In der Silvesternacht kam ich mit meinen Leuten, nach langem Marsch ziemlich erschöpft, in Brüssel an, wo mein Regiment schon Quartier gemacht hatte. Die Soldaten feierten laut und ausgelassen, denn Alkohol gab es reichlich. Ich wurde in meiner Kompanie mit Begeisterung aufgenommen und trug das für die Etappe nicht sehr schmeichelhafte Gedicht vom »Etappenschwein« vor. Die Zuhörer freuten sich über die an der Front allgemein bekannten Verse. An einen der Verse erinnere ich mich noch:

Wer läuft, den deutschen Mädchen zur Schmach,
Geputzten, geschminkten Französinnen nach?
Wer schläft nur selten alleine?
Das sind die Etappenschweine.

Mitte Januar 1915 wurde ich zu Geheimrat Haber befohlen, der im Auftrag des Kriegsministeriums in Brüssel weilte. Er erklärte mir, daß die erstarrten Fronten im Westen nur durch neue Waffen in Bewegung zu bringen seien, wobei man in erster Linie an aggressive und giftige Gase, vor allem Chlorgas, denke, das aus den vordersten Stellungen auf den Gegner abgeblasen werden müsse. Auf meinen Einwand, daß diese Art der Kriegführung gegen die Haager Konvention verstoße, meinte er, die Franzosen hätten – wenn auch in unzureichender Form, nämlich mit gasgefüllter Gewehrmunition – den Anfang hierzu gemacht. Auch seien unzählige Menschenleben zu retten, wenn der Krieg auf diese Weise schneller beendet werden könne.

Haber teilte mir mit, daß er den Auftrag habe, eine Spezialtruppe für den Gaskampf aufzustellen. Außer mir wurde auch eine Reihe meiner früheren Kollegen, darunter James Franck, Gustav Hertz, Wilhelm Westphal und Erwin Madelung, für diese Aufgabe abkommandiert. Wir bildeten nun das neue Pionierregiment 36 und erhielten in Berlin die erste Spezialausbildung im Umgang mit Gaskampfstoffen und dem dazugehörenden Gerät, darunter auch der sogenannte Drägersche Selbstretter, den man beim Abblasen des Gases zur eigenen Sicherheit anzulegen hatte; mit meteorologischen Problemen mußten wir uns natürlich ebenfalls befassen.

Nach dieser Ausbildung kam ich nach Flandern zurück und wurde dem Infanterieregiment 126 als Gaspionier zugeteilt, wo ich zunächst als sogenannter Frontbeobachter Stellungen zu beurteilen hatte, von denen aus Gas abgeblasen werden sollte. Zu meinen Aufgaben gehörte auch die Aufklärung der Vorgesetzten über die Eigenschaften des neuen Kampfmittels. Wir lagen in der Nähe von Gheluvelt, unmittelbar den Engländern gegenüber, und konnten uns deshalb zeitweilig nur im Flüsterton unterhalten. Da unsere Stellungen noch wenig ausgebaut waren und ständig unter dem Beschuß des Feindes lagen, war der Einbau von Gasflaschen für den beabsichtigten Angriff sehr schwierig. Gegen feindliche Handgranatenwürfe schützten wir uns durch aufgespannte Drahtnetze, die die Granaten zum Feind zurückkatapultierten.

An vorderster Front verbrachte ich meinen Geburtstag. Ich besitze noch heute eine Photographie vom 8. März 1915, die meinen Geburtstagstisch zeigt: ein Holzklotz mit zwei Stearinkerzen.

Um diese Zeit herum wurden die Vorbereitungen für den geplanten großen Angriff mit Chlorgas abgeschlossen. Gasalarm wurde mehrfach gegeben, der Angriff selbst mußte aber immer wieder aufgrund der Witterungsverhältnisse verschoben werden, denn stets schlug – nach der Festlegung des Angriffstermins, der etwa 24 Stunden vorher zu erfolgen hatte – der Wind um, so daß die aus den Bereitschaftsstellungen herangeführten Truppen wieder abrücken mußten. Mitte April entschloß sich die Heeresleitung, alle Chlorflaschen wieder ausbauen und an einen Frontabschnitt nordöstlich von Ypern verlegen zu lassen, wo die Windverhältnisse günstiger waren.

An dieser Verlegung nahm ich aber nicht teil, sondern mußte nun in der Champagne Möglichkeiten für den Einsatz der neuen Waffe erkunden. Gemeinsam mit James Franck ging ich die vordersten Stellungen ab, die unter ständigem Beschuß lagen. Da diese Aufgabe besonders gefährlich war, tauschten wir vorher die Adressen unserer Angehörigen aus. Vorschläge für den Einbau von Gasflaschen haben wir damals nicht machen können.

Vom Erfolg des ersten großen Gasangriffs an der Ypernfront habe ich nur aus Berichten erfahren. Daß dieser Angriff das gesteckte Ziel nicht ganz erreichte, lag wohl daran, daß Truppe und Führung durch viele vorausgegangene Fehlalarme nervös geworden waren und schon zu dieser Zeit nicht mehr die Reserven zur Verfügung standen, die den Einbruch in die feindlichen Linien hätten sichern und ausnutzen können.

Ende April wurde unser Regiment nach Galizien verlegt. Wir sollten dort den für Anfang Mai geplanten großen Angriff bei Gorlice mit Gas unterstützen. Als wir im Offensivgebiet ankamen, war aber der Durchbruch bereits gelungen, so daß wir nicht mehr eingesetzt wurden. Einige Tage später besuchte der Kaiser das Frontgebiet; ich hatte Gelegenheit, ihn in großer Uniform vor seinem Auto zu photographieren. Bald danach wurden wir nach Bolimow, einem kleinen polnischen Städtchen, transportiert. Unsere Unterkunft in dem fast vollständig niedergebrannten Ort war sehr bescheiden. Ich erinnere mich, daß sogar leere Särge als Nachtlager dienten. Mein Freund Gustav Hertz versuchte, mich an seinen speziellen »Schlaftrunk« zu gewöhnen. Ich brachte es aber nie über einen halben Löffel: es war 95prozentiger Alkohol. Recht unangenehm waren auch die Läuse. Der Bursche von Gustav Hertz und mein Bursche stritten sich, wessen Leutnant weniger verlaust sei.

Am 12. Juni stand der Wind günstig, und wir bliesen eine Mischung aus Chlorgas und Phosgen, einem sehr giftigen Gas, ab. Bei der zum

Angriff bereitstehenden Infanterie gab es dabei kurze Zeit eine Panik, als ein Teil der Gaswolke in die eigenen Reihen getrieben wurde. Um dieser Situation Herr zu werden, ging ich mit einigen Kameraden unbewaffnet, aber mit angelegter Gasmaske, gegen die feindlichen Stellungen vor. Es fiel kein Schuß, und die Truppe folgte. Der Angriff wurde ein voller Erfolg; die Front konnte auf sechs Kilometer Breite um mehrere Kilometer vorverlegt werden.

Beim Vorgehen trafen wir auf eine erhebliche Anzahl gasvergifteter Russen, die vor der Wolke nicht mehr hatten fliehen können. Sie waren ohne Schutzmaske vom Gas überrascht worden und lagen oder hockten nun in bejammernswertem Zustand herum. Dem einen oder anderen versuchten wir mit unseren Rettungsgeräten das Atmen zu erleichtern, ohne jedoch ihren Tod verhindern zu können. Ich war damals tief beschämt und innerlich sehr erregt, denn schließlich hatte ich doch selbst diese Tragödie mit ausgelöst.

Am 7. Juli fand in der gleichen Gegend, östlich der Stadt Lowics, ein weiterer Gasangriff statt, bei dem der sich drehende Wind eine Reihe eigener Gasopfer forderte. Auch Gustav Hertz wurde hierbei schwer verwundet; erst nach monatelanger Behandlung in einem Heimatlazarett konnte er wiederhergestellt werden.

Ich selbst war bei diesem zweiten Gasangriff in Polen nicht mehr dabei, da ich mit einigen Kameraden Anfang Juli nach Berlin abkommandiert worden war, wo wir Truppeneinheiten im Gebrauch des Drägerschen Selbstretters und der Gasmaske auszubilden hatten. Außerdem arbeiteten wir an Versuchen mit Gaskampfstoffen in Kummersdorf bei Berlin und im Haberschen Kaiser-Wilhelm-Institut in Dahlem. Aus diesen Kursen heraus entwickelte sich auch eine eigene Gasschutzorganisation, die den Offizieren der aktiven Truppe Auskunft über die Möglichkeiten, die Gefahren und den Schutz vor dieser ständig weiterentwickelten Angriffswaffe erteilen sollte. Dies geschah im Institut in Dahlem, wo Haber im Auftrage des Kriegsministeriums eine eigene Gasabteilung aufgebaut hatte.

Ich gehörte nicht zum »Gasschutz«, sondern zum »Gasangriff«, und ich mußte mit meinen Kameraden, wenn wir in Berlin waren, alle möglichen Giftgase prüfen. Dabei stellte sich Phosgen als das am stärksten wirkende Gift heraus, das selbst die Blausäure noch übertraf. Auch die Gasmasken wurden ständig verbessert, und selbst Geheimrat Willstätter, der berühmte Chemiker und Freund Habers, wurde von diesem zu den Arbeiten an der Gasmaske herangezogen. Willstätter war unglücklich über den Krieg, versperrte sich aber nicht dem Ansinnen Habers. Er brachte Hexamethylentetramin in die Gasmasken ein, das einen besonders guten Schutz gegen alle damals gebräuchlichen Gaskampfstoffe bot.

Anfang September kam ich zu meiner Gaspioniertruppe zurück. Nachdem die Festung Ossowiez nach einem Gasangriff im August genommen war, sollte in dieser Gegend – jenseits der russischen Grenze hinter Königsberg – ein neuer Angriff geführt werden. Aber schon nach wenigen Tagen wurden wir wieder nach Westen transportiert, zunächst an die holländische Grenze und in die Nähe Antwerpens, dann nach Frankreich, wo unser Pionierregiment am 19. Oktober in der Gegend von Reims einen größeren, nicht sehr erfolgreichen Gasangriff führte. Im weiteren Verlauf des Jahres 1915 nahm ich noch an mehreren Vorbereitungen zu Gasangriffen teil; aber erst Mitte Dezember kam es dann zur Kampfhandlung mit Gas.

Zu dieser Zeit war ich schon wieder in Berlin, wo wir uns zum Abtransport in die Türkei zu versammeln hatten. Wir sollten bei Gallipoli für Anfang 1916 einen Gasangriff vorbereiten. Unsere Freude, den Orient kennenlernen zu können, war allerdings nur kurz; das Unternehmen wurde abgeblasen, und wir wurden nach Flandern zurückverlegt. Hier, wo ein Jahr zuvor schwere Kämpfe stattgefunden hatten, herrschte jetzt Ruhe. Langemarck, Paschendaele, Poelkapelle und Gheluvelt waren zwar in deutscher Hand, bestanden aber nur noch aus Trümmern, Granatlöchern und Grabkreuzen.

Allmählich erfolgte eine Änderung in der Kampfführung mit Gas: Das wind- und wetterabhängige Abblasen wurde durch Verschießen von Gasgranaten ersetzt. Zu diesem Zweck waren sowohl spezielle Geschosse als auch verbesserte Kampfstoffe entwickelt worden, die ich seit April 1916 mit zu prüfen hatte. Nach kurzem Aufenthalt in Berlin bei

Geheimrat Haber arbeitete ich in der Chemischen Fabrik Bayer in Leverkusen an einem Gas, das ein Gemisch aus sogenanntem Perstoff (Perchlorameisensäurechlormethylester) und Phosgen war, seinerzeit aber nur als »Zusatz« bezeichnet wurde.

Daneben wurden auch andere neue Gase, Grünkreuz und Blaukreuz, entwickelt. Die Wirkung beider Kampfstoffe war unterschiedlich. Das Blaukreuz war ein starker Reizstoff, der Gasmasken zum Teil durchdrang. Das Grünkreuz war ein typisches Giftgas, dem Phosgen ähnlich. Bei gleichzeitiger Verwendung beider Stoffe, dann Buntkreuz genannt, wurde der Angegriffene zunächst gezwungen, seine Gasmaske abzureißen, danach war er dem Giftgas schutzlos preisgegeben.

Der ständige Umgang mit diesen starken Giftstoffen hatte uns so weit abgestumpft, daß wir beim Einsatz an der Front keinerlei Skrupel hatten. Die Gegenseite hatte sich zudem inzwischen auch angepaßt; wir waren bei dieser Art der Kriegführung durchaus nicht mehr nur die Gebenden, sondern auch mit wachsendem Erfolg der Gegner die Nehmenden. Auch sahen gerade wir Frontbeobachter nur selten die unmittelbare Wirkung unserer Waffe; wir stellten meist lediglich fest, daß die mit Gasmunition beschossenen Stellungen vom Gegner geräumt waren.

Nach meinen Arbeiten in Leverkusen kam ich an die Verdunfront, wo am 8. Mai vom Fort Douaumont aus die neuen Grünkreuzgranaten verschossen werden sollten. Ich hatte den Auftrag, einen Tag vorher im Fort den Leiter des geplanten Unternehmens über die neue Waffe aufzuklären. Auf meinem Weg dorthin wurde ich von einem Artilleriestab aufgehalten. Man verbot mir, weiterzugehen, da man mir wegen des ständigen starken Feindfeuers nicht die unbedingt erforderliche ortskundige Begleitung mitgeben konnte. So war ich nicht im Fort Douaumont, als die in den Kasematten lagernden Handgranatenvorräte explodierten, das Öl für die Flammenwerfer auslief und das brennende Öl ein Lager französischer 15-Zentimeter-Granaten zur Explosion brachte. Ich verdanke also wahrscheinlich mein Leben dem Zufall, nicht allein in das Fort vorgelassen worden zu sein, sonst hätte ich zu den Toten dieser Nacht – 39 Offiziere und 650 Mann – gehört.

Die Gasmunition kam übrigens aufgrund des feindlichen Beschusses erst lange nach dem geplanten Angriffstermin an. Sie wurde dann später, als ich schon wieder woanders war, eingesetzt. Der Erfolg blieb aus: Fort Vaux blieb in der Hand des Gegners.

Von Douaumont kam ich wieder nach Leverkusen zurück, um die Herstellung neuer Gasgranaten zu beaufsichtigen. Dieses Kommando hatte auch seine sehr angenehme Seite, denn ich konnte auf Einladung von Geheimrat Duisberg mit meiner Frau im Gästehaus der Fabrik wohnen. Aber der Umgang mit dem Gas war recht gefährlich. Ich hatte allein die Granaten mit dem stark gekühlten, flüssigen Phosgen zu füllen. Und obwohl ich mich den Umständen entsprechend vorsah und mir auch eine zweckmäßige Atemtechnik angewöhnt hatte, passierte mir nach dem Füllen einiger hundert Granaten doch ein kleines Mißgeschick. Ein Phosgenspritzer kam in mein Auge, und ich mußte mich, um die Verätzung durch die entstehende Salzsäure möglichst aufzuhalten, in ärztliche Behandlung begeben, was einige Zeit dauerte. Ein Schaden blieb nicht zurück.

Die Granaten wurden zunächst mit einem Bleistopfen verschlossen, der auch bei tiefer Temperatur gut dichtete. Bei Zimmertemperatur wurden sie aber undicht, und einige Frauen, die die Vorräte stapelten, zogen sich leichte Gasvergiftungen zu, so daß sie vorübergehend ins Lazarett eingeliefert werden mußten. Der Verschluß wurde daraufhin geändert, und die neuen, mit einer Eisenblecheinlage versehenen Stopfen schlossen zur Zufriedenheit.

Noch im Mai hörte meine Tätigkeit in Leverkusen auf, und ich kehrte mit meiner Frau wieder nach Berlin zurück. Hier fand im Haberschen Institut in Dahlem mit Vertretern der Industrie eine große Besprechung über den Stand der Gaskampfstoffe statt. Zu den mehr als 40 Teilnehmern gehörten 25 prominente Wissenschaftler des Instituts, darunter die späteren Nobelpreisträger Willstätter, Franck und Wieland, vier Beauftrage des Kriegsministeriums sowie leitende Herren der Chemischen Fabriken in Ludwigshafen, Leverkusen und Hoechst, von Casella & Co. und von Kalle & Co. Einziger Beauftragter des Kommandeurs der Gastruppen: Leutnant Otto Hahn.

Im Anschluß an diese Periode der Institutsarbeit tat ich wieder als Frontbeobachter Dienst, bis August an verschiedenen Abschnitten der Westfront, im September an der Ostfront. Wir bereiteten uns in den Tyrolsümpfen auf einen Gasangriff vor, bei dem Riga erobert werden sollte. Dieses Ziel erreichten wir jedoch nicht.

Im Dezember 1916 wurde ich auf Vorschlag des Kommandeurs der Gastruppen, Oberst Peterson, in das »Große Hauptquartier Seiner Majestät« versetzt. Böse Zungen behaupteten damals, es sei wohl das bayerische Soldatenlied der »Schwalangscher«, welches ich so gut singen konnte, das Oberst Peterson zu diesem Schritt veranlaßt habe. Er aber kannte mich von den zahlreichen Kommandierungen an den verschiedenen Fronten und wußte auch, daß ich mir in Berlin und Leverkusen einen Namen als »Sachverständiger in Gas« gemacht hatte.

Nachdem ich mit meinem Burschen Rehfeldt den Jahreswechsel 1916/17 in trostloser Einsamkeit bei Kattowitz verbracht hatte, wo Teile des Großen Hauptquartiers untergebracht waren, kam ich Anfang Januar 1917 wieder in die Heimat zurück. Unser Stab wurde zusammengestellt; er war klein und bestand im wesentlichen aus Oberst Peterson selbst, der bald General wurde, seinem Adjutanten Lummitzsch, einem Physiker, einem Chemiker (ich), einem Stabsarzt, einem Ingenieur und einem Meteorologen. Wir wurden weiterhin öfter zu Beratungen nach Berlin gerufen, stellten Versuche mit dem Nachfolgegerät der allmählich ausrangierten Gasflaschen an, hatten aber auch die nicht ungefährliche Prüfung von Gasmasken bis zu ihrer Unwirksamkeit auszuführen.

Die von der Artillerie zu verschießenden Gasgranaten wurden nach und nach durch Gasminen, Gasbüchsen und, gegen Ende 1917, durch die sogenannten Gaswerfer oder Gaswurfflaschen ergänzt. Statt einzelner Minen wurden die Werfer 50- oder 100stückweise elektrisch gezündet. Wichtige Geländepunkte konnten so in konzentrierter Form mit Gas belegt werden, ohne daß die eigene Truppe wie beim Blasverfahren durch umschlagenden Wind gefährdet wurde. Die Engländer hatten schon vorher Gaswerfer mit großem Erfolg eingesetzt.

Im Mai und Juni war ich bei unserem Stabe in Münster am Stein. Hier verbrachte ich einige Wochen in einer fast friedlich anmutenden Atmosphäre. Die Verpflegung war hinreichend, an Getränken herrschte kein Mangel. Zudem konnte man auch immer wieder einmal einen schönen Spaziergang einlegen, wobei es manchen heiteren Zwischenfall gab. Einmal saß ich mit Hauptmann Meffert, einem Schwager Geheimrat Habers, in einem Restaurant auf der Ebernburg. Meffert trug einen langen Vollbart und bot so für einen Offizier in Uniform einen ungewohnten Anblick. Die Kellnerin blieb auch prompt vor dem Herrn im Barte verschüchtert stehen und wagte es kaum, unsere Bestellung entgegenzunehmen. Ich nutzte ihre Verwunderung aus und flüsterte ihr zu, daß dieser Herr der Oberbefehlshaber der Kriegsmarine, Großadmiral von Tirpitz, sei. Er weile hier privat und wolle nicht erkannt werden. Als Herr Meffert und ich unseren Wein getrunken hatten und es ans Bezahlen ging, zahlte er mit einem 20-Mark-Schein. Die Kellnerin nahm, zitternd vor Aufregung, das Geld entgegen und entfernte sich mit einem tiefen Knicks, ohne herauszugeben. Herr Meffert beschimpfte mich nachher, weil ihn sein kurzes Gastspiel als Großadmiral von Tirpitz so teuer zu stehen gekommen war.

Im Laufe der nächsten Monate wechselte meine Tätigkeit ständig: Mal arbeitete ich als Frontbeobachter zur Vorbereitung von Gasangriffen, mal hatte ich in Berlin und Döberitz vor allem die Schutzwirkung von Gasmasken zu prüfen. Ich war eines der freiwilligen »Versuchskaninchen«, das die Maske so lange aufzuhalten hatte, bis das Gas die Atemwege durchbrach. Wir füllten dazu eine abgedichtete kleine Bretterbude mit einer exzessiv hohen Konzentration an Phosgen und hielten uns in dieser Atmosphäre auf, bis die Schutzwirkung der Gasmaske nachließ. Die Zeiten wurden von außen mit Stoppuhren bestimmt. Unmittelbar nach Verlassen des Gasraumes mußte man ein heißes Bad nehmen, um die Phosgenspuren von Haut und Haaren zu entfernen. Eine Zigarette nach solchen Versuchen schmeckte abscheulich, sie war ein untrügliches Mittel zum Erkennen des Phosgens.

Auch mußten aus Gaswolken unterschiedlicher Konzentration mit evakuierten Büretten Giftproben entnommen werden, wenn die Wirkung unserer Gasmunition erprobt werden sollte. Diese Arbeit war nicht ungefährlich, war man doch dabei auf die absolute Sicherheit der eigenen Schutzmaske angewiesen. Mir passierte nichts, der Leverkusener Chemiker Dr. Günther wurde aber tödlich vergiftet, weil seine Maske verrutscht war; und auch Professor Freundlich vom Haberschen Institut exponierte sich so, daß er in Lebensgefahr geriet.

Ich benutzte die Gelegenheit eines Aufenthaltes in Berlin, um mich mit meinem eigenen Fachgebiet zu beschäftigen. Seit langem wurde in der Radiumforschung bei der dritten radioaktiven Zerfallsreihe, der Actiniumreihe, die Muttersubstanz des Actiniums gesucht. Ich nahm mit Lise Meitner, die sonst als Röntgenschwester im Felde Dienst tat, diese Frage auf, und wir hatten Glück. In den unlöslichen Rückständen der Uranpecherzverarbeitung fanden wir über Aktivitätsmessungen das langgesuchte Protactinium, damals noch Ekatantal genannt. Die erste Reindarstellung gelang meinem Mitarbeiter Aristide von Grosse.

Im September wurde ich als offizielles Mitglied des Großen Hauptquartiers in den Süden geschickt. Die Isonzofront war erstarrt, sie sollte durch Gas wieder in Bewegung gebracht werden. Dazu waren die österreichisch-ungarischen Heeresteile, die damals erste Auflösungserscheinungen zeigten, durch ein deutsches Korps unter General Krafft von Delmenfingen verstärkt worden. Unsere kleine Spezialistengruppe bestand aus Oberstleutnant Blum als Vertreter des Kommandeurs, meinem Freunde Wilhelm König als Meteorologen und mir. In österreichischen Uniformen gingen wir, in Begleitung eines kroatischen und eines ungarischen Hauptmannes, die Fronten ab.

Die Italiener saßen hier in einer so guten Position, daß sie mit normalen Mitteln nicht zu vertreiben gewesen wären. Nach dem Beschuß aus unseren Gaswerfern am 24. Oktober stießen die deutschen und die österreichischen Truppen auf keine Gegenwehr. Der Vormarsch ging bis zur Piave. Die Niederlage der Italiener wäre noch vollständiger gewesen, wenn nicht eilig herangeführte amerikanische und englische Truppen ausgeholfen hätten.

Den Angriff selbst erlebte ich schon wieder nicht mehr mit, denn neue Aufgaben harrten meiner an der Westfront. Hier tat ich eine Zeitlang erneut bei meinem früheren Pionierregiment 36 Dienst, fand die Lage aber dort schon trostlos. Die Landschaft war durch den jahrelangen Beschuß völlig verwüstet, zusammenhängende Fronten waren teilweise kaum noch auszumachen.

Ich erinnere mich aus dieser Zeit an folgenden Zwischenfall: Ich hatte ein ziemlich verwinkeltes Grabensystem abgegangen und auf seine Eignung als Basis eines Gasangriffs geprüft. Bei dem anschließenden Gespräch, in dem von einem hohen Offizier die Vorbereitung des Angriffs befohlen wurde, widersprach ich in Anwesenheit von Oberstleutnant Blum, der nur »jawohl« gesagt hatte. Ich konnte einem Angriff nicht zustimmen, da er die eigenen Truppen zu sehr gefährdet hätte. Später rügte mich Herr Blum, obwohl auch er von der Unmöglichkeit des Gaseinsatzes an dieser Stelle überzeugt war, daß ich einem hohen Offizier widersprochen hätte. Gegen diese Rüge schützte mich auch mein offizieller Ausweis folgenden Inhalts nicht: »Leutnant Hahn ist Mitglied des Kommandeurs der Gastruppen im Großen Hauptquartier und bedarf einer Entlausung nicht.«

Erwähnen möchte ich hier noch die besondere Schlagfertigkeit meines Kameraden Otto Lummitzsch, des Adjutanten unseres Generals Peterson. Auf die Frage des Generals, wann der Nachtzug nach Münster am Stein gehe, antwortete dieser, wie aus der Pistole geschossen: »Um 7.38 Uhr, Herr General.« Als ich dann mit Lummitzsch allein war, fragte ich ihn, woher er die genaue Zeit wisse. Er antwortete: »Ich habe keine Ahnung. Wenn wir in Stenay sind, werde ich mich um die wirkliche Abfahrtszeit kümmern. Dann werde ich sie dem General mitteilen und sagen, daß die Abfahrtszeit verlegt worden sei.« Der nichtsahnende General war wohl mit dieser Methode einverstanden.

Zu Anfang des Jahres 1918 verschlechterte sich die Kriegslage immer mehr. Haber sagte uns schon im Februar, daß er keine Hoffnung auf eine siegreiche Beendigung des Krieges mehr habe. Wir setzten aber unsere Anstrengungen fort und bereiteten so manchen Gasangriff vor, der dann auch mehr oder weniger großen Erfolg hatte. In Flandern wurde zum Beispiel der berühmte Kemmelberg wieder genommen, und im Mai wurden die neuen Gaswerfer am Chemin des Dames massiv eingesetzt. Die Fronten gerieten aber immer nur kurzfristig in Bewegung, und aus der Offensive wurde regelmäßig eine Defensive.

Nach einer anstrengenden Zeit im Haberschen Institut in Berlin erlitt ich im Frühsommer 1918 einen Schwächeanfall, wahrscheinlich infolge einer leichten Phosgenvergiftung. Das Gehen fiel mir schwer, Treppensteigen war fast unmöglich. Der Arzt verordnete mir eine vierwöchige Erholungskur in Bad Nauheim, wo ich den ganzen Juli verbrachte. Bäder und Bewegungstherapie taten ihre Wirkung, so daß ich gut erholt nach Münster am Stein zurückkehren konnte.

Im Oktober wurde ich nach Wilhelmshaven beordert. Ein Kriegsschiff brachte mich von dort mit einer Anzahl Soldaten zur Halbinsel Hela nahe Danzig. Ich trat dabei aber nicht als Angehöriger eines militärischen Stabes auf, sondern trug Zivilkleidung. Die in Putzig auf Hela geplanten Versuche sollten nämlich nicht vorzeitig bekannt werden, da es hier um eine neue Gaswaffe ging, deren Einsatz für das nächste Frühjahr vorgesehen war. Es handelte sich um eine Art großer Töpfe, aus denen nach dem Öffnen das Gas in Form einer schwelenden Wolke austrat. Ich hatte zunächst die Soldaten noch an Bord des Schiffes im Gebrauch der Gasmasken zu unterweisen und ging mit gutem Beispiel voran. Ich setzte mir eine Maske auf und machte ein paar Freiübungen. Diese und der Seegang taten ihre Wirkung: Selten in meinem Leben fühlte ich mich so elend!

Nach den ersten Versuchen sollte ich in Berlin Bericht erstatten. Der Kommandant des Schiffes wollte sich, nach Wilhelmshaven zurückgekehrt, mit weiteren Einzelheiten telefonisch melden. Diese Verbindung kam aber nicht mehr zustande. Unser Gesprächspartner am anderen Ende der Leitung war ein Mitglied des Arbeiter- und Soldatenrates, der den Schiffskommandanten abgesetzt hatte. Das war das Ende meines Kriegsdienstes.

Bei dieser Gelegenheit möchte ich noch erwähnen, daß der Kommandeur der Gastruppen, General Peterson, von unseren bisherigen Ordonnanzen auch später, als sie die roten Kokarden der Arbeiter- und Soldatenräte trugen, immer mit Hochachtung behandelt wurde. Ihn kannten alle als pflichtgetreuen Offizier. Unser Oberstleutnant mußte dagegen schnellstens untertauchen, denn er hatte seine Funktion unter anderem zum billigen Erwerb von Lebensmitteln ausgenutzt.

Mit meinem Burschen Rehfeldt hatte ich seit August 1914 Freud und Leid geteilt. Er war nur Anfang 1915 nach einer Verwundung für einige Wochen von mir getrennt. Wenige Tage nach dem 7. November 1918 tauchte er, jetzt ebenfalls die rote Kokarde tragend, mit einem schweren Rucksack von der Front bei mir in Berlin auf. »Ick weeß nich«, sagte er, »wat dem Leutnant gehört, ick habe es halt mitjebracht.«

Mit dem General hatte ich bis zu seinem Tode noch gelegentlich Verbindung, teils persönlich, teils über gemeinsame Kriegskameraden. Und zwischen Rehfeldt und mir hatte das gemeinsame Erlebnis von vier Jahren Weltkrieg eine Freundschaft geschaffen, die bis zu seinem Ableben vor wenigen Jahren bestehen blieb.

FRAGE: Herr Professor Hahn, wie erklären Sie es sich, daß Sie als organischer Chemiker, der sich länger als ein Jahrzehnt mit Radiochemie beschäftigt hatte, für die Vorbereitung des Gaskrieges eingesetzt wurden?

PROFESSOR HAHN: Für den Gaskrieg hatte Geheimrat Haber zunächst das Chlorgas vorgesehen. Chlor gibt es in jedem chemischen Laboratorium, und jeder Chemiker hat einmal damit gearbeitet.

FRAGE: Sie haben, wie Sie berichten, zuerst Hemmungen gehabt, an der Vorbereitung des Gaskrieges teilzunehmen, und ihre Bedenken auch Herrn Geheimrat Haber mitgeteilt.

PROFESSOR HAHN: Ich wußte, daß nach der Haager Konvention die Verwendung von Gift im Krieg verboten war. Ich kannte die Bestimmungen der Haager Konvention nicht im einzelnen, aber dieses Verbot war mir bekannt. Haber sagte mir, daß auch die Franzosen Giftpatronen besäßen, wir also nicht die einzigen seien, die einen Gaskrieg vorbereiteten. Außerdem, erklärte er mir, sei Gas am besten geeignet, den Krieg schnell zu beenden.

FRAGE: Von diesen Argumenten ließen Sie sich überzeugen?

PROFESSOR HAHN: Haber hat mich beruhigt, wenn man so will. Ich war damals noch gegen Giftgas, aber nachdem mir Geheimrat Haber auseinandergesetzt hatte, worum es ging, habe ich mich bekehren lassen und später durchaus mit Überzeugung mitgemacht. Wie Sie wissen, haben sich auch viele andere berühmte Wissenschaftler, so die Geheimräte Willstätter und Wieland und meine Freunde James Franck und Gustav Hertz, zur Verfügung gestellt.

FRAGE: Es ging also zunächst um die Aufgabe, Chlorgas für den technischen Einsatz vorzubereiten. Wußten Sie Näheres, ob solche Versuche auch auf der Seite des Gegners gemacht wurden?

PROFESSOR HAHN: Wir wußten darüber nichts. Anfangs waren die Engländer sehr überrascht, daß wir die Haager Konvention nicht beachteten. Von 1916 an setzten sie aber mindestens genausoviel Giftgas ein wie wir. Während des Krieges hieß es, Haber solle als Kriegsverbrecher vor ein internationales Gericht gestellt und zum Tode verurteilt werden. Gegen Kriegsende wurde er deswegen sehr nervös und verschwand für eine Zeitlang. Als ich ihn wiedersah, trug er einen Vollbart, so daß man ihn nicht gleich erkennen konnte. Nach dem Krieg wurde aber dann doch nichts gegen ihn unternommen.

FRAGE: Auch nichts gegen die anderen Wissenschaftler und Sie?

PROFESSOR HAHN: Nein, nichts.

FRAGE: Halten Sie es für möglich, daß auch die damaligen Kriegsgegner viel Hochachtung vor einem Gelehrten wie Geheimrat Haber hatten, dem schließlich eine der bedeutendsten Kulturleistungen für die Menschheit zu verdanken war? Ihm war es ja, gemeinsam mit Geheimrat Bosch, gelungen, den Stickstoff der Luft in Form von Ammoniak zu binden und so das Ausgangsmaterial für künstliche Düngemittel zu bekommen. Dafür hat man ihm den Nobelpreis verliehen.

PROFESSOR HAHN: Selbstverständlich hatte man Hochachtung vor diesem bedeutenden Gelehrten.

FRAGE: Es wurde später oft gesagt, daß Deutschland diesen Krieg nicht hätte so lange führen können, wenn Haber und Bosch nicht die Stickstoffsynthese gelungen wäre.

PROFESSOR HAHN: Das mag sein, denn die Düngemittel waren absolut notwendig für das hungernde Deutschland. Aber ebenso wichtig war die Stickstoffsynthese für die Ernährung in Friedenszeiten, und sie ist es selbstverständlich auch heute noch.

FRAGE: Doch jetzt zu Habers Rolle als Initiator des Gaskrieges. Nach dem Chlorgas führte er das Phosgen ein.

PROFESSOR HAHN: Eine einfache Verbindung, aber furchtbar giftig. Man war sich vorher nie darüber klar, was für ein außerordentlich starkes Gift Phosgen ist. Es ist stärker als Blausäure. Wenn man einen Hauch davon einatmet, ist man tot. Das haben wir ausprobiert.

FRAGE: Uns wundert es, daß Sie und die Elite der deutschen Chemiker an diesen gefährlichen Selbstversuchen teilnahmen.

PROFESSOR HAHN: Wieso? Wir stellten uns freiwillig zur Verfügung. Zwar brauchten wir einigen Mut dazu, wußten aber als Fachleute am besten, wann Gefahr drohte. Die Proben, wie lange frisch hergestellte Gasmasken große Konzentrationen von Phosgen abhielten, haben eigentlich nur Franck und ich gemacht.

FRAGE: James Franck meinen Sie, den späteren Nobelpreisträger und Lehrer der amerikanischen Atomspezialisten des Zweiten Weltkrieges. Sie haben auch noch mit den Giftgasen Blaukreuz und Grünkreuz gearbeitet. Das dritte, nämlich Gelbkreuz, haben Sie in Ihrem Bericht nicht erwähnt.

PROFESSOR HAHN: Nein, mit Gelbkreuz habe ich nicht gearbeitet. Es war das unangenehmste aller Giftgase. Aber darüber habe ich keine Erfahrungen.

FRAGE: Sie haben einige Male die Wirkung der Giftgase auf die Soldaten des Gegners mit eigenen Augen gesehen. In Ihren Erinnerungen sagen Sie, daß Sie dieser Anblick persönlich stark beeindruckt hat.

PROFESSOR HAHN: Ja, das stimmt. Ich war damals tief beschämt und innerlich sehr erregt. Erst haben wir die russischen Soldaten mit unserem Gas angegriffen, und als wir dann die armen Kerle liegen und langsam sterben sahen, haben wir ihnen mit unseren Selbstrettern das Atmen erleichtert. Da wurde uns die ganze Unsinnigkeit des Krieges bewußt: Erst versucht man, den Unbekannten im feindlichen Graben auszuschalten, aber wenn man ihm Auge in Auge gegenübersteht, kann man den Anblick nicht ertragen und hilft ihm wieder. Doch retten konnten wir die armen Menschen nicht mehr.

BERLIN 1919–1944, TAILFINGEN

Ein Teil der aktiven Truppe kehrte bei Kriegsende in Ordnung in die Heimat zurück. Aber auch ungeordnete Soldatenhaufen zogen durch die Straßen, und um die Jahreswende 1918/19 wurde Berlin Schauplatz von Unruhen und Straßenschlachten. Da faßte mein bisheriger Regimentskamerad und Freund Otto Lummitzsch den Plan zu einer Art Hilfsorganisation, die in gefährlichen Situationen helfend eingreifen sollte. Er gründete 1919 die »Technische Nothilfe« und fand in einer Anzahl unserer bisherigen Kriegskameraden, darunter auch in mir, einen Kristallisationspunkt, der zahlreiche technisch vorgebildete Mitarbeiter anzog. Die »Technische Nothilfe« wurde von der provisorischen Regierung als unpolitische Hilfsorganisation anerkannt und sollte schon bald Gelegenheit bekommen, sich zu bewähren.

Zunächst fuhren auf Anraten von Geheimrat Planck meine Frau und ich im Frühjahr 1919 nach dem kleinen, nahe der Ostsee gelegenen Ort Körkwitz bei Riebnitz. In einer guten Stunde waren wir an der See, nicht weit von Müritz und Gral entfernt. Unsere Unterkunft war primitiv und das Essen knapp. Trotzdem erholten wir uns während dieses ersten Urlaubs nach Kriegsende, so daß ich mich, wieder in Berlin zurück, mit neuen Kräften an die Arbeit machen konnte. Eine Mitteilung über die Radioaktivität des Rubidiums von meinem gefallenen Mitarbeiter Rothenbach erschien schon Anfang 1919, und im Verlauf des Jahres kamen ausführliche Publikationen über das gegen Ende des Krieges von uns entdeckte neue Element Protactinium hinzu.

Im März 1920 putschten Kapp und seine rechtsradikale »Vaterlands-partei« gegen die demokratische Regierung, worauf die Gewerkschaf-ten in Berlin den Generalstreik ausriefen. Um die äußerst gefährdete öffentliche Ordnung wenigstens einigermaßen aufrechtzuerhalten, trat neben anderen Organisationen nun auch unsere »Technische Nothilfe« in Aktion. Ich wurde mit anderen Kameraden zur Versorgung des Schöneberger Elektrizitätswerkes eingesetzt. Wir hatten die großen Öfen in Gang zu halten, taten also als Heizer Dienst. Jeden Abend gegen 9 Uhr machte ich mich von Dahlem aus im Dunkeln auf den Weg nach Schöneberg. Um 10 Uhr begann die Schicht, sie dauerte bis 4 oder 6 Uhr. Während der Dienstzeit bekamen wir etwas zu essen und trinken. Die Arbeit war nicht zu schwer, denn die Anfuhr der Kohle geschah automatisch. Wir hatten die Schlacke mit einer langen, be-sonders geformten Eisenstange von den noch gut brennenden Kohlen zu entfernen. Am frühen Morgen brachte ein kleiner Omnibus die ein-zelnen »Heizer« nach Hause. An die Namen der meisten Helfer erinnere ich mich nicht mehr genau; im wesentlichen waren es unsere alten Kriegskameraden, darunter mein Freund James Franck.

Nachdem sich die Verhältnisse wieder normalisiert hatten, machte ich im Jahre 1920 mit meiner Frau eine weitere kleine Ferienreise. Diesmal ging es in den südlichsten Teil des Schwarzwaldes, nach Schweigmatt, in der Nähe von Lörrach. Die Unterkunft war hier besser als die im Jahre vorher. Ein besonders nettes Erlebnis war die Bekanntschaft mit zwei jungen Mädchen aus Freiburg, Anneliese und Gertrud Pfeiffer, Töchter eines wohlsituierten Bankbeamten. Anneliese war 12, Gertrud 16 Jahre alt. Beide waren mir sehr zugetan. Die kleine Anneliese ver-liebte sich zum ersten Male in ihrem Leben, und heute, 45 Jahre später, schreibt sie noch gelegentlich, erzählt mir von ihrer Familie und ihren Kindern. Auch von Gertruds Familie höre ich noch hin und wieder.

In Berlin gingen Lise Meitners und meine Arbeiten gut voran. Nach verschiedenen Methoden machten wir Versuche über die Halbwerts-zeit des Protactiniums sowie des Actiniums und bestimmten das soge-nannte Abzweigungsverhältnis des Protactiniums aus dem Uran. Auch die direkten Umwandlungsprodukte des Urans, Uran X, Uran X_2 und

Uran Y, mit ihren Umwandlungszeiten und Strahlen wurden kontrolliert. Es sah gerade so aus, als ob uns das Uran nichts Neues mehr zu bieten hätte, als wir eine doppelte Betastrahlenumwandlung beim Uran X fanden. Neben der bekannten Umwandlung des Uran X_1 in das kurzlebige Protactiniumisotop Uran X_2 stellte ich eine sehr kleine Menge – einige Promille – eines zweiten Isotops des Protactiniums fest, das ich Uran Z nannte. Es war das erste Isomer der natürlichen Radium-umwandlungen. Erst mehr als 15 Jahre später wurden weitere – und zwar künstliche – radioaktive Isomere gefunden. Heute sind wohl über hundert bekannt.

Nach der Publikation der sehr umfangreichen und nicht ganz einfachen Untersuchung machte ich im Frühjahr 1921 eine Skitour mit meiner Frau nach St. Christoph am Arlberg in Österreich. Meine Frau mit ihren schwachen Fußgelenken fand aber am Skilaufen keinen Gefallen. Ich machte allein schöne Fahrten, obgleich mir das Schwingen mit Stemmbogen sehr schwerfiel. Als ich von der Valuga nach St. Christoph herunterlief, rief mir ein lustiger junger Österreicher zu: »Der Herr ist wohl Obertelegraphenassistent?« Auf meine Frage, wie er darauf käme, antwortete er: »Sie machen doch dauernd Punkte und Striche im Schnee.« Meine durch zahlreiche Stürze unterbrochenen Abfahrtsspuren erinnerten also an Morsezeichen!

Das Jahr 1921 brachte als weitere Unterbrechung meiner Institutsarbeiten einen Aufenthalt im Krankenhaus vom 1. August bis 1. Oktober. Ende Juli stellten sich bei mir Blutungen ein, die am 31. Juli plötzlich so stark wurden, daß ich sofort nach Lichterfelde ins Stubenrauchkrankenhaus fuhr, wo ich vom Oberarzt ohne Lokalanesthäsie und ohne Desinfektion provisorisch vernäht wurde. Die Ursache der Blutungen war offenbar ein Darmriß. Am nächsten Tag wurde dann die Wunde unter Narkose in Gegenwart zweier Ärzte noch einmal endgültig behandelt. Beim Einschlafen unter dem Chloroform hörte ich gerade noch, wie der eine Arzt den anderen fragte: »Ca?« Der andere hielt es aber nicht für ein Carcinom. Auch Ärzte können also bei ihren Unterhaltungen unvorsichtig sein!

Nachdem ich nun gründlich und gewissenhaft behandelt war, meinte man, mich nach einer Woche wieder normal ernähren und bald nach Hause entlassen zu können. Aus der einen Woche wurden genau 60 Tage. Offenbar war bei der ersten Eilbehandlung eine Infektion eingetreten, denn ich hatte fast während meines ganzen Aufenthaltes im Krankenhaus ziemlich hohes Fieber. Ein junger Mitarbeiter, der mich am Ende meines Krankenhausaufenthaltes besuchte, zuckte erschrocken zurück, als er mich nach den zwei Monaten sah.

Aber der Aufenthalt im Krankenhaus brachte mir auch eine freudige Überraschung. Meine Frau merkte im August, daß sie nach achtjähriger Ehe in anderen Umständen war. Mehrfache frühere Hoffnungen hatten stets getrogen. Jetzt war es meiner Frau fast täglich schlecht, aber dank der aufopfernden Hilfe unserer treuen Hausangestellten Frieda gab es kein Unglück. Nach neunjähriger Ehe bekamen wir im April 1922 unseren ersten und einzigen Sohn.

Im Institut führten Lise Meitner und ich unsere gemeinsamen Arbeiten fort. Lise Meitner setzte daneben allein ihre Untersuchungen über Beta- und Gammastrahlen fort, die zur Aufklärung der Betastrahlenspektren und ihres Zusammenhangs mit den Gammastrahlen führten. Ich selbst begann eine neue Art radiochemischer Experimente, die zu einer neuen Methode zum Studium von Oberflächenänderungen und der Oberflächenausbildung feinverteilter Niederschläge führte. Eine im September 1922 bei der Deutschen Bunsen-Gesellschaft vorgetragene erste Mitteilung über die als »Emaniermethode« bezeichnete Untersuchungsart wurde im Laufe der Zeit durch eine ganze Reihe von eigenen Arbeiten und Untersuchungen meiner Mitarbeiter erweitert. Sie finden noch heute ihre Anwendung. Ich machte für die deutsche Atomgewichtskommission auch jährlich Berichte über Atomgewichte und die allmählich in den Vordergrund tretenden Tabellen der chemischen Elemente und Atomarten.

Deutschland war in dieser Zeit auf internationaler Ebene noch ziemlich isoliert; aber es machten sich zunehmend Stimmen laut, die eine Art »Internationale« der Wissenschaft forderten. Damit wurde im Jahre 1922 ein erster Versuch gemacht. Jeweils einige Wissenschaftler aus verschiedenen europäischen Ländern kamen zu gemeinsamer Aussprache in Holland zusammen. Die Initiative ging vom Gastland aus. Aus Deutschland wurden die Professoren Schlenk, Schenck und ich nach Utrecht eingeladen. Von sechs Ländern waren je zwei bis drei Vertreter anwesend.

Da in Deutschland schon ein zunehmender Währungsverfall eingesetzt hatte, bekamen wir Deutsche die Kosten für unsere Reise nach Holland von der deutschen Regierung ersetzt. Die Teilnehmer aus den bessergestellten Ländern mußten die Fahrtkosten ohne staatliche Hilfe selbst tragen. Der einzige an der Tagung teilnehmende Russe bekam alle Kosten von den einladenden Holländern erstattet. Die gastgebende Delegation bestand aus dem Botaniker Professor Went, bekannt durch seine Arbeiten über das Wachstumshormon Auxin, und aus den Physikochemikern Professor Kruyt und Professor Cohen.

Ich wohnte in diesen Tagen bei Professor Went und bekam von ihm zum Abschied eine große Kugel Holländer Käse geschenkt, die bei unserer Lebensmittelknappheit zu Hause große Freude auslöste. Auch die anderen »unterentwickelten« Deutschen wurden von ihren Gastgebern mit Käse bedacht.

Ich war auch mit der Familie Kruyt in Utrecht bekanntgeworden. Die Tochter Truus Kruyt kam ein paar Jahre später zu mir nach Berlin in das Kaiser-Wilhelm-Institut und arbeitete auf meinem Gebiet über radiochemische Reaktionen. Kurz danach kam auch der junge Holländer Hans Jan de Vries aus Amsterdam zu mir. Beide lernten sich im Kaiser-Wilhelm-Institut kennen, verliebten, verlobten und heirateten sich. Heute, nach vierzig Jahren, gehören Truus und Jan de Vries zum Freundeskreis von meiner Frau und mir, und wir sehen uns jedes Jahr, mal auf ihrem schönen See- und Landgrundstück in Holland und mal bei uns in Deutschland. Mehrfache Einladungen der letzten Jahre, mit ihnen eine Reise nach Persien zu machen, wohin die Vriesens jedes Jahr aus geschäftlichen Gründen fahren, habe ich wegen der zu befürchtenden großen Anstrengungen nicht annehmen können.

Das Jahr 1923 brachte in seinem weiteren Verlauf die große Inflation, die den Wert der Reichsmark fast auf den Nullpunkt sinken ließ. Gerade zu der Zeit fuhr ich mit meinem Freunde Max von Laue auf etwa acht Tage zu einem Urlaub in die Ramsau bei Berchtesgaden. Am Ende dieser kurzen Reise fehlte von Laue für seine Rückfahrkarte eine Million Reichsmark. Ich konnte sie ihm leihen. In späteren Jahren, als es in Deutschland wieder gutes Geld gab, erinnerte ich ihn öfter daran, daß er mir noch eine Million schuldig sei. Schließlich überreichte er mir einen 50-Milliarden-Schein und sagte, das sei Zins und Zinseszins. Am Mittag eines jeden Tages wurde damals der Geldwert auf die Hälfte herabgesetzt, und die festbezahlten Angestellten bekamen eine entsprechende Erhöhung ihrer Bezüge. Ich erinnere mich, daß meine Frau mit dem Fahrrad an der Bushaltestelle auf das Geld wartete und sofort in das Lebensmittelgeschäft radelte, um ihren Einkauf noch zu dem vortägigen Preis zu tätigen. Die Briefe waren mit ganzen Bögen von Marken beklebt. Von den Millionen ging es in die Milliarden, und schließlich hatte eine Goldmark den Wert einer Billion Reichsmark. Im Herbst 1923 ging dieser Spuk zu Ende; es kam die Rentenmark, und damit erhielt das deutsche Geld wieder seinen Wert.

Viele Menschen haben damals ihr Geld verloren; aber auch viele haben sich durch rechtzeitigen Ankauf wertbeständiger Grundstücke und Wertpapiere große Vermögen erworben. Ich selbst hatte im Sommer meine mit Goldmark gezahlte Kriegsanleihe von 30000 Mark gegen einen Dollar umgetauscht. Später wurden die staatlichen Papiere wieder aufgewertet; mein Dollar behielt natürlich seinen Wert.

Die Inflation hat sich auf unsere Arbeiten kaum ausgewirkt. An die Sorgen um das tägliche Brot und an die Lebensmittelmarken dachten wir bei unseren Forschungen nur wenig. Ich machte wieder einmal einen kleinen Abstecher in die anorganische Chemie ohne irgendwelche »radioaktiven Hintergedanken«. Das vor mehreren Jahren von Lise Meitner und mir entdeckte Protactinium, im Periodischen System ein »Ekatantal«, hielt ich für so tantalähnlich, daß ich mich bei den Versuchen zur Herstellung hochkonzentrierter Protactiniumpräparate hauptsächlich hierauf stützte. Deshalb veranlaßte ich meinen Mitarbeiter Dr. Pütter, sich mit den Fluoriden des Tantals und mit anderen Tantalverbindungen zu beschäftigen. Dr. Pütter fand auch einige neue Verbindungen. Mein Mitarbeiter Aristide von Grosse konnte dann aber zeigen, daß die Ähnlichkeit des Protactiniums mit dem Tantal doch nicht so groß ist, wie ich vermutet hatte. Bei manchen Reaktionen ähnelt es viel mehr dem Zirkon, und mit dieser Erkenntnis gelang ihm die erste Reindarstellung des Protactiniums.

Im Sommer 1924 reiste ich mit meiner Frau nach Trins bei Steinach am Brenner und in das Grödner Tal in Südtirol. Im Anschluß daran fuhren wir zur Naturforscherversammlung nach Innsbruck. Bei diesen jährlichen Reisen blieb es mit einigen durch äußere Umstände veranlaßten Ausnahmen noch fast 20 Jahre lang. Solange mein Sohn Hanno noch klein war, machte ich größere Sommertouren mit meinem Bruder Heiner, meiner Nichte Emmy und meinem Neffen Heinz. Später reiste ich wieder mit meiner Frau und Hanno.

In Berlin suchte ich jetzt auch nach unbekannten Substanzen, einem schwach aktiven oder inaktiven Radiumisotop und nach einem Ekacäsium. Die Arbeiten führten zu keinem Erfolg. Bei der Reinherstellung von Actinium gelang es mir nie, die Aktivität unter einen kleinen Restbetrag herunterzubringen. Etwa ein Prozent blieb immer übrig. Ich konnte mich nicht entschließen, dieser geringen Menge eine Bedeutung zuzumessen. Später hat Madame Perey im Actinium tatsächlich ein Ekacäsium, also das Element Nr. 87, als alphastrahlendes Nebenprodukt des Actiniums aufgefunden. Es entsteht zu etwa einem Prozent aus dem Actinium und läßt sich leicht als Alkalimetall nachweisen. Hätte ich zu meiner eigenen Arbeit über die Reinigung von Actinium mehr Vertrauen gehabt, dann hätte ich das nicht abtrennbare Prozent leicht feststellen und die chemischen Eigenschaften des Elementes bestimmen müssen. Madame Perey nannte ihr Element zuerst Actinium K, dann Francium, und dieser Name wurde international angenommen.

Mit der Entdeckung des Urans Z durch mich und des Franciums durch Madame Perey waren offenbar die natürlichen radioaktiven Atomarten sämtlich bekannt. Deshalb wandte ich mich jetzt mehr der angewandten Radiochemie zu, wobei ich die verschiedensten Gebiete der anorganischen wie der organischen und der Kolloidchemie durch die leichte Nachweisbarkeit der radioaktiven Atomarten bearbeiten konnte. Ein großes Kapitel dabei stellte die sogenannte Emaniermethode dar. Bei ihr wird ein Niederschlag mit einer eine Emanation abgebenden Substanz versetzt und aus dem Betrage der nach außen diffundierenden Emanation auf die Oberfläche oder die Oberflächenänderung der Substanz geschlossen.

Unter »Emaniervermögen« versteht man das Verhältnis der herausdiffundierenden Menge an Edelgas zu der in der Substanz gebildeten Gesamtmenge. Oberflächenreiche Präparate haben ein hohes Emaniervermögen, oberflächenarme – wie kristallisierte Niederschläge – ein niedriges. Aus den Änderungen im Emaniervermögen kann man auf Änderungen der Oberfläche schließen. Die Hydroxyde des Eisens oder Thoriums haben ein besonders hohes Emaniervermögen; sie altern aber allmählich, und ihr Emaniervermögen sinkt. Mein Mitarbeiter Heidenhain stellte radiumhaltige Eisenniederschläge her, die Radon bei Zimmertemperatur bis zu 100 Prozent entweichen lassen. Merkwürdigerweise zeigen aber auch langgliedrige Fettsäuresalze mit zunehmender Kettenlänge ein Verhalten, das auf 100 Prozent Emaniervermögen schließen läßt. Bei oberflächenarmen Substanzen wird naturgemäß beim Erhitzen die Abgabe der Emanation gesteigert, und bei etwa der halben absoluten Schmelztemperatur erhöht sich durch die Auflockerung des Gitters die Emanationsabgabe erheblich.

Neben den physikalischen Struktur- und Gitteränderungen konnten auch die Temperaturen chemischer Umwandlungen – etwa die Entwässerung wasserhaltiger Salze – nach der Emaniermethode an eindrucksvollen Beispielen berechnet werden: Aus saurem Bariumoxalat hat mein Mitarbeiter Sagortschew die allmähliche Umwandlung des Salzes beim stufenweisen Erhitzen bis zum Bariumkarbonat in vier steilen Spitzen der Emanationsabgabe in instruktiver Weise darstellen können.

Eine ganze Reihe von Reaktionen im festen Zustande, etwa die Umwandlung von Mischungen zwei- und dreiwertiger Metalloxyde in Spinelle, boten schöne Beispiele für die weitgehende Anwendbarkeit der Methode. In einer ausführlichen Bibliographie aus dem Jahre 1942 hat mein Mitarbeiter Zimens 81 Originalbeiträge und 10 Zusammenfassungen über die Emaniermethode angeführt, und viele neue Arbeiten sind seitdem hinzugekommen.

Ein anderes Kapitel angewandter Radiochemie betraf die Fällung und Adsorption unwägbarer Substanzmengen mit ausfallenden oder schon vorliegenden Niederschlägen. Man konnte ursprünglich nicht wissen, wie sich unwägbare, nur radioaktiv nachweisbare Substanzmengen in Anwesenheit wägbarer Substanzen verhalten, ob sie trotz ihrer Unwägbarkeit von einem Niederschlag mitgerissen werden oder ob sie im Filtrat bleiben.

Die ersten Arbeiten hierüber waren schon in den Jahren 1913 und 1914 von Fajans und Paneth durchgeführt worden und hatten Gesetzmäßigkeiten gezeigt, die zu der Fajansschen »Fällungsregel« und zu der Panethschen »Adsorptionsregel« führten. Mit ihnen konnte im wesentlichen das Verhalten unwägbarer aktiver Substanzmengen bei Fällungs- und Adsorptionsvorgängen dargestellt werden. Aber gewisse Abweichungen von diesen Regeln veranlaßten mich dazu, die Vorgänge genauer zu studieren, und daraus entwickelte sich eine ganze Anzahl von Arbeiten. Meine eigenen Untersuchungen brachten mich zu der Aufstellung des »Fällungssatzes« sowie des »Adsorptionssatzes«, wodurch sich die Unstimmigkeiten in der Fajans- und Panethschen Regel nach meiner Ansicht beseitigen ließen. Sie brachten auch die Erkenntnis, daß Mischkristallbildung mit den Ionen des ausfallenden kristallisierenden Niederschlags eine wesentliche Rolle bei der Mitfällung spielt.

Die Arbeiten zeitigten mancherlei Ergebnisse, die man nicht voraussehen konnte. So fanden wir mischkristallartige Abscheidungen bei Mikro- und Makrokomponenten, die eigentlich in unterschiedlichen Gittern kristallisieren. Wir schlossen deshalb, daß in solchen Fällen die Mikrokomponente in dem Niederschlag als anomaler Mischkristall eingebaut wird. Ein interessantes Beispiel dafür ist die Abscheidung von Blei in Form des Bleiisotops Thorium B aus auskristallisierendem Bariumchlorid. Dabei kristallisiert das Bariumchlorid monoklin, das Bleichlorid rhombisch. Auskristallisierendes Bariumbromid nimmt das

Blei aber nicht auf. Entsprechend verhält sich das Bleiisotop Radium D. Bei der fraktionierten Kristallisation von Radium läßt sich das aus dem Radium entstehende Radium D entweder mit dem Radium abscheiden oder abtrennen, je nachdem man das Radium als Chlorid oder Bromid verwendet.

Noch interessanter ist der mischkristallartige Einbau von Blei in die Alkalisalze Natriumchlorid oder Kaliumbromid; die Mikrokomponente Blei wird von den auskristallisierenden Alkalisalzen sogar sehr stark angereichert. Ein früher nicht erklärbarer Bleigehalt und der nachgewiesene Heliumgehalt in den Salzlagern der Norddeutschen Tiefebene fanden damit eine Erklärung. Mit dem Blei wurde auch das Bleiisotop Radium D im Steinsalz und im Sylvin des eingedampften Meerwassers abgeschieden. Der Bleianteil betrug maximal einige zehntel Milligramm pro Kilogramm Alkalisalz, und das Helium rührte von dem alphastrahlenden Polonium her, das als Zerfallsprodukt des Radiobleis im Salz enthalten war.

Das Jahr 1933 brachte für Deutschland die Machtergreifung Adolf Hitlers, für mich zunächst ein neues interessantes Kapitel in meiner wissenschaftlichen Laufbahn. Ich war als »Non Resident Lecturer« für Chemie von der Cornell University in Ithaka, New York, eingeladen worden, dort Vorträge über mein Arbeitsgebiet zu halten. An meinen Aufenthalt war die Bedingung geknüpft, alle meine Vorträge in einem Buche zusammenzufassen.

Gegen Ende Februar 1933 fuhr ich per Schiff nach New York, blieb dort ein paar Tage und fuhr dann weiter nach Ithaka, wo ich von dem Leiter des zuständigen Instituts, Professor Papish, empfangen wurde. Das Thema meiner Einführungsvorlesung hieß: »From the Ponderable to the Imponderable« (»Von der Wägbarkeit zur Unwägbarkeit«). Ich hatte den umfassenden Vortrag gut vorbereitet und außerdem das Glück, auf der Überfahrt den Präsidenten des Pennsylvania Institute of Technology, Dr. Baker, kennenzulernen, der von einer Besuchsreise aus Europa nach den USA zurückfuhr. Baker, der sehr gut Deutsch sprach, interessierte sich für meine Einführungsvorlesung und bat mich, sie ihm vorzutragen. Er machte mich auf Fehler in der englischen Übersetzung und Aussprache aufmerksam, und nach dem zweiten Probevortrag war er mit mir zufrieden. Ich habe mich mit Baker so angefreundet, daß er seine nächste Europa-Reise nach meinen Terminen richtete und wir wieder dasselbe Schiff benutzen konnten.

Bei meiner Antrittsvorlesung vor großem Auditorium gab es dank der guten Vorbereitung keine Schwierigkeiten, und ich hielt auch meine weiteren Vorträge ohne große Hemmungen. Die Vorträge und ein Kolloquium pro Woche fanden montags bis donnerstags statt. Am Freitag und an den Wochenenden konnte ich sehr häufig Einladungen zu Vorträgen an anderen Hochschulen folgen. Am 8. März 1933, meinem Geburtstag, fand ich in meinem Arbeitszimmer einen großen Blumenstrauß von meinen aus Deutschland nach Amerika übergesiedelten deutschen Freunden, Professor Rudolf Ladenburg und Gattin, eine Aufmerksamkeit, die einem sich zunächst doch recht einsam fühlenden Fremden sehr wohltat.

Von Ladenburgs erfuhr ich die ersten Nachrichten über das neue Regime, und was ich über Juden und Kommunisten hörte, war sehr beunruhigend. Nach dem Reichstagsbrand, der angeblich von Kommunisten gelegt war, ging man gegen jüdische Bürger sofort sehr scharf vor. Jüdische Professoren verloren ihre Stellungen. Die anfangs noch milderen Bestimmungen für solche »Nichtarier«, die selbst den Weltkrieg mitgemacht hatten oder deren Väter im Weltkrieg gefallen waren, wurden bald wieder aufgehoben. Ich bekam von voll- oder halbjüdischen Bekannten aus Deutschland Briefe, in denen sie in vorsichtiger Weise ihre geplante Emigration andeuteten. Besonders großes Aufsehen in der ganzen Welt erregte die Entlassung Albert Einsteins aus der Preußischen Akademie der Wissenschaften.

Nachdem die Nachrichten in der amerikanischen Presse immer unerfreulicher wurden, entschloß ich mich im April 1933 zu einem Privatbesuch bei dem deutschen Botschafter in Washington. Ich bat Herrn Luther um eine persönliche Unterredung, in der ich ihm über die mich sehr beunruhigenden Dinge im Zusammenhang mit der Behandlung der Juden in Deutschland und die Reaktionen in den USA, von denen ich gehört und gelesen hatte, berichten wollte. Vermutlich wußte der Botschafter dies alles viel besser als ich, aber ich hoffte in meinem Optimismus, wenigstens etwas zur Mäßigung in der Behandlung Andersdenkender beitragen zu können. Ich wurde vom Botschafter zunächst sehr zurückhaltend empfangen. Er nahm meine Hinweise zwar interessiert auf, versuchte aber, das Vorgehen gegen die Juden als zum Teil von ihnen selbst verschuldet zu erklären. Schließlich lud er mich zu einem Glase Wein ein, und wir schieden in einigermaßen persönlicher Harmonie. Ich glaube kaum, daß mein Besuch irgendeinen Erfolg hatte, aber ich fühlte mich doch etwas erleichtert, meine Meinung gesagt zu haben.

Meine Vorträge in Ithaka gingen programmäßig vonstatten. Eine große Hilfe hatte ich in dem im Baker Laboratory arbeitenden Dr. Cleveland Abbé, der mir bei meinen Übersetzungen half und dafür sorgte, daß ich während meiner freien Tage zu weiteren Vorträgen eingeladen wurde. Die meisten wurden recht gut bezahlt, und so konnte ich noch während meines Aufenthaltes in den USA mehr als zweitausend Dollar nach Deutschland schicken. Es war damals streng verboten, Devisen auf ausländischen Banken anzulegen.

Ich begann mich auch wieder mit dem Rubidium zu beschäftigen, das mich schon 20 Jahre zuvor interessiert hatte. Ich erfuhr von dem Vorkommen eines geologisch alten Glimmers in der Provinz Manitoba in Kanada, in dem einige Prozent Rubidium nachgewiesen worden waren. Man konnte sich ausrechnen, daß bei der von mir früher bestimmten Halbwertszeit des Rubidiums ein Teil dieses Elementes in wägbare Mengen von Strontium umgewandelt sein mußte. Da ich mir noch in Ithaka ein paar Kilogramm dieses Glimmers verschaffen konnte, war es mir möglich, mit einigen Mitarbeitern wägbare Mengen von Strontium mit dem Atomgewicht 87 abzuscheiden.

Der Beginn der Sommerferien in Ithaka bedeutete gleichzeitig das Ende meiner Tätigkeit am Baker Laboratory. Der stets hilfsbereite Dr. Abbé arbeitete für mich noch einen Plan zu einer großen Fahrt in den Westen der Vereinigten Staaten aus, aber es kam anders. Gerade zu Beginn dieser Fahrt erreichten mich alarmierende Nachrichten aus

Berlin, vor allem über Schwierigkeiten in dem Haberschen Kaiser-Wilhelm-Institut für Physikalische Chemie. Die leitenden Herren des Instituts hatten ihre Stellung verloren oder waren in Gefahr, sie zu verlieren, und es wurde mir nahegelegt, nach Deutschland zurückzukehren, um als ein von den Hitlergesetzen »Nichtbetroffener« dort zu versuchen, so gut als möglich zu helfen. Ich brach also meine Reise ab und fuhr nach Berlin zurück.

Dort erfuhr ich, was seit der Machtergreifung alles geschehen war. Der Leiter des Instituts für Physikalische Chemie, Geheimrat Haber, war zwar nicht gedrängt worden, von seinem Posten zurückzutreten, mußte aber mit ansehen, wie die »nichtarischen« Angestellten ihrer Posten enthoben wurden. Er schrieb deshalb an den Minister Rust einen Brief, in dem auch er seine Stellung aufkündigte. Ich wurde nun vom Präsidenten der Kaiser-Wilhelm-Gesellschaft, Geheimrat Planck, und von Haber gebeten, neben meiner Stellung am Institut für Chemie provisorisch die Leitung des Instituts für Physikalische Chemie zu übernehmen. Ich kam dieser Bitte nach, aber schon nach wenigen Tagen wurde mir mitgeteilt, es sei ein neuer Leiter für das Institut ernannt worden. Es war Professor Jander, ein aktives Mitglied der NSDAP. Ich hatte es abgelehnt, in die Partei einzutreten.

In den ersten Wochen versuchte ich noch, etwas gegen die neuen Gesetze zu unternehmen. Ich ging zu Planck und schlug ihm vor, eine möglichst große Zahl anerkannter deutscher, nichtbetroffener Professoren zusammenzubringen, die einen gemeinsamen Protest gegen die Entlassung jüdischer oder partiell nichtarischer Kollegen verfassen und an den Kultusminister Rust oder sonstige offizielle Stellen schicken sollten. Ich hatte auch schon einige Freunde und Kollegen für eine derartige Aktion gefunden, aber Geheimrat Planck antwortete mir: »Wenn heute 30 Professoren aufstehen und sich gegen das Vorgehen der Regierung einsetzen, dann kommen morgen 150 Personen, die sich mit Hitler solidarisch erklären, weil sie die Stellen haben wollen.« Planck selbst war sehr unglücklich, sah aber keine Hilfsmöglichkeiten.

Habers Brief an den Minister, in dem er seinen Rücktritt aussprach, war würdig und wies darauf hin, daß er, Haber, sich immer als guter Deutscher gefühlt und – obgleich jüdisch – bemüht habe, als solcher für sein Land zu wirken. Das sei ihm nun nicht mehr möglich, und er müsse sein Vaterland verlassen. Haber nahm eine Einladung nach England an, weil er wohl auch hoffte, vom Ausland aus, besondere Härten, unter denen seine Mitarbeiter zu leiden hatten, mildern zu können. Fritz Haber starb, innerlich gebrochen, auf einer Erholungsreise in die Schweiz im Januar 1934.

Ein Jahr nach dem Ableben Habers fand auf Vorschlag unseres Präsidenten Max Planck eine Gedächtnisfeier für den großen Toten statt, die wir trotz Verbots des Ministeriums und der Parteistellen durchgeführt haben. Im vollbesetzten Harnack-Haus hielten Geheimrat Planck und ein früherer Oberst, Dr. Koeth, kurze Ansprachen. Anschließend sprach ich über meine Erinnerungen an Haber als Kollege aus dem Nachbarinstitut und las dann die Gedächtnisrede von Karl Friedrich Bonhoeffer, Leipzig, über das wissenschaftliche Werk Habers vor; Bonhoeffer selbst durfte als Angestellter der Universität nicht sprechen. Dieser offen zur Schau getragene Widerstand gegen das Regime war Anfang 1935 noch möglich.

Die Institute der Kaiser-Wilhelm-Gesellschaft hatten noch etwas mehr Freiheit als die Universitäten, aber ich empfand es doch gelegentlich als schmerzlich, daß das von mir geleitete Kaiser-Wilhelm-Institut für Chemie, obgleich es das älteste war, bei offiziellen Gelegenheiten in den Hintergrund gedrängt wurde. Wir waren bekannt dafür, daß wir den offiziellen Kurs nur widerstrebend mitmachten, obwohl es in unserem Institut keine personellen Veränderungen gegeben hatte. Unsere Verwaltungschefs – erst Generaldirektor Dr. Glum, später Dr. Telschow – hielten sich uns gegenüber sehr zurück, trotzdem wurden wir zum Beispiel bei einigen Hauptversammlungen recht vernachlässigt.

Im Dritten Reich wurde einmal eine antisemitische Wanderausstellung veranstaltet, die den Titel »Der ewige Jude« führte und die, unter anderem, mit einer Liste entlassener jüdischer Professoren aufwartete, in der auch mein Name stand. Als man dies in unserer Generalverwaltung zu deren Entsetzen erfuhr, fragten mich die Herren ganz bestürzt, ob ich denn Nichtarier sei. Die Erklärung war einfach: Ich hatte 1933 meine Dozentur an der Berliner Universität aufgegeben, um nicht zu den vielen offiziellen Parteiveranstaltungen gehen zu müssen. Dies war für mich völlig gefahrlos, denn ich konnte als Mitglied der Preußischen Akademie nach wie vor Vorlesungen halten, wo ich wollte. Ich hatte übrigens von meiner Einstufung als »ewiger Jude« vorher schon gewußt, aber nichts dagegen unternommen.

Auch während dieser aufregenden Zeiten gingen die Arbeiten in unserem Institut ungestört weiter. Wir hatten weiterhin Gelegenheit, Auslandsreisen zu unternehmen: So fand im September 1934 in der Sowjetunion ein großer internationaler Mendelejew-Kongreß statt, der in Moskau begann und in Leningrad endete. Neben anderen deutschen Kollegen waren Lise Meitner und ich eingeladen. Ich hielt einen zusammenfassenden Vortrag über unsere radiochemischen Arbeiten, für die sich besonders der Direktor des Radium-Instituts, Professor Chlopin, interessierte. Wir kamen uns auch menschlich näher.

Für uns »westliche Kapitalisten« war das, was wir in Rußland damals sahen, recht lehrreich. Allgemein herrschte noch große Knappheit an allen Dingen des täglichen Lebens; aber aus den Gesprächen konnte man doch entnehmen, daß sich das Land im Aufbau befand. Die übertriebene antireligiöse Propaganda in den Kirchen befremdete uns sehr; statt Heiligenbilder sah man verächtlichmachende, teils obszöne Darstellungen gegen die Geistlichkeit.

Einen tiefen Eindruck machte der Rote Platz mit dem Kreml, von dessen Kirchenanlagen außen und im Innern nichts zerstört war. Als größtes Staatsheiligtum präsentierte sich das aus den Quadern aller Provinzen der Sowjetunion zusammengesetzte Lenin-Mausoleum. Ein ununterbrochener Strom von Besuchern schritt die Stufen zu dem Sarkophag Lenins hinab und zog schweigend an dem einbalsamierten, in seiner Uniform hergerichteten Leichnam vorbei. Alle paar Meter stand ein Rotarmist, der dafür sorgte, daß der Besucherstrom in Bewegung blieb.

Auf unserer Fahrt von Moskau nach Leningrad bekam Lise Meitner einen großen Schreck. Wir hatten Schlafwagenplätze zur Verfügung gestellt bekommen, aber als Lise Meitner sich ins Bett legen wollte, wurde ihr mitgeteilt, daß ein Japaner das zweite Bett habe. Es gelang uns aber schließlich, ihr diese Versuchung zu ersparen.

Nach der Rückkehr aus der Sowjetunion erwarteten uns im Institut neue Aufgaben, denn inzwischen hatte der Italiener Enrico Fermi die Bedeutung der neuentdeckten Neutronen bei der Auslösung von Kernreaktionen erkannt und fast das ganze Periodische System in seine Untersuchungen einbezogen. Ich erinnere mich, daß nach diesen Fermischen Arbeiten unser Mitarbeiter und Assistent von Lise Meitner, Max Delbrück, sein Erstaunen darüber ausdrückte, daß wir »nach diesen aufregenden Mitteilungen aus Italien noch ruhig schlafen konnten«, ohne die Versuche wiederholt zu haben.

Ich weiß nicht, ob diese Delbrücksche Bemerkung allein genügt hätte, alle unsere im Gange befindlichen Arbeiten liegenzulassen. Auf den Einwand meines früheren Mitarbeiters Aristide von Grosse, der damals schon in den USA weilte, daß einer oder beide der von Fermi für Transurane erklärten sogenannten 30- und 90-Minuten-Körper gar keine Transurane, sondern Vertreter des Protactiniums, also des Elements 91, seien, fühlten wir uns nun verpflichtet zu entscheiden, wer von beiden, Fermi oder von Grosse, recht hatte.

Mit diesem Entschluß begannen die über vier Jahre dauernden Arbeiten von Lise Meitner und mir, in die sich auch bald Fritz Straßmann, der seit 1929 an meinem Institut war, einschaltete. Dank des von mir entdeckten Protactiniumisotops Uran Z konnten wir schnell feststellen, daß Fermi recht hatte, daß aber die Vorgänge bei der Bestrahlung des Urans mit Neutronen sehr verwickelt waren. Einige Titel meiner Vorträge und Publikationen über diese Zeit lassen das fast tragische Ergebnis unserer fleißigen Arbeit erkennen: »Die ›falschen‹ Trans-Urane; zur Geschichte eines wissenschaftlichen Irrtums« (Lindau 1961), »Erinnerungen an einige Arbeiten – anders geplant als verlaufen« (Lindau 1964). In der letzten Mitteilung wird allerdings nicht nur über unsere Uran-Neutronen-Arbeiten berichtet, sondern auch über andere, die unter nicht ganz einwandfreien Voraussetzungen zu interessanten Ergebnissen geführt hatten.

Abb. 1 Die Mutter, Charlotte Hahn,
geborene Giese (1845–1905).

Abb. 2 Der Vater, Heinrich Hahn
(1845–1922).

Abb. 3 Die vier Brüder Hahn, 1882. Von links: Heinrich, genannt Heiner, geb. 1876;
Julius, geb. 1877; Otto, geb. 1879, und der Stiefbruder Karl, geb. 1870.

Abb. 4   Otto Hahn als junger Dr. phil., Marburg 1901.

Abb. 5   Sir William Ramsay im Chemischen Institut des University College,
London 1904.

Abb. 6   Ernest Rutherford mit seiner Alpha-Strahlenapparatur im McDonalds
Physics Building der McGill-University mit den »Röllchen« von Otto Hahn, Montreal 1906.

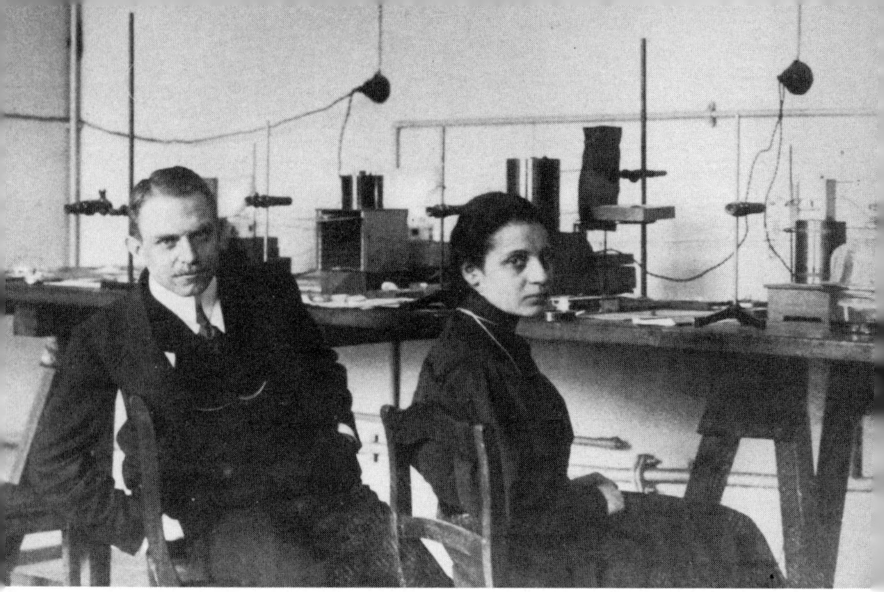

Abb. 7   Otto Hahn und Lise Meitner in der ›Holzwerkstatt‹ des Chemischen
Instituts der Friedrich-Wilhelms-Universität, Berlin 1909.

Abb. 8   Das Kaiser-Wilhelm-Institut für Chemie in Berlin-Dahlem, Hahns
Arbeitsstätte von 1913 bis 1944 (Fotografie von 1913).

Abb. 9   Edith Junghans, geb. 1887, Tochter des Justizrats Paul Ferdinand Junghans (1859–1915). Selbstporträt 1909.

Abb. 10   San Vigilio am Gardasee, wo Hahn und seine junge Frau im März
und April 1913 ihren Hochzeitsurlaub verbrachten.

Abb. 11   Gedenktafel von Prof. Massimo Ragnolini, Garda; gestaltet
von Andrea Bongiorno, Rom (enthüllt 1983).

A. D. MCMXIII M. MARTIO ET APRILI
VIR ERVDITISSIMVS GERMANVS NATIONE
OTTO HAHN
QVI PRIMVS ATOMORVM VIM INVENIT CVM
EDITH JVNGHANS
VXORE PINGENDI ARTIS PERITISSIMA
IN HOC HOSPITIO APVD BENACI ORAS
BEATISSIMOS DIES NVPTIALES EGIT

Abb. 12 Otto Hahn als kaiserlicher Leutnant und Mitglied des Großen Hauptquartiers. Zeichnung von Herbert Boden-Heim, 1917.

Abb. 13 Berlin 1920. Von links: Hertha Sponer, Albert Einstein, Hugo Grotrian, Ingrid Franck, Wilhelm Westphal, James Franck, Otto von Baeyer, Lise Meitner, Peter Pringsheim, Fritz Haber, Gustav Hertz, Otto Hahn.

Abb. 14 Münster 1932. Von links: James Chadwick, Georg von Hevesy, Lili Geiger, Hans Geiger, Lise Meitner, Ernest Rutherford, Otto Hahn, Stefan Meyer, Karl Przibram.

Abb. 15   Von links: Otto Hahn, der Bruder Heiner Hahn und ein Bergkamerad auf dem Gipfel des Mönchs (4105 m) im Berner Oberland, Juli 1930.

Abb. 16
Hahn im
Labor,
Berlin
1938.

Abb. 17 Labortisch mit der Versuchsanordnung, die zur Entdeckung der
Kernspaltung führte (seit 1953 im Deutschen Museum in München).

THE NEW YORK TIMES,

Atom Explosion Frees 200,000,000 Volts; New Physics Phenomenon Credited to Hahn

By The Associated Press.

WASHINGTON, Jan. 28.—American scientists heard today of a new phenomenon in physics—explosion of atoms with a discharge of 200,000,000 volts of energy.

Theoretical physicists attending a meeting sponsored by the Carnegie Institution of Washington and George Washington University said that Dr. Enrico Fermi of the University of Rome told yesterday that this had been accomplished by Dr. O. Hahn of Berlin.

The report so stirred the limited circle of scientists with facilities to carry on such experiments that work on attempts to duplicate Dr. Hahn accomplishment has begun at the Carnegie institution's terrestrial magnetism laboratory and at Columbia University.

Scientists at the meeting said the discovery was comparable in significance to the original discovery of radioactivity thirty years ago.

They said that it was too soon to discuss possible applications of the new 200,000,000-volt force, which is thirty times more powerful than radium, but pointed to the fact that radium is now the most efficient weapon used for the treatment of cancer. Like radium, it may be twenty or twenty-five years before the phenomenon could be put to practical use and it might not be practical at all, they said.

Dr. Fermi related that Dr. Hahn bombarded a synthetic element known as "ekauranium" with neutrons, the slow-moving particles of the atom, and produced barium, the substance used in making X-ray pictures of the stomach and intestines.

The only way that this could occur, according to physicists, would be for the ekauranium atom to split apart to form barium and the rare element masyrium.

In causing such a split a force of 200,000,000 volts would be generated since atoms are held together by electrical forces many hundred times more powerful than the force of gravity which holds the stars, planets, sun, earth and moon in their orbits.

Abb. 18 Die ›New York Times‹ vom 28. Januar 1939. Hahn hielt die 200 Millionen Volt zunächst für eine »echt amerikanische Übertreibung!«.

Abb. 19 Hahn wird von dem westalliierten Kommando ›Alsos‹ verhaftet; Tailfingen, 25. April 1945. Links: Hans Götte und Edith Hahn.

Abb. 20 Das Landhaus ›Farmhall‹ in Godmanchester bei Cambridge, in dem Hahn mit neun führenden deutschen Physiker vom 3. Juli 1945 bis 3. Januar 1946 interniert war.

Abb. 21   Nobelpreis-Verleihung an Hahn. Stockholm, 10. Dezember 1946.

Abb. 22   Urlaub in Garmisch-Partenkirchen, 1950.

M a i n a u e r   K u n d g e b u n g

Wir, die Unterzeichneten, sind Naturforscher aus verschiedenen
Ländern, verschiedener Rasse, verschiedenen Glaubens, verschiedener politischer Überzeugung. Äusserlich verbindet uns nur
der Nobelpreis, den wir haben entgegennehmen dürfen.

Mit Freuden haben wir unser Leben in den Dienst der Wissenschaft gestellt. Sie ist, so glauben wir, ein Weg zu einem
glücklicheren Leben der Menschen. Wir sehen mit Entsetzen,
dass eben diese Wissenschaft der Menschheit Mittel in die
Hand gibt, sich selbst zu zerstören.

Voller kriegerischer Einsatz der heute möglichen Waffen kann
die Erde so sehr radioaktiv verseuchen, dass ganze Völker
vernichtet würden. Dieser Tod kann die Neutralen ebenso
treffen wie die Kriegführenden.

Wenn ein Krieg zwischen den Grossmächten entstünde, wer
könnte garantieren, dass er sich nicht zu einem solchen
tödlichen Kampf entwickelte? So ruft eine Nation, die sich
auf einen totalen Krieg einlässt, ihren eigenen Untergang
herbei und gefährdet die ganze Welt.

Wir leugnen nicht, dass vielleicht heute der Friede gerade
durch die Furcht vor diesen tödlichen Waffen aufrechterhalten
wird. Trotzdem halten wir es für eine Selbsttäuschung, wenn
Regierungen glauben sollten, sie könnten auf lange Zeit gerade durch die Angst vor diesen Waffen den Krieg vermeiden.
Angst und Spannung haben so oft Krieg erzeugt. Ebenso scheint
es uns eine Selbsttäuschung, zu glauben, kleinere Konflikte
könnten weiterhin stets durch die traditionellen Waffen entschieden werden. In äusserster Gefahr wird keine Nation sich
den Gebrauch irgendeiner Waffe versagen, die die wissenschaft-

liche Technik erzeugen kann.

Alle Nationen müssen zu der Entscheidung kommen, freiwillig auf die Gewalt als letztes Mittel der Politik zu verzichten. Sind sie dazu nicht bereit, so werden sie aufhören, zu existieren.

Mainau/Bodensee, 15. Juli 1955

Kurt ALDER, Köln

Richard KUHN, Heidelberg

Max BORN, Bad Pyrmont

Fritz LIPMANN, Boston

Adolf BUTENANDT, Tübingen

H. J. MULLER, Bloomington

gez. Arthur H. COMPTON
Arthur H. COMPTON, Saint Louis

Paul Hermann MÜLLER, Basel

Gerhard DOMAGK, Wuppertal

Leopold RUZICKA, Zürich

H.K. von EULER-CHELPIN, Stockholm

Frederick SODDY, Brighton

Otto HAHN, Göttingen

W. M. STANLEY, Berkeley

Werner HEISENBERG, Göttingen

Hermann STAUDINGER, Freiburg

Georg v. HEVESY, Stockholm

gez. Hideki YUKAWA
Hideki YUKAWA, Kyoto

Abb. 23 Das von Hahn vorbereitete Mainauer Manifest vom 15. Juli 1955.

Abb. 24 Mit Bundespräsident Theodor Heuss und Bundeskanzler Konrad Adenauer, Wiesbaden 1954.

Abb. 25 Bei Papst Pius XII. in Rom, 20. Mai 1957 (in der Mitte Hahns Schwiegertochter Ilse).

Atomwaffenverbot fördert Entspannung
Prof. Hahn drückt Hoffnung der Völker aus / 12 000 neue Unterschriften in Hessen

Ernste Warnung an die Welt
Nobelpreisträger Prof. Hahn appelliert an die Großmächte?

Atombombenversuche lassen sich nicht verantworten
Eine Pressekonferenz mit Nobelpreisträger Professor Hahn

Professor Dr. Hahn gegen kriegerische Verwendung radioaktiver Stoffe

Prof. Dr. Otto Hahn: Niemals Atomwaffen für Westdeutschland

Atomforscher stehen zu ihrem Protest
Hahn und Heisenberg: Was gesagt werden mußte, ist gesagt worden

Bonn giert nach Raketen
Nobelpreisträger Prof. Hahn bekräftigt Göttinger Appell

Neue Initiative der Göttinger 18
Prof. Hahn für Weltbewegung der Wissenschaftler gegen Atomkriegsgefahr

Prof. Hahn alarmierte Öffentlichkeit

Prof. Hahn: An die richtige Adresse gewandt

Westdeutsche Atomforscher erhärten Mahnung
Prof. Hahn: Forderung aus der Kenntnis des Schreckens

Prof. Hahn unterstreicht Schweitzers Warnung
Verantwortliche müssen über Einstellung der Kernwaffenversuche verhandeln

Prof. Hahn ächtet den Atomkrieg

Presseverschwörung gegen Prof. Otto Hahn
DPA veröffentlichte nur Foto / Atompolitikern Dorn im Auge

Unsere Republik ehrt Prof. Otto Hahn
Dem Forscher und verantwortungsbewußten Vorkämpfer gegen die verderbenbringende Verwendung der Atomspaltung

Abb. 26 Auswahl von Hahn-Schlagzeilen, vorwiegend der Presse der Deutschen Demokratischen Republik von 1955 bis 1959.

Abb. 27 Mit dem langjährigen Assistenten Fritz Straßmann, Göttingen 1959.

Abb. 28 Der Sohn Dr. Hanno Hahn, Kunsthistoriker in Rom, Schwiegertochter Ilse Hahn (beide verunglückten 1960 tödlich) und der Enkel Dietrich, Viterbo 1958.

Abb. 29 Der 80. Geburtstag in Göttingen, 8. März 1959. Zweite Reihe, von links: Hanno Hahn, Dietrich Hahn, Ilse Hahn, Lise Meitner; erste Reihe, von links: Frau Schröder, Bundesinnenminister Schröder, Edith Hahn, Bundespräsident Theodor Heuss, Otto Hahn.

Abb. 30   Otto Hahn im Alter von 85 Jahren, Göttingen 1964.

Mit all den durch das Regime bedingten, mehr oder weniger geringfügigen Störungen waren die Arbeiten in unserem Institut bis zu diesem Zeitpunkt gut verlaufen. Professor Lise Meitner waren während der ersten Jahre keinerlei Schwierigkeiten gemacht worden, denn sie war Österreicherin und als solche geschützt. Auch Professor Thiessen, der Direktor des sich inzwischen zu einem »nationalsozialistischen Musterinstitut« gewandelten Kaiser-Wilhelm-Instituts für Physikalische Chemie, hat sich Lise Meitner gegenüber, solange sie in Berlin weilte, in jeder Beziehung korrekt und höflich verhalten. Nun aber war das Jahr 1938 gekommen, Hitler war in Wien einmarschiert, Österreich war Deutschland einverleibt worden. Jetzt wurde auch Lise Meitners Lage kritisch.

Unser Präsident Bosch, der Nachfolger Plancks, war Lise Meitner in Freundschaft zugetan, und nach einer längeren Aussprache mit ihr schrieb er an den Kultusminister einen Brief mit der Bitte, »der bekannten Wissenschaftlerin Professor Lise Meitner die Ausreise in das neutrale Ausland, nach Schweden, Dänemark oder in die Schweiz, zu ermöglichen«. In allen diesen Ländern hatte sie Freunde, die bereit waren, sie aufzunehmen. Der Minister antwortete höflich, aber ablehnend. Wenn Lise Meitner ins Ausland ginge, dann würde sie als bekannte Wissenschaftlerin Propaganda gegen Deutschland machen. Sie könne ja, auch ohne eine offizielle Stellung, ungehindert in Deutschland bleiben.

Bosch konnte also nicht helfen, und wir beschlossen, unsere Kollegin so schnell wie möglich illegal über die Grenze zu bringen. Am Abend des 12. Juli traf Professor Coster aus Holland in meinem Institut ein und brachte die Zusicherung, daß die Holländer Lise Meitner ohne Visum über die Grenze lassen würden. Mit Hilfe unseres langjährigen Freundes Paul Rosbaud wurden in der Nacht die notwendigsten Kleider und Wertgegenstände Lise Meitners gepackt. Für dringende Notfälle übergab ich ihr einen schönen Brillantring, den ich als Erbstück meiner verstorbenen Mutter zwar nie getragen, aber immer gut aufgehoben hatte. Am Morgen des 13. Juli fuhr Lise Meitner in aller Heimlichkeit mit Professor Coster dem sehr unsicheren Tag entgegen. Wir hatten ein Schlüsselwort verabredet, mit dem uns das Gelingen oder Mißlingen der Fahrt telegraphisch mitgeteilt werden sollte. Die Gefahr für Lise Meitner bestand in den mehrfachen Kontrollen in den nach dem Ausland fahrenden Eisenbahnzügen durch die SS. Immer wieder wurden Menschen, die ins Ausland zu gelangen versuchten, in der Bahn festgenommen und zurückgeholt. Aber Lise Meitner hatte Glück; sie kam über die Grenze und war gerettet. Ich werde den 13. Juli 1938 nie vergessen.

Von Holland aus fuhr Lise Meitner wenige Tage später nach Schweden. Manne Siegbahn gab ihr einen Arbeitsplatz in seinem Institut in Stockholm, und dort blieb sie eine ganze Reihe von Jahren, bis sie schließlich zu ihrem Neffen Otto Robert Frisch, Professor für Physik, nach Cambridge übersiedelte, wo sie bis auf den heutigen Tag in Ruhe und Frieden lebt.

Im Herbst 1938 waren wir von den Transuranen über die künstlich aktiven Radiumisotope auf Vorgänge gestoßen, die im Dezember die Aufklärung der Neutronenversuche brachten. Straßmann und ich berichteten über die drei künstlich aktiven Radiumisotope bei der Bestrahlung des Urans, die sich – wie die Transurane – verstärkt zeigten, wenn wir langsame Neutronen verwendeten.

Ich wurde damals von Niels Bohr zu einem Vortrag nach Kopenhagen eingeladen und sprach über frühere Ergebnisse und neueste Untersuchungen an den künstlichen Radiumisotopen. Bohr war skeptisch und fragte mich, ob es nicht sehr unwahrscheinlich sei, daß aus dem Uran mit der Ladung 92 durch langsame Neutronen zwei Alphateilchen herausgelöst würden, also Radium 88 mit vier positiven Ladungen weniger entsteht. Ich mußte ihm antworten, es gäbe keine andere Erklärung, denn unser künstliches Radium sei ja nur mit wägbaren Mengen von Barium als Trägersubstanz abgeschieden. Außer dem Radium sei also nur das Barium vorhanden, und irgend etwas anderes als Radium käme nicht in Frage. Bohr meinte, daß sich unsere neuen Radiumisotope vielleicht doch noch als merkwürdige Transurane herausstellen könnten. Die erlösende Frage, ob nicht das Barium statt des Radiums als Versuchsergebnis anzunehmen sei, wurde nicht gestellt. Man sieht, hieraus, wie indiskutabel das Barium als Reaktionsprodukt war, und man sieht, wie vorsichtig Straßmann und ich waren, als wir das auch von uns zunächst so bezweifelte Ergebnis ansahen.

Als wir die Indikatorenversuche gemacht hatten, die uns die Entstehung von Barium bewiesen, schrieb ich an Lise Meitner einige persönliche Briefe, um ihr unsere Ergebnisse mitzuteilen. Im Brief vom 19. Dezember hieß es:

»...Zwischendurch arbeite ich, soweit ich dazu komme, und arbeitet Straßmann unermüdlich an den Urankörpern, unterstützt von Lieber und Bohne. Es ist jetzt gleich 11 Uhr abends; um $^1/_4$12 will Straßmann wiederkommen, so daß ich nach Hause kann allmählich. Es ist nämlich etwas bei den ›Radiumisotopen‹, was so merkwürdig ist, daß wir es vorerst nur Dir sagen. Die Halbwertszeiten der drei Isotope sind recht genau sichergestellt; sie lassen sich von allen Elementen außer Barium trennen; alle Reaktionen stimmen. Nur eine nicht – wenn nicht höchst seltsame Zufälle vorliegen: Die Fraktionierung funktioniert nicht. Unsere Ra-Isotope verhalten sich wie Ba. Wir kriegen keine eindeutige Anreicherung mit $BaBr_2$ oder Chromat etc. Nun habe ich vorige Woche im 1. Stock ThX fraktioniert; das ging genau wie es sollte. Dann haben Straßmann und ich am Samstag eines unserer Ra-Isotope mit MsTh 1 als Indikator fraktioniert. Das Mesothor wurde programmäßig angereichert, unser Ra nicht. Es könnte noch ein höchst merkwürdiger Zufall vorliegen. Aber immer mehr kommen wir zu dem schrecklichen Schluß: Unsere Ra-Isotope verhalten sich nicht wie Ra, sondern wie Ba. Wie gesagt, andere Elemente, Transurane, U, Th, Ac, Pa, Pb, Bi, Po, kommen nicht in Frage. Ich habe mit Straßmann verabredet, daß wir vorerst nur Dir dies sagen wollen. Vielleicht kannst Du irgendeine phantastische Erklärung vorschlagen. Wir wissen dabei selbst, daß es eigentlich nicht in Ba zerplatzen kann. Nun wollen wir noch prüfen, ob sich die aus dem ›Ra‹ entstehenden Ac-Isotope nicht wie Ac, sondern wie La verhalten. Alles recht heikle Versuche! Aber wir müssen doch klarwerden...«

Als Antwort bekam ich einen am 21. Dezember 1938 geschriebenen Brief, in dem Lise Meitner neben Grüßen für das Weihnachtsfest folgendes schreibt:

»...Euere Radiumresultate sind sehr verblüffend. Ein Prozeß, der mit langsamen Neutronen geht und zum Barium führen soll! Seid Ihr übrigens ganz sicher, daß die Radiumisotope vor den Actiniumisotopen stehen? Ich glaube mich ja zu erinnern, daß Du einmal geschrieben hast, Ihr hättet die Zunahme des Actiniums aus dem Ra beobachtet, ist es so? Und wie ist es mit den daraus entstehenden Thorisotopen? Aus Lanthan müßte ja Cer entstehen. Mir scheint vorläufig die Annahme eines so weitgehenden Zerplatzens sehr schwierig, aber wir haben in der Kernphysik so viele Überraschungen erlebt, daß man auf nichts ohne weiteres sagen kann: Es ist unmöglich. Sind übrigens höhere Transurane, etwa Eka Au oder noch höhere, unbedingt ausgeschlossen? Pa verhält sich doch weitgehend ähnlich wie Zr, warum soll sich nicht ein Eka Au oder ein Eka Hg ähnlich wie Ba verhalten, oder ist das unmöglich?...«

In Fortsetzung der Versuche von Straßmann und mir schrieb ich Lise Meitner am 21. Dezember über den Abschluß unserer Arbeiten (dieser Brief hat sich mit dem vorgenannten gekreuzt):

»...Wie schön und aufregend wäre es jetzt gewesen, wenn wir unsere Arbeiten wie früher gemeinsam hätten machen können. Du wärst vielleicht über die Unmenge von Versuchen ein bißchen entsetzt gewesen, weil wir uns nie die Zeit lassen konnten oder nehmen zu können glaubten, alles sicher bis zum Ende zu messen. Die Zahl der Versuche war jetzt in letzter Zeit immer nur durch die Anzahl der Bleischiffchen und die nur drei Zähler limitiert. Nun schreiben wir seit gestern unsere Ba-Ra-Beweise zusammen, heute wurde das Institut geschlossen, und heute um 8 Uhr stellten wir die Zähler ab. Morgen muß auch Frl. Bohne noch kommen, um den von Frl. Müller nicht mehr zu tippenden Teil der Arbeit, die wir morgen früh noch fertig schreiben wollen, zu tippen. Am Freitag soll die Arbeit zu den ›Naturwissenschaften‹ gebracht werden.

Nach unseren Ra-Beweisen schließen wir, daß wir als ›Chemiker‹ den Schluß ziehen müssen, daß die drei genau studierten Isotope gar kein Ra sind, sondern vom Standpunkt des Chemikers aus Ba. Auch das aus den Isotopen entstehende Ac ist kein Ac, sondern offensichtlich La!

Das Ba selbst, das wir natürlich geprüft haben, wird auch aktiv. Aber viel weniger als unsere Sachen. Außerdem wandelt sich das aktivierte Ba nicht in strahlendes La um...«

Wir schickten unsere Arbeit – wie geplant – an die »Naturwissenschaften«, die den 22. Dezember als Eingangstermin bestätigte. Unsere Arbeit erschien am 6. Januar 1939.

Ich sandte einen Durchschlag davon an Lise Meitner, die das Weihnachtsfest gemeinsam mit ihrem Neffen Otto Robert Frisch in Schweden zubrachte. Als er die Nachricht von der Entstehung von Barium bei der Bestrahlung des Urans mit Neutronen erfuhr, wollte er unser Ergebnis nicht glauben. Aber Lise Meitner hatte sich schon halb damit abgefunden und sagte ihrem Neffen: »Wenn Hahn so etwas behauptet, dann muß bei seinen langen Erfahrungen als Radiochemiker etwas daran sein.« Beide kamen schließlich nach langer Diskussion auf die richtige Erklärung des Vorgangs: die Zerspaltung des Urans unter Energieabgabe in zwei Bruchstücke, wobei also neben dem Barium (Kernladung 56) das Krypton (Kernladung 36) aus dem Uran (Kernladung $92 = 56 + 36$) entstehen müsse. Ich selbst hatte seinerzeit irrtümlicherweise statt der Kernladung das Atomgewicht des Bariums vom Atomgewicht des Urans abgezogen und kam dadurch auf andere Spaltprodukte neben dem sicher nachgewiesenen Barium.

Meitner und Frisch erklärten den Vorgang nach einem von Niels Bohr aufgestellten sogenannten Tröpfchenmodell des Atomkerns. Sie nannten den von mir als Zerplatzen bezeichneten Vorgang »Spaltung« (englisch: »fission«), ein Ausdruck, der allgemein anerkannt wurde, und teilten unser Ergebnis auch gleich Niels Bohr mit, der gerade nach Amerika zu einem Kernphysikerkongreß fuhr und diese Nachricht dorthin brachte.

In einem sehr interessanten Brief aus den USA schilderte mir Professor

Rudolf Ladenburg, der an dem Kongreß teilnahm, den Eindruck, den die Nachricht von der Uranspaltung auf die Kongreßteilnehmer machte. Eine ganze Anzahl von ihnen verließ die Sitzungen und eilte in ihre Institute, um an ihren Hochspannungsanlagen oder anderen Neutronenquellen die Versuche nachzumachen. Nach wenigen Tagen war nachgewiesen, daß wir recht hatten. Noch von der Tagung in Amerika bekam ich ein langes Telegramm von Niels Bohr und einer Anzahl von Physikern, in dem sie mir zu der »wunderbaren Arbeit« ihre Glückwünsche aussprachen.

In einer zweiten Arbeit publizierten Straßmann und ich ausführlich unsere beweisenden Indikatorversuche und zeigten, daß auch das Thorium durch Neutronen zerspalten wird, allerdings nur durch schnelle.

Laura Fermi, die Frau Enrico Fermis, schrieb in ihrem Buch »The Story of Atomic Energy« über den ersten Eindruck, den meine Briefe an Lise Meitner vom 19. und 21. Dezember 1938 auf Otto Robert Frisch und seine Tante gemacht hatten:

> »Hahn wrote to Lise Meitner, informing her of the discovery of Barium in the products of uranium bombardment. His letter reached her before the scientific paper was published, and thus Lise Meitner became the first scientist outside Germany to learn of Hahn's and Strassmann's discovery. She realized what had happened, – some uranium atoms had split into two almost equal parts...
>
> It was during the Christmas vacation when Hahn's letter reached her, and Lise happened to be visiting with friends in a small Swedish village. In the group there was another physicist, her young nephew Otto Robert Frisch, who had also escaped from Germany because of Hitler's persecution. Lise talked to him about Hahn's letter, but (at first) Frisch would not believe that uranium atoms could split into two almost equal chunks. He thought that Hahn and Strassmann must have made a mistake. In order to talk the matter over at leisure, the aunt and nephew took a long walk in the snow. Physical exercise, they thought, might clear their minds.

Lise Meitner did most of the talking, urgently, convincingly. At last she persuaded Otto Robert Frisch that Hahn and Strassmann had made no mistake, that uranium atoms underwent fission, and that the energy released in the process was probably very great.

Once he became convinced, Otto Robert Frisch felt, like his aunt, that they should not keep the news of fission to themselves. They decided to inform Niels Bohr at once…

Bohr lived in Copenhagen, Denmark, and so aunt and nephew hastened from Sweden to that city. They found Bohr on the point of leaving for a stay of several months in the United States…

Lise Meitner and Otto Robert Frisch arrived in Copenhagen just in time to talk briefly with Bohr. He listened eagerly, and discussed fission with them, and suggested an experiment by which they might measure the energy released when uranium atoms split. Bohr was so engrossed in this new, extraordinary phenomenon, fission, that he almost missed the train to his ship to New York.

Bohr had the reputation of being absent-minded, but under similar circumstances the least absentminded physicist might have missed a train. To a scientist, there is no greater pleasure than to learn of one of those rare discoveries that, like fission, are ›at variance with all previous experiences‹.«

(»Hahn schrieb an Lise Meitner und berichtete ihr über die Entdeckung von Barium bei den durch die Beschießung von Uran entstehenden Produkten. Sie erhielt seinen Brief vor der Veröffentlichung des wissenschaftlichen Berichtes, und auf diese Weise erfuhr Lise Meitner als erste Wissenschaftlerin außerhalb Deutschlands von Hahns und Straßmanns Entdeckung. Sie erkannte, was geschehen war: Einige Uranatome hatten sich in zwei fast gleichschwere Teile zerspalten…

Hahns Brief traf während der Weihnachtsferien ein, die Lise bei Freunden in einem kleinen schwedischen Dorf verbrachte. Unter ihnen befand sich noch ein anderer Physiker, ihr junger Neffe Otto Robert Frisch, der ebenfalls wegen Hitlers Verfolgungen aus Deutschland geflohen war. Lise besprach mit ihm Hahns Brief, aber Frisch wollte (zuerst) nicht glauben, daß Uranatome in zwei fast gleichschwere Bruchstücke zerspalten werden könnten. Er meinte, Hahn und Straßmann hätten einen Fehler gemacht. Um diese Sache in Ruhe diskutieren zu können, unternahmen Tante und Neffe einen langen Spaziergang im Schnee. Körperliche Bewegung, so meinten sie, würde dem Geist zur Klärung verhelfen. Meistens sprach Lise Meitner, eindringlich, überzeugend. Schließlich gelang es ihr, Otto Robert Frisch klar zu machen, daß Hahn und Straßmann keinen Fehler gemacht hätten, daß an Uranatomen eine Spaltung vorgenommen werden könnte und daß die bei diesem Prozeß frei gewordene Energiemenge wahrscheinlich sehr groß sei.

Nachdem Otto Robert Frisch nun ebenfalls überzeugt war, war er wie seine Tante der Ansicht, daß sie diese Nachrichten über die Spaltung nicht für sich behalten dürften. Sie entschlossen sich, Niels Bohr sofort zu informieren...

Bohr lebte in Kopenhagen (Dänemark), und so eilten Tante und Neffe von Schweden nach Kopenhagen, wo sie Bohr unmittelbar vor der Abreise zu einem mehrmonatigen Aufenthalt in die USA antrafen...

Lise Meitner und Otto Robert Frisch kamen gerade noch rechtzeitig in Kopenhagen an, um kurz mit Bohr zu sprechen. Er hörte interessiert zu, diskutierte mit ihnen über die Spaltung und schlug einen Versuch vor, bei dem sie vielleicht die Energie messen könnten, die bei der Spaltung der Uranatome frei würde. Bohr war bald so vertieft in dieses außerordentliche Phänomen – Spaltung –, daß er fast den Zug zum Schiff nach New York versäumte.

Bohr war für seine Geistesabwesenheit bekannt, aber unter ähnlichen Umständen hätte wohl auch ein weniger zerstreuter Physiker einen Zug versäumen können. Für einen Wissenschaftler gibt es keine größere Freude, als von solch seltenen Entdeckungen zu erfahren, die, wie jene Spaltung, ›allen vorhergegangenen Versuchen widersprechen‹.«)

Das wissenschaftliche Interesse an unserer Entdeckung war natürlich sehr groß. Zwischen Ende April und Anfang Mai 1939 wurde ich zu

Vorträgen nach Stockholm, Oslo, Göteborg und Kopenhagen, Ende Juni nach London und Cambridge eingeladen. In London hatte ich Gelegenheit, die Schwägerin von Lise Meitner und andere Emigranten zu treffen, ferner einen Freund von Winston Churchill, den späteren Lord Cherwell. Diese privaten Besuche mußte ich natürlich vor unliebsamen Beobachtern geheimhalten, denn der Verkehr mit Nichtariern war einem Deutschen verboten. Nach einem Vortrag im Jahre 1943 in der Schwedischen Akademie in Stockholm, deren Mitglied ich geworden war, wurde ich sogar von Freunden gewarnt, nicht allzu freimütig über meine ablehnende Haltung gegenüber dem NS-Regime zu sprechen. Es sei durchaus möglich, daß meine Unterhaltungen von Hitleranhängern weitergegeben und für mich gefährlich werden könnten.

Die Arbeiten gingen bis zum Kriegsausbruch schnell weiter; immer mehr Kollegen aus dem Ausland und auch aus Deutschland veröffentlichten ihre Forschungsergebnisse. Ende des Jahres 1939 erschien in den amerikanischen »Reviews of Modern Physics« eine Bibliographie von L. A. Thurner über die »Nuclear Fission« mit über 100 Artikeln.

Doch nun senkte sich ein dichter Vorhang über diejenigen wissenschaftlichen Arbeiten, die sich mit dem Uran befaßten. Wir selbst, Herr Straßmann und ich, unterstützt von unseren Mitarbeitern Dr. Götte, Dr. Seelmann-Eggebert, später noch Dr. Starke und Dr. Lindner, setzten unsere Experimente im Kaiser-Wilhelm-Institut ungehindert fort.

Reisen waren auch weiterhin interessante und zum Teil lehrreiche Abwechslungen. Im Jahre 1940 weilte ich auf Einladung des Rektors der Universität Bukarest, Professor Holubey, gemeinsam mit Professor Butenandt, Professor Rajewsky und Dr. Telschow in Rumänien. Wir besuchten dabei auch Hermannstadt, wo fast nur Deutsch gesprochen wurde. Im Frühjahr 1941 machte ich mit meinem Sohn Hanno, der gerade sein Abiturientenexamen bestanden hatte, eine schöne Reise nach Rom, hielt bei der »Bibliotheca Hertziana« der Kaiser-Wilhelm-Gesellschaft einen Vortrag und besuchte ein neues Institut für öffentliche Gesundheitspflege. Abstecher nach Neapel, zum Vesuv und nach Florenz schlossen sich an.

Im weiteren Verlauf des Krieges wurde die Lage in Deutschland immer bedrohlicher. Berlin war häufiges Ziel starker Bombenangriffe, und die Nächte mußten oft in unserem recht primitiven Luftschutzkeller statt im Bett zugebracht werden.

Immer wieder hatte ich auch Schwierigkeiten aufgrund meiner Nichtzugehörigkeit zur Partei. Als Nachfolger Lise Meitners war der Wiener Professor Josef Mattauch an das Kaiser-Wilhelm-Institut für Chemie berufen worden. Er sollte die verwaiste Physikalische Abteilung übernehmen. Professor Mattauch, ebenfalls kein Mitglied der Partei, hatte gerade mit seiner Familie die vorher von Lise Meitner bewohnten Räume im Direktorenhaus bezogen, als die Mitteilung vom Leiter des Amts für Wirtschaftsausbau, Professor Krauch, eintraf, daß diese Wohnung für einen wichtigen Parteigenossen gebraucht würde. Professor Mattauch solle die Wohnung im Institut aufgeben und sich eine andere suchen. Als Direktor des Kaiser-Wilhelm-Instituts für Chemie, dem das Direktorenhaus zur freien Benutzung zustand, protestierte ich gegen dieses Ansinnen und weigerte mich, nachzugeben. Es kam mit den Kuratoriumsmitgliedern meines Instituts zu Verhandlungen, aber die Gruppe Krauch war stark. Telefonisch wurde mir von Professor Krauch mitgeteilt, daß ich als politisch »Unzuverlässiger« nichts zu entscheiden habe; der verdiente Parteigenosse mit vier Kindern käme in die Wohnung. Es blieb uns nichts anderes übrig, als für teures Geld dem »verdienten Parteigenossen« eine gleichwertige Wohnung zu mieten. Nur dadurch konnte Professor Mattauch im Hause bleiben.

In der Nacht vom 11. zum 12. Februar 1944 wurde das Kaiser-Wilhelm-Institut für Chemie von einer Bombe getroffen. Die Wirkung war verheerend. Ein Flügel des Instituts wurde völlig zerstört, mein Direktorenzimmer war ein Schutthaufen. Alle meine Sonderdrucke, meine Papiere und die vielen wertvollen Briefe von Rutherford und meinen Kollegen wurden ein Opfer des Feuers. Der andere Flügel des Hauses war weniger zerstört, und wir versuchten dort, unsere Arbeiten in beschränktem Ausmaß wieder aufzunehmen. Am 24. März fiel eine weitere Bombe auf das Institut, sie zerstörte hauptsächlich die Dachanlagen. Das Nachbarinstitut für Physikalische Chemie wurde ebenfalls getroffen, und in meiner Privatwohnung in der Nähe des Institutsgebäudes richteten eines Nachts vier Stabbrandbomben beträchtlichen Schaden an. Die Heizung im Wohnhaus wurde zerstört, und es gab eine Überschwemmung; ein kleiner Brand konnte gelöscht werden. Eine größere Bombe blieb als Blindgänger im Garten liegen.

An eine auch nur einigermaßen geregelte Weiterarbeit in Berlin konnten wir nun nicht mehr denken. Der Direktor des Kaiser-Wilhelm-Instituts für Physik, Professor Heisenberg, entschloß sich deshalb, sein Institut nach Süddeutschland zu verlegen; ich schloß mich diesem Vorhaben an. Einige Herren reisten voraus, um geeignete Räume vorzubereiten. Für Heisenberg fanden sich zum Teil stillgelegte Textilfabriken in Hechingen, für unser Institut entsprechende Räume in Tailfingen, in der Schwäbischen Alb. Mein Assistent Dr. Hans Götte hat sich bei der Suche nach Arbeitsmöglichkeiten durch seine Geschicklichkeit im Verhandeln mit den Textilfabrikanten verdient gemacht.

Im Herbst 1944 zogen wir mit einem Teil unserer Apparate, mit unseren stark aktiven Präparaten und den Beryllium-Neutronenquellen nach Tailfingen und fingen in bescheidenem Umfang unsere Bestrahlungen wieder an. Bei den Einwohnern fanden wir freundliches Entgegenkommen. Meine Frau und ich konnten zwei hübsche Zimmer im Hause eines Fabrikanten beziehen, und noch heute – nach mehr als 20 Jahren – stehen wir mit einigen Bekannten aus dieser Zeit in gelegentlichem Briefwechsel.

Anfang 1945 kam auch mein schwerverwundeter Sohn Hanno mit der Schwester, die an der Amputation seines Armes an der Ostfront als Operationshilfe teilgenommen hatte, nach Tailfingen. Dort verlobten sich die beiden und heirateten im Sommer 1945.

Aber auch in Tailfingen kam es bald wieder zu Schwierigkeiten mit den offiziellen Stellen der Verwaltung. Zu Beginn des Jahres 1945 denunzierte man uns, wir seien gegen das Dritte Reich eingestellt, und es begannen allerlei Verhöre, die sich aber bis zum Ende des Krieges hinzogen. Weit gefährlicher war die Lage für zwei Mitarbeiter meines Instituts, die jüdische Ehefrauen hatten. Als der eine von ihnen, Professor von Traubenberg, früher Ordinarius in Kiel, einem Schlaganfall zum Opfer fiel, war seine Frau »vogelfrei«. Sie wurde auf einer Fahrt in ihre Heimat festgenommen und von der Gestapo nach Berlin gebracht. Ich schrieb nach Berlin an die Gestapo, daß Frau Dr. von Traubenberg als Physikerin und Mitarbeiterin ihres Mannes an den Geheimarbeiten über das Uran beteiligt gewesen sei. Nur sie könne die wichtigen Forschungsergebnisse ihres Mannes übersehen. Die Antwort aus Berlin: die Frau käme nach Theresienstadt, ein bekanntes Lager für jüdische Gefangene, dort könne sie die Forschungsergebnisse zu Papier bringen. Frau von Traubenberg bekam in Theresienstadt tatsächlich ein kleines Zimmer, in dem sie arbeiten konnte, wie sie mir selbst schrieb. Sie war damit gerettet. Ich habe sie Weihnachten 1946 in Stockholm wiedergesehen.

Mein anderer mit einer Jüdin verheirateter Mitarbeiter, Dr. Hoernes, war, bevor ich ihn in meinem Institut aufnahm, Abteilungsleiter bei der österreichischen Auer-Gesellschaft. Er bekam eines Tages den Befehl, sich als »Wehrunwürdiger« zum Arbeitseinsatz bei einer Parteistelle in Balingen einzufinden. Unterstützt von meinen Mitarbeitern Riehl und Götte schrieb ich an den Kreisarzt von Balingen, daß Dr. Hoernes seit längerer Zeit bei uns mit dem giftigen Uran beschäftigt gewesen sei, starke gesundheitliche Schäden davongetragen habe und jetzt überhaupt nicht mehr einsatzfähig sei. Der Kreisarzt ließ sich überzeugen, und der Gestellungsbefehl wurde aufgeschoben. Auch Dr. Hoernes war damit gerettet. Nach dem Kriege konnte er seine Position bei der Auer-Gesellschaft in Österreich wieder einnehmen.

Anfang 1945 bot Tailfingen, verglichen mit vielen anderen deutschen Städten, ein Bild tiefen Friedens. Wir sahen zwar in zunehmendem Maße Bombergeschwader über die Stadt ziehen, aber ihre Ziele waren Stuttgart und andere größere Städte. In Tailfingen passierte nichts. Das nur wenige Kilometer entfernte Ebingen wurde allerdings einmal bei einem Angriff erheblich beschädigt.

Aber selbst in unserem Städtchen ohne militärische Bedeutung sollte der Vormarsch der Alliierten durch Panzersperren aufgehalten werden. Am 22. oder 23. April erschien eine kleine deutsche Einheit in Tailfingen, um die Sperren zu schließen und den Widerstand zu organisieren, doch gelang es den Tailfinger Bürgern, diese Truppe zum Abzug zu bewegen. Der Befehl, die Panzersperren zu schließen, blieb allerdings bestehen. Am 24. April versammelte sich eine größere Anzahl von Einwohnern – meist Frauen – vor dem Rathaus, um gegen diesen Befehl zu protestieren. Ich erfuhr in meinem Institut davon, und da ich den Bürgermeister ganz gut kannte, ging ich zu ihm in das Rathaus. Herr Robert Amann war zwar ein Anhänger Hitlers, aber ein guter Mensch. Ich bat ihn, die Sperren offen zu lassen und keinen Widerstand zu leisten. Auf seine Antwort: »Der Führer hat Widerstand bis zum Letzten befohlen«, erwiderte ich: »Der Führer kann jetzt nichts mehr befehlen. Sie wissen gar nicht, ob er sich nicht, wie schon so viele, nach Österreich oder sonstwohin verzogen hat. Retten Sie Ihre Stadt, so wird man Sie preisen; leisten Sie sinnlosen Widerstand, so wird man Sie verfluchen.« Die Panzersperren blieben daraufhin offen, die Wege frei.

FRAGE: Das Wesen Ihrer berühmten Entdeckung aus dem Jahre 1938 besteht darin, wenn wir es noch einmal genau präzisieren wollen, daß der Kern eines Uranatoms in zwei Teile gespalten werden kann. So entstehen aus einem schweren Atomkern zwei Atomkerne mittelschwerer Elemente.

PROFESSOR HAHN: Ja, das ist der Vorgang.

FRAGE: In utopischen Romanen spukte der Begriff Atomzertrümmerung schon lange vorher.

PROFESSOR HAHN: Ja. Aber die Physiker glaubten nicht daran, daß eine Zerspaltung des Atoms mit den uns damals zur Verfügung stehenden Mitteln möglich wäre.

FRAGE: Mit Mitteln meinen Sie jetzt die Geschosse, mit denen der Kern gespalten wurde, die Neutronen?

PROFESSOR HAHN: Ja, wir arbeiteten mit langsam bewegten Teilchen, langsamen Neutronen, und daß die fähig sein sollten, einen hochgeladenen Urankern zu zerspalten, galt als unmöglich. Aber die Neutronen waren für diese Versuche am besten geeignet. Wir kannten vorher nur elektrisch positiv geladene Kernteilchen. Sie werden von den elektrisch positiven Atomkernen abgestoßen. In den frühen zwanziger Jahren sagte Rutherford voraus, daß es auch ungeladene Kernteilchen geben müßte, aber erst Rutherfords Schüler Chadwick entdeckte sie 1932. Sie wurden Neutronen genannt, weil sie elektrisch neutral waren.

FRAGE: Das war also die bedeutendste Entdeckung auf dem Weg zur Atomkernspaltung.

PROFESSOR HAHN: Ja, ein elektrisch neutrales Teilchen wird von einem Atomkern nicht abgestoßen. Es kann in den Kern hineingeschossen werden. Damit mußte sich der Atomkern verändern.

FRAGE: In welcher Weise?

PROFESSOR HAHN: Das wußten wir anfangs noch nicht. Theoretisch gab es mehrere Möglichkeiten:

1. Das Teilchen konnte vom Kern verschluckt werden. Dann wäre der Atomkern um ein Teilchen schwerer geworden.
2. Es konnte ein oder mehr andere Teilchen vom Kern absplittern. Dann wäre der Kern etwas leichter geworden, und es wäre vielleicht ein anderes Element entstanden.
3. Das Teilchen konnte den Kern in mehrere Bruchstücke zerspalten. Aber dies galt als völlig unzulässige Theorie.

FRAGE: Nun, die ersten Versuche in den Jahren nach der Entdeckung des Neutrons schienen auch die Punkte 1 und 2 zu bestätigen.

PROFESSOR HAHN: So schien es. Wir alle waren beeindruckt von den Experimenten des Ehepaars Joliot-Curie in Paris. Irène, die ältere der beiden Töchter von Pierre und Marie Curie, war Physikerin geworden und hatte den Physiker Frédéric Joliot geheiratet. Diese beiden Forscher beschossen die Atomkerne vieler Elemente mit Neutronen. Die Kerne nahmen die Geschosse auf und verloren ihre Stabilität. Sie hatten das Bestreben, sich irgendwann wieder von den überschüssigen Teilchen zu befreien. Das bedeutete: Sie benahmen sich wie das Radium und gaben Energie ab.

FRAGE: Etwa zur gleichen Zeit hat die Entdeckung des Neutrons Ihren italienischen Kollegen Enrico Fermi zu Experimenten anderer Art veranlaßt. Was tat Fermi?

PROFESSOR HAHN: Er beschoß die schwersten Atomkerne, also die Atomkerne des Urans, mit Neutronen.

FRAGE: Er machte diese Kerne also noch schwerer?

PROFESSOR HAHN: Ja, er glaubte wenigstens, daß sie noch schwerer würden. Vier Jahre lang hatte er Uran mit Neutronen bestrahlt. Er war der Ansicht, neue Elemente hergestellt zu haben, die es in der Natur nicht gab. Nach dem Periodensystem der Elemente ist Uran mit der Ordnungszahl 92 das schwerste. Fermi glaubte, das künstliche Element 93 hergestellt zu haben. Er hat auch seine Eigenschaften beschrieben.

FRAGE: Aber Sie konnten nachweisen, daß er sich irrte?

PROFESSOR HAHN: In den ersten Jahren nicht. Lise Meitner und ich haben Fermis Versuche wiederholt, weil wir an seinen Ergebnissen zweifelten. Aber wir haben bald darauf bestätigt, daß Fermis Resultate richtig seien. Vier Jahre lang haben wir solche Bestrahlungsversuche gemacht und nicht nur gemeint, das Element 93, sondern auch die Elemente 94, 95 und 96 erhalten zu haben. Alle möglichen chemischen Eigenschaften glaubten wir da an den »neuen Elementen« nachweisen zu können. In Wirklichkeit war das alles falsch.

FRAGE: Wann haben Sie das gemerkt?

PROFESSOR HAHN: Wir hatten während der vier Jahre zwischen 1934 und 1938 einige Kontroversen mit der Pariser Gruppe.

FRAGE: Mit den Joliot-Curies?

PROFESSOR HAHN: Mit ihnen nie. Irène Joliot-Curie arbeitete damals zusammen mit ihrem Mitarbeiter Savitch an demselben Problem. Sie deuteten die Ergebnisse etwas anders als wir. Im Sommer 1938 behaupteten sie, daß bei der Beschießung von Uran mit Neutronen auch ein dem Lanthan ähnlicher Stoff entstünde. Mein Mitarbeiter Straßmann und ich – Lise Meitner war damals schon nicht mehr bei uns – haben die Behauptungen aus Paris nachgeprüft. Tatsächlich bekamen auch wir einen lanthanähnlichen Stoff und hielten ihn für Radium. Es schien sich sogar um mehrere Isotope dieses Radiums zu handeln. Beim Versuch einer näheren Bestimmung stießen wir auf merkwürdige Ergebnisse. Wir hatten unserem sogenannten Radium als Trägersubstanz das Element Barium zugesetzt. Wir konnten aber unser Radium von dem Barium nicht mehr trennen.

FRAGE: Sie hatten damals die größten Erfahrungen in der Trennung von chemischen Elementen. Ist es dieser Erfahrung zu danken, daß Sie den Irrtum entdeckten?

PROFESSOR HAHN: Nicht der Erfahrung allein. Auch dem Zweifel. Wir konnten ja nicht ahnen, daß unser Radium in Wirklichkeit Barium war. Es war bei der Bestrahlung von Uran mit der Kernladung 92 entstanden. Barium aber hat nur die Kernladung 56.

FRAGE: Das hätte aber nur bei einer Spaltung des Urankerns entstehen dürfen?

PROFESSOR HAHN: An eine Spaltung durften wir nicht glauben. Wir haben immer wieder nach Fehlern gesucht. Das künstliche »Radium« konnten wir nicht von dem zugesetzten Barium trennen. Das war doch sehr merkwürdig, denn von früher wußte ich genau, wie man Mesothorium, das die Eigenschaften des Radiums hat, vom Barium trennen kann. Am 17. Dezember wiederholten wir diesen Versuch. Mesothorium ließ sich mühelos von Barium trennen. Zwei Tage später trennten wir Actinium und Lanthan. Da waren wir ganz sicher, daß sich unser künstliches »Radium«, das sich nicht vom Barium trennen ließ, in Wirklichkeit Barium sein mußte.

FRAGE: Sie waren also sicher, daß Sie den Urankern gespalten hatten?

PROFESSOR HAHN: Es gab keine andere Möglichkeit mehr.

FRAGE: Glauben Sie, Herr Professor Hahn, daß Sie die Lösung des Rätsels auch gefunden hätten, wenn Sie nicht diese Erfahrung in der Radiochemie gehabt hätten?

PROFESSOR HAHN: Ich glaube, daß es gut war, daß ich jahrzehntelang in der Radiochemie gearbeitet hatte. Nur so konnte ich auch den Mut aufbringen, zu sagen, was eigentlich »unzulässig« war: daß man mit den langsamen Neutronen einen hochgeladenen Urankern spalten konnte. Aber es kommt hinzu, daß ich in Fritz Straßmann einen sehr klugen, aufmerksamen und fleißigen Mitarbeiter hatte.

FRAGE: Nun eine sehr persönliche Frage: Glauben Sie, daß die Kernspaltung in jenen Jahren auch entdeckt worden wäre, wenn Sie und Doktor Straßmann diese Lösung nicht gefunden hätten?

PROFESSOR HAHN: Ich weiß nicht, wie lange es noch gedauert hätte. Aber das Thema selbst lag in der Luft. Viele Forschergruppen arbeiteten daran.

FRAGE: Meinen Sie nicht, daß die Spaltbarkeit des Urankerns bis heute nicht bekanntgeworden wäre, wenn Sie sie damals nicht entdeckt hätten?

PROFESSOR HAHN: Nein. Die Wissenschaft geht weiter, daran ist kein Zweifel. Wahrscheinlich hätte man den Vorgang bald richtig interpretiert.

FRAGE: Ihnen ist aber die richtige Interpretation zu danken. Waren Sie aber vielleicht gar nicht der erste, der Atomkerne gespalten hat?

PROFESSOR HAHN: Atomkerne sind seit 1934 gespalten worden, von Fermi, den Joliot-Curies, Mitarbeitern Rutherfords und auch von uns. Aber wir haben das alle nicht gemerkt. Als wir dann unsere entscheidende Arbeit veröffentlicht hatten, wurde sie überall sofort bestätigt.

FRAGE: Welche Aufzeichnungen besitzen Sie aus jenen wichtigsten Tagen Ihres Lebens?

PROFESSOR HAHN: Ein richtiges Tagebuch habe ich nie geführt. Auch in jenen Tagen habe ich nur ein paar Notizen gemacht. Später habe ich sie immer wieder mit Schmunzeln gelesen. Sie lauten: 17. Dezember 1938: Aufregender Versuch mit Mesothorium. 18. Dezember 1938: Haare schneiden. 19. Dezember 1938: Weiterer Versuch, Trennung Actinium – Lanthan. 20. Dezember 1938: Weihnachtsfeier. 21. Dezember 1938: Manuskripte fertiggemacht. 22. Dezember 1938: Manuskript abgeschickt.

FRAGE: Haben Sie in diesen Dezembertagen 1938 auch nur eine Sekunde daran gedacht, Ihre Versuchsergebnisse geheimzuhalten?

PROFESSOR HAHN: Nein, niemals.

FRAGE: Es wurde später behauptet, Sie hätten am liebsten die Mitteilung wieder zurückgezogen?

PROFESSOR HAHN: Das hat Robert Jungk in seinem Buch »Heller als tausend Sonnen« behauptet. Das ist aber ein Irrtum, denn ich war froh, daß wir die Arbeit so schnell publizieren konnten.

FRAGE: Haben Sie damals übersehen, welche Konsequenzen die Spaltbarkeit der Urankerne haben würde?

PROFESSOR HAHN: Wir wußten nur, daß wir eine gute chemische Arbeit geleistet hatten. In ihren Konsequenzen ist sie von uns aber natürlich nicht in dem Maße erkannt worden. Es war uns bekannt, daß bei der Bestrahlung des Urans mit Neutronen der Kern gespalten wird. Wir ahnten aber nicht, daß als Nebenreaktion einige überflüssige Neutronen aus dem Kern freigesetzt werden.

FRAGE: Diese überflüssigen Neutronen können unter bestimmten Umständen andere Urankerne treffen und auch sie spalten. Von dieser Kettenreaktion wußten Sie noch nichts?

PROFESSOR HAHN: Nein, die Kettenreaktion ist erst später entdeckt worden. Daraus ergab sich dann die praktische Ausnutzung der Kernenergie. Damit haben sich die Physiker beschäftigt, während Straßmann und ich an den chemischen Problemen interessiert waren. Wir haben uns nur um die vielen Umwandlungsprodukte gekümmert, die bei dieser Zerspaltung freiwerden.

FRAGE: Der Ausgangspunkt Ihrer Arbeiten war die Suche nach den Transuranen, den Elementen, die schwerer als Urane sind. Sie haben aber keine Transurane hergestellt, sondern die Kernspaltung entdeckt. Erst später sind die echten Transurane, unter ihnen das wichtige Plutonium, in den Vereinigten Staaten produziert worden. Warum haben Sie nicht selbst ein echtes Transuran gefunden?

PROFESSOR HAHN: Da ist uns ein Nobelpreis entgangen. Wir hatten ein Uranisotop mit einer Halbwertszeit von 23 Minuten in der Hand.

FRAGE: Halbwertszeit bedeutet, daß sich die Hälfte der Substanz innerhalb von 23 Minuten wieder in andere Stoffe umwandelte, nicht wahr?

PROFESSOR HAHN: Ja, und aus diesem Uranisotop entsteht das Element 93. Aber das haben nicht wir entdeckt, sondern die Amerikaner McMillan und Abelson am Zyklotron von Berkeley. Sie sind dafür mit dem Nobelpreis ausgezeichnet worden.

FRAGE: Sie, Herr Professor Hahn, haben aber doch für Ihre Arbeiten den Nobelpreis bekommen, wenngleich auch nicht für die Entdeckung eines Transurans. Sie hatten also Glück im Unglück oder Unglück im Glück, wenn man so will.

PROFESSOR HAHN: So ist es. Und wir sind nicht traurig darüber. Es ist aber eine interessante Episode.

INTERNIERUNG

Am 25. April 1945 begann wieder ein neues Kapitel in meinem Leben. An diesem Tage zogen amerikanische Truppen in Tailfingen und Hechingen ein. Um die normale Zivilbevölkerung kümmerte sich niemand; das offizielle Interesse galt einzig und allein den Kaiser-Wilhelm-Instituten und ihren leitenden Wissenschaftlern. Chef dieses Unternehmens war der amerikanische Oberst Pash. Um mich bemühten sich vor allem der Amerikaner Professor Goudsmit, ein gebürtiger Holländer, und der Engländer Professor Norman. Beide Herren waren sehr höflich, teilten mir aber mit, daß ich verhaftet sei und die Stadt für einige Zeit verlassen müsse. Meine Frau könne ungehindert in Tailfingen bleiben. Am nächsten Tag konnte ich noch einiges regeln, und meine Frau durfte für mich einige Dinge für eine längere Abwesenheit zusammenpacken. Sie war recht zuversichtlich, daß mir während der vorübergehenden Internierung nichts passieren würde.

Zunächst ging es unter militärischer Bewachung nach Hechingen. Hier hatte man Max von Laue völlig unbehelligt gelassen. Die Physiker Wirtz, Bagge, Korsching und andere Herren waren dagegen ausgiebig verhört worden und hatten alle Unterlagen über ihre Arbeiten ausliefern müssen. Die Nacht durfte ich in der Wohnung meines Freundes Max von Laue verbringen; wir tranken Brüderschaft und besiegelten in dieser schweren Stunde eine Freundschaft, die bis zum Ableben Max von Laues im Jahre 1960 andauerte.

Am 27. April, bevor die Gegend von französischen Truppen besetzt wurde, brachte man uns – die Herren Wirtz, von Laue, von Weizsäcker, Bagge, Korsching und mich – in amerikanischen Jeeps nach Heidelberg. Weitere Wissenschaftler, darunter Heisenberg und Diebner, wurden von anderen Gruppen abgeholt oder noch gesucht. Während der Fahrt begegneten wir langen Militärtransporten mit französischen Soldaten aller Hautfarben. Uns kam die groteske Situation zum Bewußtsein, daß die »Alliierten« sich gegenseitig deutsche Wissenschaftler wegholten.

Ich wäre eigentlich ganz gern im französischen Machtbereich geblieben. Hier war nämlich Professor Joliot, der Mann von Frau Irène Curie-Joliot, für die Wissenschaft zuständig. Ich hatte mich vor Jahren bei einer Tagung im Ausland mit Professor Joliot angefreundet und später auch darauf verzichtet, einer Einladung an das von Deutschen kontrollierte Pariser Institut Joliots Folge zu leisten, weil ich nicht als eine Art Eroberer in Paris auftreten wollte. Joliot hatte den Grund meiner Ablehnung erfahren und revanchierte sich, während ich schon im amerikanischen und englischen Gewahrsam war, mit der Anordnung, das Kaiser-Wilhelm-Institut für Chemie wie bisher weiterarbeiten zu lassen und keinerlei Gegenstände aus dem Institut zu entfernen.

Unsere Gruppe kam am Abend in dem unzerstörten Heidelberg an, und wir Gefangenen wurden am Philosophenweg in einer schönen, leerstehenden Villa gut untergebracht. Nach längerer Zeit konnte ich wieder einmal ein Bad nehmen. In allen Zimmern, die wir benutzten, waren stets bewaffnete Amerikaner anwesend, die aber Sprechverbot hatten. Die mit Maschinenpistolen bewaffneten Wachen rund um Haus und Garten waren alle dunkelhäutig.

Oberst Pash teilte uns mit, daß über unsere Zukunft noch nicht entschieden sei. Es hänge aber von unserer Aufrichtigkeit und Gutwilligkeit ab, ob wir »als international anerkannte Wissenschaftler« oder »als Deutsche« behandelt würden.

Das Idyll in Heidelberg dauerte nicht lange. Am 6. Mai ging es weiter. In drei Autos fuhren wir über Metz, Verdun, Gravelotte und andere alte Kriegsschauplätze nach Reims. Wir gaben eine schriftliche Erklärung ab, daß wir keine Fluchtversuche machen würden, und wurden gut behandelt. Aber auch während der Besichtigung der vom Kriege nicht sehr stark mitgenommenen Kathedrale von Reims trugen unsere Wachen Maschinenpistolen.

Am 7. Mai ging es per Flugzeug über Paris nach Versailles. Dort wurden wir in einem alten, verwahrlosten Schloß einquartiert. Wir malten uns aus, wie die Zimmer mit ihren schmutzigen Wänden und ramponierten Türen einmal unter Ludwig XIV. ausgesehen hatten. Hier hörten wir, daß in der Nacht zum 7. Mai Deutschland vor den Alliierten bedingungslos kapituliert hatte. Die Waffenruhe wurde am nächsten Tag mit Sirenengeheul und Jubel vom französischen Volk gefeiert.

In unseren Zimmern gab es weder Tische noch Stühle und kein Licht. Als Schlafstellen dienten Militärbettstellen mit zwei Decken. Ich beschwerte mich bei Major Rittner, der jetzt für uns zuständig war, über diese primitiven Verhältnisse. Er entschuldigte sich und versprach zu helfen. Wir bekamen am nächsten Tag ein gutes amerikanisches Frühstück, mußten es aber im Stehen einnehmen. Warmes Wasser für den Kaffee war nicht vorhanden. Am Nachmittag wurden wir für kurze Zeit aus unseren trostlosen Räumen in den »Schloßpark« gelassen, aber stets unter Aufsicht der Wachen, die den Finger am Abzug hatten. Dabei erfuhren wir auch, warum die Wachen so nervös waren. Sie nahmen an, daß unter uns Gefangenen ein sehr berühmter und gefährlicher Mann sei: Sie hielten Max von Laue für Marschall Pétain, den Exchef des früheren Vichy-Regimes.

Am 9. Mai stießen noch die Herren Heisenberg und Diebner zu uns, und zwei Tage später wurden wir mit Jeeps in eine unbewohnte Villa bei Le Vésinct, Département Seine-et-Oise, gebracht. Am Abend konnten wir wieder an einem Tisch sitzen. Hier vergrößerte sich unsere Gruppe um die Herren Harteck und Gerlach, so daß wir nun insgesamt zehn Personen waren, gefangen »for the pleasure of His Majesty«. Keiner wußte nämlich, warum wir festgesetzt waren. Die Behandlung war zwar in jeder Beziehung gut, die Verpflegung ebenfalls, aber die bewaffneten Wachen machten uns doch ständig unsere Lage deutlich. Zwei deutsche Kriegsgefangene fungierten als Kellner und Koch.

Anfang Juni kam der nächste »Wohnungswechsel«. Es ging von Frankreich nach Belgien. In den Ardennen war der kleine Ort Huy unser Ziel, wo wir in dem Jagdschloß Facqueval einquartiert wurden. Das Haus war sehr schön eingerichtet, aber samt Garten mit Stacheldraht umgeben, und bewacht wurden wir von zwei amerikanischen Offizieren und 13 Soldaten.

In Facqueval führten wir eigentlich ein durchaus friedliches Leben. Unser Betreuer Major Rittner versuchte, in London Näheres über unsere Zukunft zu erfahren, brachte aber nur einen Faustball mit. Von da an gab es vormittags bei schönem Wetter ein Faustballspiel aller Gefangenen. Ich zog allerdings Dauerläufe vor und brachte es allmählich auf immer mehr Runden in dem Garten. An den Nachmittagen wurde Wissenschaft getrieben. Heisenberg, von Weizsäcker, Bagge und Diebner waren die Theoretiker; Gerlach, Harteck, Wirtz und Korsching die Experimentellen. Die Abende waren dem Bridge und Skat gewidmet.

Wir baten immer wieder darum, Briefe in die Heimat schreiben zu dürfen; schließlich wurde jedem von uns ein Brief bewilligt, der natürlich sehr genau zensiert wurde. Ich mußte meinen – englisch abgefaßten – noch einmal schreiben, weil eine Stelle den Zensoren nicht paßte.

Ein kleines Intermezzo hatten wir in Facqueval einmal durch unseren lieben Max von Laue. Wir bewohnten zwar jeder ein eigenes Zimmer, aber es gab nur eine Toilette. Da von Laues Weg dorthin aber ziemlich weit war, benützte er einmal in der Nacht eine Vase als Nachttopf und goß den Inhalt aus seinem Fenster in den Garten. Am nächsten Morgen wurde mir als dem Obmann und Ältesten von uns eine offizielle Beschwerde überreicht. Ihr Grund: Einer der deutschen Gefangenen habe in der Nacht einen der patrouillierenden Posten tätlich angegriffen, indem er eine übelriechende Flüssigkeit über dessen Haupt ausgoß. Das Ereignis konnte unter fröhlichem Lachen zwischen dem wachhabenden Offizier, mir als Unparteiischem und dem Übeltäter geklärt werden.

Am 3. Juli wurden wir per Flugzeug über Lüttich, Ostende und Harwich an die englische Küste und von dort per Auto in die Nähe von Cambridge gebracht. In einem schönen Landhaus mit großem Garten in Godmanchester bei Huntington bekam jeder von uns sein Zimmer. Wir hatten wieder unser Ehrenwort gegeben, keinen Fluchtversuch zu unternehmen, worauf die strenge Bewachung gelockert wurde und die Wachmannschaften mit ihren Maschinenpistolen verschwanden. Man hätte sich wie in der Sommerfrische fühlen können, aber die andauernde Ungewißheit über unsere weitere Zukunft und die allzu dürftige Briefverbindung mit unseren Angehörigen in Deutschland erinnerte uns täglich an die Realitäten. Erst Anfang August erlaubten die Amerikaner wieder kurze Briefe an unsere Angehörigen.

Unser Leben in England konnte man ohne Übertreibung als luxuriös bezeichnen. Das Frühstück bestand aus Cornflakes oder Porridge, Schinken und Ei, Marmelade, Toast und Butter. Am Mittag und Abend gab es Rumpsteaks oder andere Braten und sehr oft Pommes frites. Kein Wunder, daß wir alle rapide zunahmen. Hier waren fünf deutsche Kriegsgefangene zu uns abkommandiert, darunter ein sehr guter Koch. Innerhalb des Hauses und des sehr großen Gartens waren diese Gefangenen ebenso frei wie wir.

Der Unterhaltung und Bildung diente eine recht gute Bibliothek. Neben dem Radio lauschten wir oft den von Herrn Heisenberg auf einem Klavier vorgetragenen Sonaten von Beethoven. Nachmittags las Major Rittner manchmal einige Kapitel aus Dickens-Romanen vor, so daß wir unser Englisch verbessern konnten. Nach dem Abendessen wurde von den meisten bei Bier, das uns in beliebiger Menge zur Verfügung stand, weiterhin Bridge oder Skat gespielt.

So kam in unser friedliches Leben der 6. August 1945. Vor dem Abendessen teilte mir Major Rittner unter vier Augen mit, daß die Amerikaner auf die japanische Stadt Hiroshima eine Atombombe abgeworfen hätten, die eine verheerende Wirkung gehabt und mehr als 100000 Todesopfer gefordert habe. Ich weigerte mich zunächst, diese Meldung zu glauben, mußte mich aber schließlich doch davon überzeugen, daß eine amtliche Nachricht des Präsidenten der Vereinigten Staaten vorlag. Ich war unsagbar erschrocken und niedergeschlagen; der Gedanke an das große Elend unzähliger unschuldiger Frauen und Kinder war fast unerträglich.

Nach einem »Beruhigungs-Gin« vom Major wurden auch die anderen Gefangenen informiert. Die Nachricht wurde zunächst in ihrem Ausmaß angezweifelt, aber die gemeinsame Erklärung Trumans und Churchills im Radio ließ keine Zweifel mehr zu. Nach einem langen Abend voller Diskussionen, Erklärungsversuchen und Selbstvorwürfen war ich so aufgeregt, daß sich Max von Laue und die anderen ernstlich um mich sorgten. Gegen 2 Uhr nachts konnten sie aber feststellen, daß ich eingeschlafen war.

Die Tage danach brachten ständig neue Meldungen über die Wirkung der Bombe und über die zwei Milliarden Dollar, die ihre Herstellung gekostet hatte. Nur kurze Zeit später fiel die zweite Bombe auf Nagasaki und veranlaßte Japan, den Krieg abzubrechen.

Nach dem Kriegsende hörten wir, daß eine Anzahl amerikanischer Wissenschaftler, die selbst an der Herstellung der Bombe beteiligt gewesen waren, den entscheidenden Stellen vorgeschlagen hatten, die Bomben nicht auf dichtbesiedelte Städte abzuwerfen, sondern den Japanern die Wirkung auf eine weniger verlustreiche Weise zu demonstrieren. Aber der als »Franck-Report« heute allgemein bekannte Vorschlag war von den Militärs nicht angenommen worden. Der leitende General Groves und seine Mitarbeiter wollten die Bombe »ganz normal« einsetzen. Sie meinten, der Krieg hätte ohne Hiroshima und Nagasaki länger gedauert, und die Verluste hätten dann Japan und die Alliierten gemeinsam gehabt. Die englischen Zeitungen waren von den Atombomben offenbar begeistert. Ich besitze noch ein ganzes Heft mit gesammelten Illustrationen, in denen die Abwürfe in meist scherzhaften Darstellungen gefeiert werden. Nur in ganz wenigen Darstellungen kam schon eine gewisse Skepsis und Unsicherheit im Hinblick auf das zukünftige Verhältnis der Sowjetunion zu ihren Verbündeten zum Ausdruck.

Neben Major Rittner war uns noch ein weiterer Offizier, Hauptmann Brodie, zugeteilt, der uns aus London Bekleidungsstücke und Wäsche mitbrachte. Am 19. August erhielten wir zum ersten Male Besuch von Kollegen aus London. Den Anfang machte der Rutherford-Schüler Sir Charles Darwin, Enkel des berühmten Charles Darwin. Sir Charles übergab mir als Geschenk die von Professor A. S. Eve geschriebene sehr hübsche Rutherford-Biographie.

Daß wir Gefangene waren, merkte man um diese Zeit gar nicht mehr. Wir hatten zwar eine Wache, aber sahen sie nicht. Oft gingen wir mit unserem Major oder Hauptmann im freien Gelände spazieren. Dort konnten wir in dem feuchten Spätsommer so viele Champignons ernten, daß wir alle zwei Tage außer dem schon viel zu üppigen Essen als Vorspeise noch in Butter gebratene, mit Champignons gefüllte Omeletts bekamen.

Willkommene Unterbrechungen in unserem einförmigen Leben boten Autofahrten nach London, wenn jemand von uns zum Zahnarzt mußte. Er war instruiert, uns keine indiskreten Fragen zu stellen, wir waren »Professor One«, »Professor Two« und so weiter. Nach einer Zahnbehandlung fuhr uns der Major noch in London herum, so daß ich Piccadilly Circus, Hydepark Corner und Bond Street nach langen Jahren wiedersah. Anschließend wurden wir in der Villa des Majors von seiner Gattin äußerst liebenswürdig mit belegten Brötchen, Bier und Tee bewirtet; Frau Rittner gestand uns, daß sie gebürtige Deutsche sei, dies während des Krieges aber mit Rücksicht auf ihre schulpflichtige Tochter verschwiegen habe, die sonst durch ihre englischen Mitschülerinnen vielleicht schlecht behandelt worden wäre.

Am 28. August war unser Postkurier aus der Heimat zurück. Leutnant Warner, ein junger Amerikaner, der vor dem Krieg in Deutschland studiert hatte und sehr gut Deutsch sprach, überreichte jedem seinen Brief und damit das erste Lebenszeichen der Angehörigen nach reichlich vier Monaten. Herr Warner, ganz besonders liebenswürdig und hilfsbereit, hatte meine Frau sowie meine Schwiegertochter Ilse persönlich gesprochen und konnte mir als wichtigste Neuigkeit berichten, daß mein Sohn Hanno vom Militär entlassen worden war und am 19. Mai geheiratet hatte. Weder unserem Institut noch den Mitarbeitern in Tailfingen war irgend etwas passiert. Meine Frau hatte seit meinem Weggang aus Tailfingen eine Art Tagebuch geschrieben, das mir Herr Warner mitbrachte: 18 Seiten enthielten die wichtigsten Erlebnisse und Ereignisse.

Während des ganzen restlichen Tages gab es ausgedehnte Diskussionen über die Nachrichten, die unsere Briefe enthielten. Aus dem Brief an meinen Freund von Laue erfuhr ich, daß Dr. Telschow, der Generalsekretär der Kaiser-Wilhelm-Gesellschaft, in Hechingen gewesen war und geäußert hatte, ich sollte eventuell neuer Präsident der Gesellschaft werden. Ich hoffte damals, daß dieser Kelch an mir vorbeigehen würde, denn außer meiner einwandfreien politischen Vergangenheit brachte ich nichts mit, was mich für dieses Amt geeignet erscheinen lassen konnte. Die Post aus der Heimat und 300 amerikanische Zehn-Cent-Zigarren, von denen Gerlach und ich als stärkste Raucher je 50 Stück bekamen, ließen uns diese Nacht nicht gut schlafen.

Anfang September besuchten uns Professor Blackett und Commander Welsh, letzterer war eine Art Verbindungsmann zu den maßgebenden Stellen. Mir war die Bestätigung Blacketts besonders wichtig, daß es bekannt sei, daß wir in unserem Institut keine kriegswichtigen Arbeiten gemacht hatten. Wir hörten auch, daß die Mehrheit der amerikanischen und englischen Wissenschaftler für unsere Heimkehr sei, die Entscheidung aber allein bei den politischen Stellen läge. Vorläufig wollte Blackett versuchen, unseren fast hermetischen Abschluß von der Außenwelt zu lockern. Dabei muß unserem englischen Kollegen unser Luxusleben in der Gefangenschaft doch etwas merkwürdig vorgekommen sein. Professor Blackett war nämlich sehr dankbar, von Major Rittner ein Päckchen Tabak geschenkt zu bekommen.

Heisenberg, von Laue und von Weizsäcker schrieben jetzt kurze Arbeiten zum 60. Geburtstag von Niels Bohr am 5. Oktober und hofften, diese später nach Dänemark schicken zu können. Sie waren der Meinung, daß Bohr nicht aktiv an der Entwicklung der Atombombe beteiligt gewesen sein könne, obgleich er in Zeitungen genannt wurde. Wäre er beteiligt gewesen, dann hätte ich Hemmungen gehabt, ihm eine Arbeit zum Geburtstag zu widmen.

Im Radio hörten wir, daß Max Planck in Frankfurt die Goethe-Medaille bekommen hatte. Danach lebte er also noch und war sogar so rüstig, zum Empfang der Medaille nach Frankfurt reisen zu können. In einer Nummer der angesehenen Zeitschrift »Life« lasen wir, daß Lise Meitner im Jahre 1938 als Direktor des Kaiser-Wilhelm-Instituts die späteren Arbeiten über die Atombombe begonnen habe. Über diesen Unsinn konnte man nur den Kopf schütteln!

Heisenberg legte in der Denkschrift an Professor Blackett seine Ansichten über die zukünftigen Aufgaben seines Kaiser-Wilhelm-Instituts für Physik dar. Er schlug vor, entweder unabhängig im bescheidenen Maßstab weiterzuarbeiten oder größere Arbeiten unter englischer oder amerikanischer Kontrolle auszuführen.

Nach Rückkehr von einer schönen Autofahrt zu interessanten Stätten englischer Geschichte erfuhren wir, daß Professor Blackett mit Sir John Anderson, dem politischen Leiter der englischen Atomkommission, die amerikanischen Empfehlungen über das Vorgehen der Alliierten gegenüber der deutschen Kernphysik besprechen wollte. Das nahm Heisenberg zum Anlaß, Hauptmann Brodie die Lage seiner Frau und seiner sechs Kinder zu schildern, denen ein erträgliches Leben gesichert werden müsse. Wenn diese Frage nicht bald gelöst würde, dann müßten wir die Zurücknahme unseres Ehrenwortes diskutieren. Hauptmann Brodie berichtete uns später, daß das Gespräch zwischen Sir John Anderson und Blackett stattgefunden habe, aber die von diesen Herren gemachten Vorschläge zunächst wieder nach Washington zur Bestätigung oder Abänderung übermittelt worden seien.

Eines Tages wurde ich von Hauptmann Brodie zum Besuch bei Major Rittner mitgenommen, der jetzt in seiner Wohnung in London an das Krankenbett gefesselt war. Ich hatte Gelegenheit, mich mit ihm ausführlich unter vier Augen über unsere Lage zu unterhalten. Rittner erzählte mir ganz offen von den Schwierigkeiten, die der Commander und er gehabt hätten, um den amerikanischen Plan abzubiegen, uns als normale Kriegsgefangene zu behandeln. Er berichtete auch von dem Bemühen Sir Charles Andersons, uns in die Heimat zu entlassen. Bezüglich der Zurücknahme unseres Ehrenwortes empfahl uns der Major äußerste Zurückhaltung. Eine solche Maßnahme könne unsere Lage nur wesentlich verschlechtern. Der Major machte mir dann den Vorschlag, ein Memorandum mit unseren Wünschen zur Fortsetzung der wissenschaftlichen Arbeit in Deutschland und mit Hinweisen auf unsere frühere Tätigkeit aufzusetzen. Diesem Rat folgten wir schnell.

Ende September kam wieder Post aus Deutschland. Für mich waren drei neue und einige ältere Briefe von Edith, Hanno und Ilse mit einer hübschen Photographie des jungen Ehepaars dabei. Offenbar ging in Tailfingen alles gut. Das wichtigste war aber, daß meine Schwiegertochter im Frühjahr ein Kind erwartete. Weitere Nachrichten: Gustav Hertz sollte mit 16 Mitarbeitern in Moskau, Professor Thießen auf der Krim sein; unser bisheriger Präsident Albert Vögler hatte sich das Leben genommen. Ferner bekam ich zwei ausführliche Berichte über unsere Tätigkeit zwischen 1939 und 1945 mit einer Liste aller veröffentlichten Arbeiten und Zeichnungen sowie folgenden Brief von Max Planck:

»Göttingen, den 25. Juli 1945

Herrn
Professor Dr. Otto Hahn
z. Z. im Ausland

Lieber Herr Hahn!

Wie Ihnen bekannt sein wird, ist der Präsident der Kaiser-Wilhelm-Gesellschaft, Herr Dr. Vögler, vor einiger Zeit aus dem Leben geschieden. Mit ihm verliert die Kaiser-Wilhelm-Gesellschaft einen Mann, der ihr seit ihrer Gründung verbunden war und dem sie unendlich viel zu verdanken hat. Als früherer Präsident der Kaiser-Wilhelm-Gesellschaft liegt mir ihr weiteres Geschick und ihre Zukunft besonders am Herzen. Ich halte es für unerwünscht, daß der Posten des Präsidenten längere Zeit unbesetzt bleibt, und habe Herrn Dr. Telschow gebeten, die Wahl des neuen Präsidenten durch Umfrage bei den Direktoren aller Kaiser-Wilhelm-Institute vorzubereiten.

Für diesen Posten werden Sie, wie ich annehme, einstimmig vorgeschlagen werden, und ich halte Sie in besonderem Maße für geeignet, die Gesellschaft auch dem Auslande gegenüber zu vertreten. Sie erlassen es mir, die Gründe, die gerade für Ihre Person sprechen, im einzelnen aufzuführen.

Ich bitte Sie, mir möglichst bald mitzuteilen, ob Sie bereit sind, das

Amt des Präsidenten zu übernehmen, und hoffe, daß es Ihnen schon jetzt möglich ist, sich für die Kaiser-Wilhelm-Gesellschaft einzusetzen. Bis zu Ihrer Rückkehr nach Deutschland bin ich bereit, Sie zu vertreten. In der Führung der Geschäfte wird mich Herr Dr. Telschow mit der Generalverwaltung unterstützen.

Dr. Max Planck«

Max von Laue, Heisenberg und von Weizsäcker redeten mir gut zu, das Amt anzunehmen, denn ich sei einer der wenigen, die aufgrund ihrer Arbeiten und ihrer politischen Haltung auch bei den Besatzungsmächten eine gute Presse hätten. Das sei jetzt wichtiger als die Fortsetzung eigener wissenschaftlicher Arbeiten.

Unter der Post befand sich auch eine Anordnung des in Berlin – wahrscheinlich von den Sowjetbehörden – bestellten »Leiters« der Kaiser-Wilhelm-Gesellschaft, Dr. Havemann. Danach sollte ein Dr. jur. Ernst Schaer Generaldirektor sein. Es lagen aber auch die Schreiben der in Berlin verbliebenen Direktoren und Mitarbeiter unserer Institute vor, die gegen die eigenmächtige Bestallung Dr. Havemanns mit dem Hinweis protestierten, daß der Präsident der Kaiser-Wilhelm-Gesellschaft nur vom Wissenschaftlichen Rat und Senat gewählt und nicht von irgendwelchen mehr oder weniger offiziellen Stellen in Berlin eingesetzt werden könne. Schließlich teilte mir Lise Meitner brieflich mit, daß sie sich freue, endlich etwas über mich gehört zu haben. Dieser Brief und ein weiteres Schreiben des Sekretars der Schwedischen Akademie, Arne Westgren, waren über die Britische Botschaft aus Stockholm gekommen.

Am 1. Oktober bekamen Laue, Heisenberg und ich Einladungen zum Besuch der Royal Institution in London. Sir Lawrence Bragg, Sir George Thomson, Sir Henry Dale, Professor Blackett und Professor Hill erwarteten uns schon am nächsten Tag. Während des Tees und danach konnten wir über alles sprechen, was uns am Herzen lag. Wir erfuhren, daß die USA zugestimmt hatten, uns nach Deutschland zurückzulassen, und Göttingen oder Bonn unsere neue Heimat werden solle. Wir hatten den Eindruck, daß man uns besonderes Wohlwollen entgegenbrachte und der deutschen Wissenschaft nach besten Kräften helfen wollte.

Der 5. Oktober 1945 war für mich ein Tag persönlicher Erinnerungen. Vor 33 Jahren hatte ich mich nach Besichtigung des neuen Kaiser-Wilhelm-Instituts in Dahlem mit meiner jetzigen Frau verlobt. Ich machte zur Aufmunterung einen Fünf-Kilometer-Dauerlauf und schrieb dann Briefe an Planck, Westgren, Lise Meitner und Mattauch. Ich las auch von einer Tagung in London über Probleme der Atomenergie, an der viele Delegationen aus aller Herren Länder, nicht aber aus der Sowjetunion teilgenommen hatten. Offenbar wurden die Differenzen zwischen den ehemaligen Verbündeten größer.

Wie wir bald erfuhren, war Commander Welsh sehr erbost, weil wir seiner Meinung nach unseren englischen Kollegen gegenüber unsinnige Forderungen stellten. Er wußte anscheinend nicht, daß uns Blackett eine Fixierung unserer Wünsche nahegelegt hatte. Wir berieten daraufhin erneut über unsere Probleme und verfaßten gemeinsam einen Brief an Welsh, um ihn wieder zu besänftigen. Meinen Brief an Mattauch mußte ich ein zweites und ein drittes Mal schreiben, da dem Commander verschiedene Stellen nicht gefallen hatten.

Mit der früher einsetzenden Dunkelheit und dem Fallen der Blätter sank auch unsere Stimmung. Die Ungewißheit über unser Schicksal, die Sorge um die Angehörigen in Deutschland, die Kleinlichkeiten bei der Abfassung unserer wenigen Briefe bedrückte uns sehr. Heisenberg machte sich über seine Familie besondere Sorgen, von Laue litt öfter unter Depressionen und Gichtanfällen, P. W. Scholz hatte ein geschwollenes Gesicht, Gerlach Bein- oder Fußbeschwerden. Das gute Essen, der Sport, Musik oder »Lernt Englisch« aus dem Rundfunk und die abendlichen Kartenspiele konnten uns als Ablenkung nur wenig helfen.

In diesen Tagen las ich im »New Statesman and Nation« einen Artikel über mich, der so übertrieben und schmeichelhaft war, daß ich mich regelrecht genierte. Nachrichten über einen Nobelpreis für mich seien zwar dementiert worden, aber vielleicht würde man mir doch die Preise für Chemie und Frieden geben, denn ich hätte ja das Geheimnis der Herstellung der Atombombe gewußt, aber nicht an Hitler weitergegeben. Was für Phantastereien! Sehr viel ernster waren die Zeitungsberichte, nach denen die vier Besatzungsmächte gegen deutsche »war criminals« einen großen Prozeß vorbereiteten. Wenn nun aber die Meldungen über die Verbrechen, die im Auftrage unserer seinerzeitigen Staatsführung an Juden und den Ostvölkern begangen worden waren, tatsächlich stimmten, dann konnten wir allerdings diese Absicht der Siegermächte doch verstehen und uns für unser Vaterland nur schämen.

Ich hatte als Ältester und – ungewählter – Sprecher manchen Streit zu schlichten, nicht nur unter uns, sondern manchmal auch unter unserem Hilfspersonal. Die Küchenhelfer Baur und Wolf waren einmal so aneinandergeraten, daß ich fast vier Stunden brauchte, um sie wieder miteinander auszusöhnen. Als Belohnung durften sie mit Hauptmann Brodie nach Huntington ins Kino. Wirklich ausgeglichen war eigentlich nur von Weizsäcker. Er wußte, daß seinen Angehörigen in der Schweiz nichts passieren konnte.

Am 31. Oktober schaffte ich mein bisher größtes Laufpensum: zehn Kilometer in 58 Minuten. Dabei hatte ich nur Shorts an und konnte mich anschließend durch ein heißes Bad wieder erfrischen. Die anderen – von Weizsäcker, Bagge und Wirtz waren 33, Heisenberg 44, Gerlach 55, von Laue wie ich 66 Jahre alt – gratulierten mir zu dieser Leistung.

Ich las sehr viel, nicht nur englische Romane und eine »Geschichte Rußlands«, sondern auch R. A. Hofmanns »Anorganische Chemie«. Mit von Weizsäckers bewundernswerten Kenntnissen und Interessen auf allen Gebieten und Hartecks kaufmännischen Fähigkeiten konnte ich es aber niemals aufnehmen. Ein Zeitungsartikel »überzeugte« mich wieder einmal, daß ich »bisher für tot gehalten, jetzt aber in einer Atombombenfabrik in Tennessee gesehen« worden sei.

Anfang November besuchte uns Commander Welsh, der der maßgebliche Verbindungsmann war und somit über Major Rittner und Hauptmann Brodie stand. Obwohl er uns einige Flaschen französischen Rotwein und Gin mitgebracht hatte, verschonten wir ihn keineswegs mit unseren Fragen und Klagen. Dabei stellte sich auch heraus, daß

Blackett uns eigentlich gar nicht hätte besuchen dürfen und nun einen Rüffel bekommen hatte. Leider verneinte Welsh auch wieder unsere Frage, ob sich die Postverbindung bald bessern würde. Er riet mir ferner ab, an Planck oder die Kaiser-Wilhelm-Gesellschaft zu schreiben, weil die Haltung der sowjetischen Besatzungsmacht unklar sei.

Die Dunkelheit brach immer früher herein, und eigentlich hätten wir entsprechend zeitiger aus dem Garten in das Haus zurück gemußt, aber Hauptmann Brodie war großzügig; er bat uns nur, uns nicht vor fremden Personen sehen zu lassen.

Am 16. November erfuhr ich aus dem »Daily Telegraph«, daß mir der Nobelpreis verliehen sei. Eine Bestätigung der für uns zuständigen Stellen lag zwar nicht vor, doch gab es nach der Meldung im deutschsprachigen englischen Rundfunk keine Zweifel mehr, so daß wir den Abend feierlich begehen konnten. Brodie hatte wieder einmal Gin, Rotwein und Torten aus London mitgebracht, und Max von Laue gedachte in so ergreifenden Worten auch meiner lieben Frau, daß ich meine Tränen nicht unterdrücken konnte. Bald wurde die Gesellschaft sehr ausgelassen, und jeder steuerte mit einem kleinen Lied oder einem Vortrag zur allgemeinen Heiterkeit bei. Heisenberg und von Weizsäcker trugen »Zeitungsberichte aus dem In- und Ausland« vor, in denen meine »gesammelten Werke« von der Oxford Street in London bis Moose Jaw in Kanada vorkamen. Der schöne Abend endete mit einem Gesang nach der Melodie »Studio auf einer Reis'«, dessen Refrain lautete: »Und fragt man, wer ist schuld daran, so ist die Antwort: Otto Hahn!«

Um diese Zeit meldete die englische Presse, daß die Amerikaner im besiegten Japan begonnen hätten, die japanischen Atomforschungsstätten bis auf den Grund zu zerstören, obwohl die Japaner während des Krieges nicht einmal an die Atombombe gedacht hätten. Unter den zerstörten Zyklotronen sollte sich auch ein 200-Tonnen-Gerät aus Amerika befunden haben. Aber schon am nächsten Tag konnten wir lesen, daß maßgebliche amerikanische Physiker hiergegen protestiert hätten. Diese Taten seien ebenfalls »Verbrechen gegen die Mensch-

lichkeit« und nur so zu erklären, daß man durch Hiroshima und Nagasaki jeden vernünftigen Maßstab verloren habe. In London wurde in
der »Madame Butterfly« jetzt die Japanerin Zuzuki plötzlich eine
Chinesin; so gab es sogar hier Parallelen zum Dritten Reich, wo
damals die »schöne Polin« im »Bettelstudent« nur eine »schöne Wirtin«
sein durfte.

Unsere ständigen Bemühungen um Besserung der Verhältnisse für uns
und unsere Familien hatten schließlich Erfolg: Wir durften jeder ein
Päckchen mit Kaffee, Tee, Kakao, Fett und 30 Zigaretten vorbereiten;
Heisenberg, Bagge und Diebner konnten sich sogar Spielsachen für
ihre Kinder wünschen. Diese Genehmigung wurde allerdings wieder
zurückgezogen und durch eine neue ersetzt, wonach nur die – allerdings
auch sehr guten – amerikanischen Army-Rationen verschickt werden
durften.

Am 1. Dezember brachte Commander Welsh allerlei Neuigkeiten: Einen
Zweifel am Nobelpreis für mich könne es nicht mehr geben; Lise Meitner würde ebenfalls sehr gefeiert und habe eine Einladung zu Vorlesungen an der Katholischen Universität in Washington nur aufgrund
von Sprachschwierigkeiten abgelehnt; mein Haus in Berlin sei praktisch unversehrt, jetzt aber von amerikanischen Offizieren bewohnt.
Weiter erfuhr ich, daß Hans Geiger vor kurzem verstorben war und daß
sich Hans Fischer – meiner Meinung nach ohne besonderen Grund –
schon im Frühjahr das Leben genommen hatte.

Ich freute mich natürlich über den Nobelpreis, wenn ich auch in Anbetracht der Lage in Deutschland nicht glücklich sein konnte. Außerdem war ich fest davon überzeugt, der Präsidentschaft der Kaiser-
Wilhelm-Gesellschaft nicht gewachsen zu sein. Eigentlich war ich ja in
einem Alter, wo man nicht mehr allzuviel produktive Arbeit leisten
kann, und in normalen Zeiten hätte ich mich wohl auch zur Ruhe gesetzt. Vorerst steckte ich den Kopf in den Sand und versuchte, an die
Aufgaben der Zukunft nicht zu denken.

Endlich traf auch die amtliche Benachrichtigung von der Schwedischen
Akademie ein, daß am 15. November beschlossen worden sei, mir den
Chemie-Nobelpreis 1944 für meine Entdeckung der Kernspaltung zu

verleihen. Commander Welsh verlangte von mir, sofort eine Antwort aufzusetzen und mitzuteilen, daß weder ich noch meine Familie zum 10. Dezember nach Stockholm kommen könnten. Als ich sagte, daß ich den wahren Grund angeben wolle, erwiderte Welsh, dann würde mein Brief nicht befördert. Schließlich einigten wir uns aber.

Heisenbergs Geburtstag am 5. Dezember feierten wir bei Kaffee und Kuchen. Zum Nikolaustag hatte Gerlach einen Sack mit lustigen Geschenken für uns alle vorbereitet. Hauptmann Brodie zum Beispiel bekam eine Flasche Gin, allerdings mit reinem Wasser gefüllt, und die Anweisung, den Inhalt nur verdünnt zu trinken. Brodie revanchierte sich mit echtem Gin. Als ich schon im Bett lag, fragte mich von Laue, wie er die Gerlachschen Anspielungen zu verstehen habe; vor lauter Grübeleien hatte er also den Sinn dieser kleinen Späße nicht aufgenommen.

Am Tage der Nobelpreisverleihung hing ich wehmütigen Gedanken nach. Wie schön hätte es in normalen Zeiten sein müssen, sich mit Edith und Hanno ein paar Tage »feiern« zu lassen! Um mich abzulenken, besprach ich mit von Laue Nobelpreiskandidaten, die man für das nächste Jahr vorschlagen könnte: Bothe, Blackett, Sommerfeld, Lise Meitner, Yukawa, Kapitza und Clusius. Im Kolloquium trug Heisenberg über chemische Bindung vor, von Laue über Supraleitung, Harteck über Quantenmechanik. Bagge und Korsching gaben in Anwesenheit von Weizsäckers eine Einführung in die allgemeine Relativitätstheorie; von Weizsäcker arbeitete offenbar über alles mögliche, las auch politische und historische Beiträge, Shakespeare und andere englische Dichter. Für mich war sein Wissen unfaßlich. Ich selbst fühlte mich mit meinen speziellen, nur auf das Präparative eingestellten Kenntnissen immer nur als Außenseiter. Als Student hatte ich nicht genügend Physik und Mathematik gelernt und mich später nur mit dem Radium und der Radiochemie befaßt. Eigentlich war ich doch ein recht »primitiver« Nobelpreisträger.

Die Kälte machte uns jetzt stärker zu schaffen. In den Zimmern herrschten manchmal nur 10 bis 15 Grad, und im Freien mußten die Ballspiele wegen Frost öfter ausfallen. Deshalb schlossen sich einige meiner

Mithäftlinge meinen Laufübungen an; Heisenberg und von Weizsäcker liefen zwar weniger als ich, aber schneller, Bagge wollte meinen Zehn-Kilometer-Rekord brechen, nachdem schon von Laue diese Strecke – allerdings in gemächlichem Tempo – bewältigt hatte.

Aus der Heimat trafen neue Hiobsbotschaften ein: auch Hönigschmidt, Ulrich (Karlsruhe) und Freudenberg (Berlin) hatten Selbstmord begangen; Süffert, Herausgeber der »Naturwissenschaften«, war als Volkssturmmann verschollen.

Ich durfte weiterhin nichts schreiben, was über meinen Aufenthalt Aufschluß geben konnte, und auch Gratulationen von Freunden zum Nobelpreis wurden mir vorenthalten. Eine Zeitung berichtete, es sei ein Novum, daß der Aufenthaltsort eines Preisträgers unbekannt ist. Der »Observer« meldete in seinem Artikel über die Feierlichkeiten in Stockholm, daß ich »leider verhindert« gewesen sei und daß sich die Versammlung für die Freiheit der Wissenschaft und der Wissenschaftler eingesetzt habe.

Da die Weihnachtstage immer näherrückten, stellten wir für Brodie unsere Lebensläufe zusammen und klebten sie mit Photos von uns in eine Erinnerungsmappe ein. Gerlach bastelte eine Weihnachtskrippe mit Figuren und Bauernhaus sowie aus Bierflaschenverschlüssen Kerzenhalter für unseren Weihnachtsbaum, den ihm, dem »Weihnachtsmann vom Dienst«, Hauptmann Brodie samt einigen Büchern und einer großen Flasche Whisky überreicht hatte. Außerdem bekamen wir und unser Hilfspersonal Sonderzuteilungen an Schokolade und Zigaretten. Noch rechtzeitig vor dem Fest wurde uns – ganz überraschend – mitgeteilt, daß wir am 3. Januar nach Deutschland zurückgebracht würden und dann wieder freie Menschen sein dürften. Wir sollten allerdings nur in der britischen Zone Aufenthalt nehmen und in andere Zonen nur mit besonderer Erlaubnis reisen dürfen. Das war natürlich das schönste Weihnachtsgeschenk, das man uns machen konnte. So stieg unser Stimmungsbarometer auf ungeahnte Höhen, und Gefangene und Wachoffiziere bildeten eine ausgelassene Runde, deren letzte Mitglieder erst am frühen Morgen schlafen gingen.

Am Vormittag des Heiligen Abends machte ich den längsten Lauf meines Lebens: 11,5 Kilometer in 67 Minuten. Die Füße taten mir weh, fast lief ich sie mir wund, aber die Zukunftsaussichten weckten ungeahnte Kräfte. Im Hause hatte Gerlach inzwischen seine Krippe fertig aufgebaut. Schon in aller Frühe hatte er sich an die Arbeit gemacht und fast 50 Figuren – Heilige Familie, Könige, Hirten, Schafe, Elefanten – gezeichnet, ausgeschnitten und aufgeklebt. Zum Festmahl wurden die letzten Flaschen Rotwein serviert.

Dann wurden die Lichter am Bäumchen angezündet und mit weiteren Kerzen die Krippe und der Bauernhof beleuchtet. Wir sangen »Stille Nacht«, und von Weizsäcker hielt eine schöne, wohldurchdachte Ansprache über den Sinn des Weihnachtsfestes und verlas das Weihnachtsevangelium. Heisenberg spielte einen Satz aus Beethovens »Waldsteinsonate«. Dann wurden die Lampen wieder eingeschaltet und die Geschenke verteilt. Hauptmann Brodie war weitgehend auf unsere Wünsche eingegangen und hatte jedem noch einen Taschenkalender für 1946 dazugelegt.

Am ersten Weihnachtstag bekamen wir Post. Von Hanno und Ilse war ein Album mit Photos dabei, die sie auf der Hochzeit und im Kreise der »Hahnenfamilie« zeigten. Meine Frau hatte einige Briefe auf Vorrat geschrieben, so daß ich viel Neues erfuhr.

Ein Schreiben Mattauchs brachte mich allerdings in arge Bedrängnis. Er hatte sich darin so abfällig über die amerikanische Besatzungsmacht geäußert, daß der Commander mich zu sich rief und mir ungemein scharf seine Meinung sagte. Wenn nicht zufällig wegen der Weihnachtstage die Post unzensiert hergekommen wäre, hätte Mattauch mit seinen unbedachten Äußerungen viel Unheil anrichten können. Welsh war nur schwer zu beruhigen, aber schließlich gelang es mir, ihm das Versprechen abzunehmen, keine Meldung zu machen.

Die letzten Tage des Jahres 1945 vergingen für uns alle in Erwartung der Rückkehr in die Heimat. Ich las im »Star« über die »men of the year«, Truman und Eisenhower, und über Lise Meitner als »woman of the year« – sie habe bedeutenden Anteil an der Entwicklung der Atombombe gehabt.

Am Silvesterabend feierten wir natürlich noch einmal zünftig. Nach gutem Essen versammelten wir uns erneut um Weihnachtsbaum und Krippe. Von Weizsäcker trug einige selbstverfaßte »Limericks« vor:

»Es war ein König in Thule,
Der plauderte nie aus der Schule.
Und wenn euch das wundert,
Wett ich eins gegen hundert:
Es gab keine Schule in Thule.

Es war ein Kollegium in Schweden,
Das verlieh seinen Preis nicht an jeden.
Doch kriegt man ihn mal,
So ist's auch noch fatal,
Denn man kommt nicht von Farmhall nach Schweden.

There was a big man at Farmhall,
Who said, when the Swedish did call:
No, I have here any leisure
At His Majesty's pleasure
And shall surely not move from Farmhall.

Es waren zehn Forscher in Farmhall,
Die galten als furchtbar »Uran-voll«.
Beim Jüngsten Gericht
Erschienen sie nicht,
Denn sie saßen noch immer in Farmhall.

's war ein Spalter atomischer Sphären,
Den wir alle aufs höchste verehren.
Und fragt man: Wozu
Denn das ganze Getu'?
's ist nur wegen unsrer Karrieren.«

Nach den Vorführungen unseres Allerweltskünstlers Cramer von der Küche hörten wir den Londoner »Big Ben« das neue Jahr einläuten und stießen mit Whisky auf bessere Zeiten an. Bei gemeinsamem Gesang deutscher und englischer Lieder vergingen die ersten Stunden des Jahres 1946 in gelöster Atmosphäre.

Am 1. Januar regelte Hauptmann Brodie in London die für den Flug erforderlichen Formalitäten; wobei unser Gepäck, das durch die zusätzlichen Kleidungsstücke und Lebensmittel erheblich schwerer geworden war, einige Schwierigkeiten bereitete. Wir verabschiedeten uns von Major Rittner, den wir nur als freundlichen und anständigen Betreuer kennengelernt hatten, und besuchten zum Abschluß unseres England-Aufenthaltes noch einmal unsere Kollegen in London, deren Hilfsbereitschaft wir so viel verdankten.

Der 3. Januar war gekommen. Da in der letzten Nacht kaum jemand geschlafen hatte, fiel es keinem von uns schwer, sehr früh aufzustehen. Wir fuhren im Auto zum Flugplatz, nachdem das Gepäck bereits vorher weggeschafft worden war. Das Wetter war schön, und da man deshalb mit einem glatten Flug rechnete, brauchte unsere Maschine nicht voll aufgetankt zu werden, und wir konnten alle unsere Habseligkeiten mitnehmen. Als Marschverpflegung hatten wir je einen Wasserwecken, etwas Käse und zwei Apfelsinen bekommen. Mit unserem neuen Betreuer, Brigadier Spedding, starteten wir um 10.30 Uhr, nach sechsmonatigem Aufenthalt in Farmhall und über achtmonatiger Abwesenheit aus Deutschland.

FRAGE: Herr Professor Hahn, wir haben mehrmals gelesen, daß Sie, nachdem Sie die Nachricht von der verheerenden Wirkung der ersten amerikanischen Atombombe bekamen, Selbstmordabsichten geäußert hätten. Nach einer anderen Version haben Sie sogar einen Selbstmordversuch unternommen.

PROFESSOR HAHN: Ich war sehr traurig damals und deprimiert. Es war unfaßlich, daß mehr als hunderttausend Japaner den beiden Atombomben zum Opfer gefallen waren. Diese unschuldigen Menschen taten mir leid. Ich habe immer wieder von ihnen gesprochen, und da haben meine Freunde Angst gehabt, ich würde mir das Leben nehmen. Deshalb wurde Max von Laue beauftragt, in der Nacht auf mich aufzupassen.

FRAGE: Aber das war unnötig?

PROFESSOR HAHN: Ja.

FRAGE: Hörten Sie an jenem Tag zum ersten Male, daß eine Atombombe hergestellt worden war?

PROFESSOR HAHN: Ja. Wir hatten keine Ahnung, daß in Amerika Atombomben gebaut worden waren. Wir haben viel darüber diskutiert, und vor allem Professor Heisenberg hat sich bemüht, technische Daten zu erfahren. Ich habe mich nicht so sehr dafür interessiert. Die Einzelheiten über die Herstellung der Bombe habe ich als Chemiker nie recht verstanden, die waren mir zu kompliziert.

FRAGE: Aber im Ausland mußte man annehmen, daß in Ihrem Institut über die Möglichkeiten einer Nutzung der Atomenergie gearbeitet wurde, denn einer Ihrer Mitarbeiter hat schon im Sommer 1939 Spekulationen darüber angestellt.

PROFESSOR HAHN: Ja, das war unser theoretischer Physiker Dr. Siegfried Flügge. Der entscheidende Schlußabsatz seiner Veröffentlichung, erschienen in Heft 23/24 der »Naturwissenschaften« vom 9. Juni 1939, lautet:

»Alles in allem sei noch einmal betont, daß unsere gegenwärtigen Kenntnisse die Möglichkeit einer ›Uranmaschine‹ der beschriebenen Art wahrscheinlich machen, daß aber das vorliegende quantitative Zahlenmaterial noch mit zu hohen Fehlergrenzen behaftet ist, um diese Möglichkeit zur Gewißheit zu verdichten. Wie dem auch sei, bedeutet es doch einen wichtigen Fortschritt, daß derartige Möglichkeiten überhaupt diskutierbar geworden sind, ein Fortschritt, der auch, wenn sich die Hoffnungen nicht verwirklichen sollten, eine eingehende Diskussion in diesem Aufsatze wohl berechtigt erscheinen läßt.«

FRAGE: Kann man die Tatsachen, daß solche Artikel noch kurz vor Kriegsausbruch publiziert wurden, vielleicht als Beweis dafür ansehen, daß an die Herstellung einer Atombombe in Deutschland zunächst nicht gedacht war?

PROFESSOR HAHN: Ich habe alles, was wir gemacht haben, publiziert. Während des Krieges wurde mir einmal von amtlichen Stellen angeraten, unsere Arbeiten geheimzuhalten, ich habe mich aber darum nicht gekümmert.

FRAGE: Das bezieht sich auf Ihr eigenes Institut. Es gab aber andere Forschungsgruppen in Deutschland, die sich für eine Ausnutzung der Kernenergie interessierten.

PROFESSOR HAHN: Es gab eine Arbeitsgruppe, geleitet von Professor Heisenberg, die Versuche zur Nutzung der Kernenergie machte, aber nicht mit dem Ziel, Bomben herzustellen, sondern um unter Umständen einen Uranbrenner – Reaktor würde man heute sagen – aufzubauen.

FRAGE: Professor Heisenberg hat nach dem Krieg in mehreren Veröffentlichungen ebenfalls klargestellt, daß in Deutschland nicht an einer Atombombe gearbeitet worden war. Gab es dafür technische oder humanitäre Gründe?

PROFESSOR HAHN: Wahrscheinlich beides. Ich hätte es unter allen Umständen abgelehnt, an einer Atombombe mitzuarbeiten. Viele andere hätten das auch getan. Aber sicher fehlten damals auch die technischen Voraussetzungen in Deutschland.

FRAGE: Lagen der deutschen Forschung keine Nachrichten über die Arbeiten in den Vereinigten Staaten vor?

PROFESSOR HAHN: Es gab keine Verbindungen mit ihnen, auch nicht über das neutrale Ausland. Offiziell haben wir nichts erfahren, vermuteten aber, daß auch in Amerika über die Nutzung der Kernenergie gearbeitet würde, denn seit Kriegsbeginn war keine Publikation mehr über das Problem erschienen.

FRAGE: Was haben Sie selbst während des Krieges gemacht, nachdem Sie acht Monate vor Kriegsausbruch die Spaltbarkeit des Urankerns gefunden hatten?

PROFESSOR HAHN: Da habe ich genauso weitergearbeitet wie vorher. Ich habe mit meinen Mitarbeitern während der ganzen Kriegsjahre die Spaltprodukte des Urans analysiert. Am Ende des Krieges hatten wir etwa 25 verschiedene Elemente in Form von hundert Isotopen gefunden.

FRAGE: Das waren alles noch Arbeiten, die sich aus der Spaltbarkeit des Urans ergeben?

PROFESSOR HAHN: Absolut. Andere Arbeiten habe ich nicht gemacht.

FRAGE: Waren Sie während des Krieges nicht Mitglied der Uran-Arbeitsgruppe von Professor Heisenberg?

PROFESSOR HAHN: Nein. Ich wurde zu ihren Sitzungen eingeladen, habe aber nicht experimentell gearbeitet.

FRAGE: Dann waren Sie als einziger der zehn Forscher, die nach dem Ende des Krieges nach England gebracht wurden, wohl irrtümlich interniert?

PROFESSOR HAHN: So ist es. Ich war eine Art Ehrenmitglied dieser Arbeitsgruppe, die sich mit den Vorarbeiten für den Uranbrenner beschäftigte. Außerdem hatte ich die Kernspaltung entdeckt. Das genügte wohl, um mich dazuzunehmen.

ALSWEDE UND GÖTTINGEN BIS 1948

Wir landeten in Minden auf deutschem Boden und fuhren von dort nach Alswede weiter. In diesem kleinen Ort mit 500 Einwohnern war ein Manufakturwarenhaus für uns frei gemacht worden. Das Haus, 1938 erbaut, war in gutem Zustand. Jeder bekam ein eigenes Zimmer mit Zentralheizung, allerdings ohne fließendes Wasser. Das Mobiliar bestand aus je einem eisernen Bettgestell und einem Stuhl, sonst gab es nichts, weder Radio noch Bücher. Die Beleuchtung war recht dürftig, so daß ich abends meine Kerzen aus England anbrennen mußte. Mit Hilfe eines Treppenläufers machte ich mir mein Zimmer aber ganz gemütlich und beschaffte eine Wasserkanne und einen Eimer.

Herr Albersmeyer, der Eigentümer, hatte sein Haus mit seinem Sohn ganz kurzfristig räumen müssen, wußte aber, daß wir daran keine Schuld hatten. Er war uns freundlich gesonnen und half uns, wo er nur konnte. Auch er hatte von meinem Nobelpreis erfahren und war der Meinung, daß wir die Atombombengeheimnisse an die Alliierten verraten hätten.

Nachdem wir uns einigermaßen eingerichtet hatten, verließen uns Commander Welsh, Hauptmann Brodie und Leutnant Warner. Alle drei hatten sich sehr um uns bemüht, und zwischen Warner und mir hatte sich sogar eine herzliche Freundschaft entwickelt. Jetzt waren Colonel Blount, Mr. Blunt von der englischen Zivilverwaltung und Dr. Fraser als wissenschaftlicher Berater zuständig. Unsere fünf Küchenkräfte wurden mit Dank verabschiedet. Sie bekamen jeder

100 Zigaretten und Lebensmittelmarken mit auf den Weg. Die Küche hatte eine Frau von Raesfeld, Flüchtling aus Liegnitz, übernommen, der einige dienstbare Helfer zur Seite standen.

Brigadier Spedding berichtete über die Pläne der Engländer, die deutschen Wissenschaftler in ihrer Zone wieder arbeiten zu lassen, und daß man uns voraussichtlich in Göttingen ansiedeln wolle. Reisen in die französische und amerikanische Besatzungszone seien verboten, auch dürften wir die Kreisgrenze vorläufig nicht überschreiten, könnten uns aber sonst – und durch Sonderausweise legitimiert – frei bewegen. Spedding versprach mir, sich über mein Institut in Tailfingen zu informieren und sich um meine Familie zu kümmern.

Colonel Blount und Mr. Blunt erwiesen sich als freundlich und hilfsbereit; zu seinem Geburtstag brachte Mr. Blunt seinen gesamten Vorrat an Weinbrand – sechs Flaschen – mit, die wir natürlich mit Freude austranken. Dr. Fraser dagegen war stets korrekt, aber zunächst nicht sehr liebenswürdig, und eine gewisse Deutschfeindlichkeit konnte er kaum verbergen.

Am 12. Januar holte Colonel Blount Heisenberg und mich zu einer Fahrt nach Göttingen ab. Offensichtlich war die Entscheidung gefallen, die Kaiser-Wilhelm-Gesellschaft dort neu zu etablieren. Im englischen Offiziersheim, wo wir gut untergebracht waren, suchte uns Dr. Telschow auf, der zu dieser Zeit die Fäden unserer Gesellschaft in der Hand hatte. Er erzählte uns von den meist traurigen Ereignissen in Berlin und den Schwierigkeiten, die sich aus der unterschiedlichen Politik der Besatzungsmächte für die Kaiser-Wilhelm-Gesellschaft ergeben hatten. Ich zitiere hier Aufzeichnungen der damaligen Sekretärin Dr. Telschows, die den Stand der Ereignisse umreißen:

»Die zahlreichen Reisen Dr. Telschows zu den Instituten hatten für den Präsidenten die Gewißheit gebracht, daß einstimmig der Wunsch bestand, die Gesellschaft aufrechtzuerhalten. Geheimrat Planck legte wegen seines hohen Alters den größten Wert darauf, daß als Nachfolger für ihn aus dem Kreis der Wissenschaftlichen Mitglieder der Gesellschaft ein neuer, jüngerer Präsident bestellt würde. Hierbei wurde, wie Dr. Telschow mir erzählt hat, die

Präsidentenfrage erörtert und Professor Hahn an erster Stelle genannt. Sein wissenschaftliches Ansehen im In- und Ausland, seine politische Unantastbarkeit, seine Stellung als ältestes Wissenschaftliches Mitglied der Gesellschaft und seine besonders sympathische persönliche Art ließen ihn für das Amt des Präsidenten hervorragend geeignet erscheinen. Er war zwar noch in England interniert, zusammen mit anderen Wissenschaftlern – darunter die Herren von Laue, Heisenberg und Gerlach –, und es war nicht sicher, ob ein Ruf ihn erreichen würde.

Zunächst wurde bei den Wissenschaftlichen Mitgliedern der Gesellschaft durch eine Umfrage das Einverständnis zur Wahl von Professor Hahn festgestellt. Es wurde dann versucht, ihm über seine Berufung nach England Nachricht zu geben; von zwei am 24. Juli 1945 abgesandten Briefen erreichte ihn nur einer, und zu unserer Freude erhielten wir bald von ihm Antwort, daß er bereit wäre, das Amt des Präsidenten zu übernehmen. Damit war ein wichtiger Schritt für die Weiterführung der Kaiser-Wilhelm-Gesellschaft getan.

In Berlin hatte sich zunächst nach der Eroberung folgendes ereignet: Der Bezirksbürgermeister des Verwaltungsbezirks Zehlendorf hatte am 12. Mai 1945 mit der Verfügung Nr. 146 Herrn Professor Thiessen, Direktor des Kaiser-Wilhelm-Instituts für Physikalische Chemie und Elektrochemie, zum Leiter der gesamten Gesellschaft erklärt. Professor Thiessen entzog daraufhin durch eine Verordnung vom gleichen Tage dem von Dr. Telschow eingesetzten Dr. Forstmann alle Vollmachten, beauftragte einen Mitarbeiter mit der Durchführung der notwendigen Arbeiten und ernannte diesen zu seinem bevollmächtigten Vertreter. Am 29. Mai – also zwei Wochen später – teilte Professor Thiessen dem Oberbürgermeister des Verwaltungsbezirks Zehlendorf mit, daß er in Kürze im Dienste der Sowjetregierung nach Rußland gehen würde. Er bat darum, daß an seiner Stelle Geheimrat Professor Dr. Sauerbruch die Aufgaben und Rechte des Präsidenten der Kaiser-Wilhelm-Gesellschaft für die Kaiser-Wilhelm-Institute in Berlin übernehmen sollte. Diesem Vorschlag wurde aber anscheinend nicht entsprochen. Statt dessen erhielten die Dahlemer Institute am 6. Juli 1945 eine Anordnung, nach der der Oberbürgermeister und Magistrat der Stadt Berlin Herrn Dr. Robert Havemann zum vorläufigen Leiter der Kaiser-Wilhelm-Gesellschaft bestellte.

Gegen diese Anordnung protestierten am 7. Juli 1945 Direktoren, Wissenschaftliche Mitglieder und Abteilungsleiter der Dahlemer Kaiser-Wilhelm-Institute und nahmen das satzungsgemäße Recht für sich in Anspruch, ›den Präsidenten und andere führende Persönlichkeiten durch freie Wahl im Senat und im Wissenschaftlichen Rat zu bestellen‹.«

Professor Windaus erzählte mir von seinen Sorgen um seinen Sohn, der als »war criminal« von den Amerikanern festgesetzt war. Wir erfuhren von ihm auch, daß die Frau von Hans Fischer zwei Selbstmordversuche unternommen und unser Kollege Leux (Berlin) ebenfalls Hand an sich gelegt hatte. Von Geheimrat Planck, dem wir Brot, Corned beef, Butter und Tee mitgebracht hatten, bekamen wir ein Glas Wein aus der Flasche, die ihm bei der Verleihung des Goethe-Preises in Frankfurt überreicht worden war. Er bat mich noch einmal, die Präsidentschaft der Kaiser-Wilhelm-Gesellschaft anzunehmen. Wir suchten auch weitere Kollegen auf, und schließlich besichtigten wir eine Reihe von verwaisten Gebäuden der früheren Aerodynamischen Versuchsanstalt, die vielleicht später zur Aufnahme von Kaiser-Wilhelm-Instituten geeignet waren.

Nach Alswede zurückgekehrt, machte ich auch hier Besuche bei den Honoratioren der Stadt, bekam dabei aber immer wieder die unsinnigsten Meinungen über die deutsche Atomforschung und speziell über mich zu hören. Ähnlich wie die englischen Zeitungen schrieben auch die deutschen in diesem Sinne.

Mit Colonel Blount wanderten Heisenberg und ich an manchen Tagen 15 bis 20 Kilometer; die Anstrengungen wurden aber stets mit belegten Broten belohnt.

Tief erschüttert erfuhren wir vom Schicksal der Familie Bonhoeffer im Zusammenhang mit dem 20. Juli 1944 und vom Selbstmord Professor

P. P. Kochs, des früheren Direktors des Physikalischen Instituts in Hamburg.

Am 23. und 24. Januar nahmen von Laue, Harteck und ich an der offiziellen Röntgen-Feier in Hamburg teil. Senator Landahl begrüßte uns im unzerstörten Rathaus. Nach den Vorträgen von Schimank, von Laue, Pohl, Holthusen und Brendler gab es ein gutes Mittagessen. Ich erinnere mich, daß ich einigen der Nachmittagsvorträge nur mit Hilfe von Koffeintabletten zu folgen vermochte. Für Wärme in meinem kalten Pensionsbett sorgten einige erhitzte Steine.

Am nächsten Tag wurde ich im Auftrage einer Hamburger Zeitung photographiert, denn ich war damals eines der interessantesten Gesprächsobjekte. Natürlich hieß es auch hier, ich hätte den Amerikanern »die Bombe gebracht«. Nur mit Mühe konnte ich den Reportern den wahren Sachverhalt klarlegen. Andererseits ging aber aus Zeitungsmeldungen hervor, daß wir in Deutschland nur 7,5 Millionen Mark für die Atomforschung ausgegeben hatten, während es in den USA über zwei Milliarden Mark gewesen waren. Schon das hätte unsere Arbeit hinreichend charakterisieren können.

In Alswede wurden uns die ersten Entscheidungen über unsere Zukunft verkündet. Harteck war für Hamburg freigegeben worden; Gerlach sollte in Bonn eine Gastprofessur bekommen; Diebner stand noch eine weitere Überprüfung durch die Sicherheitsbehörde bevor.

Ich stellte meinen zukünftigen Arbeitsplan und den meiner Mitarbeiter auf: Massenspektrographie und Anwendungen (Mattauch), Untersuchungen der Spaltprodukte (Straßmann), radioaktive Isotope in Chemie, Physikochemie und Stoffwechsel (Erbacher). Dazu kam eine Liste des personellen und apparativen Bedarfs. Dr. Fraser ließ keinen Zweifel daran, daß für unsere Arbeiten ein Zyklotron, Hochspannungsgenerator oder Betatron nicht in Frage käme. Auch gäbe es erwünschte und unerwünschte Forschungsthemen, und nur die ersteren würden von der Besatzungsmacht unterstützt werden. Ich bat ihn, für uns in England Bestrahlungen ausführen zu lassen, und erklärte mich bereit, mit 500 Gramm Urannitrat, das ein Strahlungsäquivalent von fünf Kilogramm Radium haben müßte, auszukommen.

Auch um Heisenbergs Arbeiten gab es heftige Diskussionen. Schließlich sollte versucht werden, Professor Bonhoeffer für das neue Kaiser-Wilhelm-Institut für Physikalische Chemie mit Teilen der Thiessen-Apparatur und Bibliothek aus Leipzig zu holen.

In diesen Tagen berichtete man mir, wie die Tailfinger Bürger über mich dachten. Auch dort hieß es, ich hätte die Atombombenherstellung an die Amerikaner verraten, und mein seinerzeitiger Einsatz beim Bürgermeister für das Offenhalten der Panzersperren, die höfliche Behandlung durch die US-Truppen wären offensichtlich Beweise für mein Verhalten. Angenehmere Dinge erfuhr ich aus Briefen von Edith und Hanno, denen es in Tailfingen recht gut ging.

Zu einem Zwischenfall kam es, als ein englischer Journalist bei uns eintraf, der über Lise Meitner und mich einen unsinnigen Bericht vorbereitet hatte. Ich verlangte eine Änderung seines Manuskriptes, und unsere Militärberater wollten überhaupt nicht, daß wir in Alswede von Zeitungsleuten aufgesucht und ausgefragt wurden. Um ähnliche Schwierigkeiten für die Zukunft zu vermeiden, verfaßten Heisenberg und ich einen »Tatsachenbericht«, der über unseren unfreiwilligen Aufenthalt bei den Besatzungsmächten Aufschluß gab und mit dem Satz endete: »Deutschland hat nie Atombomben oder Anlagen zur Erzeugung von Atombomben besessen.«

Inzwischen war entschieden worden, daß zunächst Heisenberg und ich nach Göttingen übersiedeln sollten, während von Laue und die übrigen Kollegen vorläufig in Alswede blieben, bis man für sie die entsprechenden Arbeitsplätze in Göttingen bereit habe.

Schon jetzt verließ uns Walther Gerlach, dessen Frau zu seiner großen Freude aus München gekommen war und ebenfalls einige Zeit in Alswede geweilt hatte. Meine Handschuhe, Hut, Weste und Pantoffeln waren von ihr prächtig repariert worden. Zwei Tage später besuchte mich Hanno. Auf ein Zusammentreffen mit ihm hatte ich so lange warten müssen! Erfreulich war auch die Tatsache, daß endlich der englische Rundfunk offiziell meldete, daß wir keine Atomgeheimnisse verraten hätten und die Alliierten mit ihren Forschungen viel weiter gewesen seien als Deutschland.

Da unsere endgültige Abreise aus Alswede immer näherrückte, verabschiedeten wir uns von all den netten Menschen, die uns das Leben hier recht angenehm gemacht hatten. An unsere vorzügliche Küchenchefin schrieb ich einen Dankbrief.

Die Fahrt mit Heisenberg und Fraser am 13. Februar nach Göttingen entwickelte sich zu einem großen Abenteuer. Da wir vor Überschwemmungen auf der direkten Strecke Hannover–Northeim gewarnt worden waren, fuhren wir über Bünde, Oeynhausen, Paderborn, Hannoversch-Münden. Wir mußten nun über die stark angeschwollene Fulda und suchten eine Brücke. Dabei gerieten wir in tiefen Schlamm, aus dem wir uns nur mit Hilfe einer langen Palisade, die wir an einem Fabrikeingang abgerissen hatten, befreien konnten. Dann ging es zurück nach Kassel, um auf die andere Seite der Fulda zu kommen, und bei beginnender Dunkelheit trafen wir wieder in Hannoversch-Münden ein. Dort tankten wir und bekamen in einem englischen Chauffeurzimmer eine Tasse Tee, denn wir waren schon völlig durchgefroren. Nach einem Schneesturm ging es weiter; aber bald breitete sich ein See vor uns aus; das Wasser der Weser war überall weit über die Ufer getreten.
Wieder mußten wir umkehren. Es war nun dunkel; bis zur rettenden Autobahn waren noch 25 bis 30 Meter verschlammten Bodens zu durchqueren – wir blieben aber bald stecken und konnten trotz aller Bemühungen nicht heraus. Ein zufällig vorbeikommender Polizist riet uns, aus dem nur eine halbe Stunde entfernten Hedemünden englisches Militär zu Hilfe zu holen. Dr. Fraser und der Polizist marschierten bei scharfem Frost gen Hedemünden, während wir uns mit Kognak und Zigaretten im Wagen aufzuwärmen versuchten. Nach fast zwei Stunden Wartezeit kam Fraser mit einem kleinen Privatauto zurück, das Heisenberg und mich in die Unterkunft der Engländer brachte. Wir bekamen dort heißen Tee und etwas zu essen. Dann holte man mit dem Auto unser Gepäck und den Fahrer. Unser Wagen mußte im Schlamm zurückgelassen werden. Es war Mitternacht, als wir uns in die eiskalten Feldbetten legten! Am nächsten Tag ging es mit einem Ersatzauto nach Göttingen. Unser Wagen kam, nachdem er von einer Bergungs-

mannschaft aus dem Schlamm gezogen worden war, erst lange nach uns am Ziel an.

Der Polizist, der uns am Vortage so nett geholfen hatte, war übrigens der Schwager eines Angestellten von Gustav Hertz. Von ihm erfuhren wir, daß die sowjetischen Soldaten in seiner Wohnung erhebliche Verwüstungen angerichtet hatten und er jetzt auf »Einladung« Stalins auf dem Wege in die Sowjetunion sei.

In Göttingen wohnten Heisenberg und ich wieder bei den Engländern auf dem Gelände der Aerodynamischen Versuchsanstalt. Die Tage vergingen mit Besuchen und Besprechungen, bei denen meist auch Dr. Fraser zugegen war. Vom sogenannten »Präsidenten« der Kaiser-Wilhelm-Gesellschaft in Berlin lag eine Einladung zur Haber-Feier vor. Wir beschlossen, sie nicht zu beantworten. Professor Staudinger schrieb mir, ein Offizier hätte ihm sein Ehrenwort gegeben, daß in der Lüneburger Heide kurz vor Kriegsende drei deutsche Atombomben einsatzbereit gelegen hätten.

Ende Februar bekamen wir das Haus Nr. 14 der Aerodynamischen Versuchsanstalt zugewiesen. Wir richteten uns ein, so gut es ging, aber eine freundliche Atmosphäre ließ sich unter den primitiven Verhältnissen nicht schaffen; so gab es in den ersten Tagen weder fließendes Wasser noch eine Kochgelegenheit.

Unsere Bewegungsfreiheit war immer noch Beschränkungen unterworfen. Zum Beispiel durften unsere Besucher nicht in unser Haus, sondern wir mußten mit ihnen in einem Zimmer neben dem Wachlokal sprechen. Auch Telefonate mit der Stadt waren nur über diverse Zwischenstationen möglich. Vielfach drehten sich die Unterhaltungen mit Kollegen nur um die kärglichen Rationen.

Leider hatte man wegen meines Instituts in Tailfingen immer wieder neue Bedenken. Auf keinen Fall sollte ich selbst dort hinfahren, da man befürchtete, es würde ein »atomic bomb ace taken to France«. So mußte ich mich mit den brieflichen Mitteilungen Mattauchs begnügen, der zusammen mit Straßmann zu Joliot eingeladen worden war. Er hatte ferner einen Ruf an die Universität Wien bekommen und sollte in Salzburg ein »Otto-Hahn-Institut« aufbauen helfen.

Am 3. März wurden die Lebensmittelzuteilungen noch einmal um 50 Prozent gekürzt. Jetzt betrug der Nährwert nur noch gut 1000 Kalorien, was für einen Bettlägerigen gerade ausreichte, für einen Arbeiter aber völlig unzureichend war. An unserer Unterkunft wurde weiter herumexperimentiert, aber angenehmer wurde sie dadurch kaum. Als eine Badewanne installiert war, stellte sich zum Beispiel heraus, daß der Gasdruck für die Warmwasserbereitung nicht ausreichte. Eine nette Erinnerung habe ich nur an den 8. März, meinen Geburtstag, den mir Colonel Blount, Telschows und die Familie Planck verschönten. Die größte Überraschung aber war ein Paket von meiner Frau!

Inzwischen trafen die letzten »Alsweder« in Göttingen ein; nun waren wir also wieder vereint. Unsere Ungeduld über das Ausbleiben der Reisegenehmigungen wuchs von Tag zu Tag. Nur durch persönliches Erscheinen in Tailfingen hätte ich damals die Gerüchte und Verdächtigungen zerstreuen können, die über meine angebliche Zusammenarbeit – erst mit dem Hitler-Regime und jetzt mit den Anglo-Amerikanern – in Umlauf waren. Gentner, der Joliot in Paris besucht hatte, berichtete über dessen Verstimmung gegenüber den früheren Kriegsverbündeten, die Heisenbergs Anlagen in Haigerloch gesprengt und die deutschen Wissenschaftler weggeholt hatten. Nun würden die Franzosen nichts aus ihrer Zone herauslassen. Einige Tage später kam auch Butenandt mit neuen Informationen über die französische Besatzungspolitik.

Heisenberg und ich konnten unsere Nöte wieder einmal Brigadier Spedding vortragen, der uns in das neue Gästehaus der Engländer eingeladen hatte. Leider standen der äußere Glanz dieses Abends und die erlesenen Gaumengenüsse in krassem Gegensatz zu unseren Sorgen, die auch er nicht zu zerstreuen vermochte.

Am 1. April meldete ich Planck, den ich in elendem Zustand im Bett liegend antraf, ich hätte ihn nun offiziell in der Präsidentschaft der Kaiser-Wilhelm-Gesellschaft abgelöst. Er war froh, diese Bürde los zu sein.

Bei der für mich vorgesehenen Wohnung des verstorbenen Geheimrats Brandi, Herzberger Landstraße 44, gab es Schwierigkeiten. Der

Oberbürgermeister ließ mir mitteilen, daß diese Wohnung der Universität gehöre und für Zwecke der Kaiser-Wilhelm-Gesellschaft nicht frei sei. Mit dem »Wohnungskommissar« der Universität konnte ich aber im Tauschverfahren dieses Problem lösen. Ich war froh, die recht schöne 3-Zimmer-Wohnung mit Mobiliar übernehmen zu können.

Eine freudige Überraschung brachte mir ein Telegramm aus Frankfurt: Meine Schwiegertochter hatte am 14. April einen gesunden Jungen geboren. Kurz darauf bekam ich auch die Reiseerlaubnis in die amerikanische Zone, und am 18. April nahm Colonel Blount mich mit nach Frankfurt. Nach fast einem Jahr gab es mit Ilse ein Wiedersehen und die erste Besichtigung meines Enkels.

Nach einigen Urlaubstagen im Familienkreis und der Taufe des neuen Erdenbürgers hatte ich aber auch bald schon wieder dienstliche Dinge zu erledigen. Um die Zukunft meines Instituts schien es jetzt schlechter als je zuvor bestellt zu sein – Joliot hatte den Vorsitz des »Centre National de la Recherche Scientifique« an den Zoologen Tessier abgegeben, und eine Besuchserlaubnis für Tailfingen würde wohl nun noch schwerer zu bekommen sein. Dagegen hatten die Franzosen zugestimmt, daß unsere noch in Tailfingen und Hechingen festgehaltenen Familienmitglieder samt Möbeln und Büchern ausreisen durften.

Bald nach meiner Rückkehr nach Göttingen hatte ich mit Colonel Blount und Dr. Fraser eine längere Besprechung über meine eventuelle Reise im Dezember zur Nobelpreisverleihung. Offenbar hatte man von Stockholm aus schon Fühler ausgestreckt, und die für uns zuständigen englischen Stellen standen diesem Plan nicht mehr so ablehnend gegenüber wie früher. Ich sollte aber einen »Reisebegleiter« mitbekommen, wofür nur Dr. Fraser in Frage kam. Ein Brief von Arne Westgren, in dem auch meine Frau eingeladen wurde, wurde mir auch jetzt noch nicht direkt, sondern von einem unserer englischen Herren ausgehändigt.

In Sitzungen des von uns neu gegründeten Wissenschaftlichen Rates in Göttingen beschäftigte man sich meist mit den Berichten über unsere früheren Arbeiten, die in Form einzelner Monographien gedruckt wurden. In diesen Tagen hörten wir auch, daß die Kaiser-Wilhelm-Gesellschaft laut Kontrollratsbeschluß aufgelöst werden sollte. Ich schrieb daraufhin sofort ausführliche Briefe an Sir Henry Dale, A. V. Hill und mir bekannte Herren in der amerikanischen Zone und bekam sehr freundliche Antworten, aber auch sie konnten wohl gegen die allerhöchsten Beschlüsse nichts für uns herausholen.

Im Sommer gab es wieder einmal viel Unruhe, weil einige Gebäude der ehemaligen Aerodynamischen Versuchsanstalt in einer »Operation Surgeon« geräumt und abgerissen wurden. Wir konnten jedoch in den uns zugewiesenen Gebäuden bleiben und sie weiter herrichten. Um diese Zeit ging mir vom britischen Hauptquartier die Mitteilung zu, daß die Sowjets anscheinend die Absicht hätten, mich in ihren Machtbereich zu entführen. Ich wurde deshalb für etwa 14 Tage wieder bei den Engländern untergebracht. Wahrscheinlich lagen dieser Maßnahme aber nur neue unhaltbare Vermutungen und Gerüchte zugrunde, denn noch immer war die Verwirrung über das Schicksal der deutschen Wissenschaftler groß.

Trotz dieser unruhigen Wochen kamen wir mit dem Wiederaufbau unserer Gesellschaft gut voran. Am 11. September 1946 konnten wir die neue »Max-Planck-Gesellschaft zur Förderung der Wissenschaften« in der britischen Zone gründen. Die englischen Behörden hatten uns also nicht nur die Fortführung unserer Arbeiten, sondern auch die Neubelebung unserer Organisation gestattet, allerdings mit der Auflage, den Namen »Kaiser Wilhelm« nicht weiter zu verwenden. Da sich Max Planck auf meine Bitte hin bereit erklärt hatte, unsere Gesellschaft in Zukunft seinen Namen tragen zu lassen, war dieses Problem recht schnell und würdig gelöst.

Die Gründungsfeierlichkeiten fanden in Bad Driburg und Paderborn statt. An ihr nahmen teil:

Staatsminister Adolf Grimme, Hannover,

Prälat Professor Dr. Georg Schreiber, Rektor der Universität
Münster,

Professor Dr. F. H. Rein, Rektor der Universität Göttingen,

Professor Dr. Heinrich Konen, Rektor der Universität Bonn,

Professor Dr. Adolf Windaus, Göttingen,

Professor Dr. Max von Laue, Göttingen,

Professor Dr. Walther Gerlach, Bonn,

Generaldirektor Dr. W. Bötzkes, Breyell (Rheinland),

Professor Dr. Otto Hahn, Präsident der Kaiser-Wilhelm-Gesellschaft, Göttingen,

Dr. Ernst Telschow, Geschäftsführender Vorstand der Kaiser-Wilhelm-Gesellschaft, Göttingen,

Direktor Franz Arndt, Generalverwaltung der Kaiser-Wilhelm-Gesellschaft, Göttingen,

und als Gäste:

Regierungspräsident Hackethal, Münster,

Generaldirektor Roelen, Hamborn.

Ich begrüßte die Teilnehmer als amtierender Präsident, übergab das Wort dann an Minister Grimme, dem Dr. Telschow als nächster Redner folgte. Die anderen Herren gaben ihrer Genugtuung über diese Neugründung Ausdruck, und unser Gastgeber, Prälat Professor Höfer, hielt eine in die Zukunft weisende Ansprache, die später in der Zeitschrift »Theologie und Glaube« des Theologenkonvikts Paderborn publiziert worden ist.

Während der Feier und anschließend waren alle Gäste von Professor Höfer, zu dem wir über unseren alten Freund und tatkräftigen Förderer, Prälat Professor Schreiber, Kontakt bekommen hatten. Er leitete den Theologenkonvikt des Erzbistums Paderborn im Klementinum Bad Driburg.

Die Zusammenarbeit mit Professor Höfer hat zu einer bis heute dauernden Freundschaft zwischen meiner Familie und dem Prälaten geführt. Meine Frau und mein Sohn waren viele Jahre später mehrmals Gast bei ihm in Rom, und schon kurz nach der Tagung waren meine Frau und ich noch einmal in Driburg, wo ich vor Studenten des Konvikts zwei Vorträge über meine Arbeiten hielt. Die gute Unterbringung und Verpflegung, Spaziergänge und größere Ausflüge gaben mir aber auch genügend Zeit, die schöne Landschaft kennenzulernen und etwas Urlaub von Göttingen, dem Sitz unserer Generalverwaltung, zu machen.

Nach diesem Neubeginn mußte ich nun versuchen, unsere Arbeit auch auf die amerikanische Besatzungszone auszudehnen. Hier war die Max-Planck-Gesellschaft offiziell noch nicht anerkannt, und so kam mir die Erlaubnis zu einem weiteren Besuch des amerikanisch kontrollierten Teils Deutschlands sehr gelegen. Ich konnte mich endlich wieder etwas freier bewegen und wollte dort nicht nur private Angelegenheiten regeln, sondern auch General Clay, dem obersten Befehlshaber in Süddeutschland, die Bitte um Zulassung unserer neuen Gesellschaft vortragen.

Im Oktober verabschiedeten wir den von allen sehr geschätzten Mr. Blunt in einer kleinen Feier. Von Dr. Fraser hörte ich dabei, daß er meine Frau und mich auf der Reise nach Stockholm zur Nobelpreis-Verleihung begleiten würde. Dr. Fraser war so taktvoll, mich die Beschränkung unserer Freizügigkeit so wenig wie möglich merken zu lassen, und bezeichnete seine Begleitung als »freundschaftliche Reisehilfe«.

Die Schwedenfahrt begann für uns drei am 2. Dezember. Wir fuhren zunächst nach Hamburg, wurden in der Offiziersmesse in Blankenese von englisch und deutsch sprechenden Herren sehr nett empfangen und für die Nacht untergebracht. Am Tag danach gab es eine Konferenz im Haus der Presse. Ein amüsantes Reiseerlebnis hatten wir im Zug mit einer jungen Belgierin, die mich meiner ulkigen Fremdsprach-Sentenzen wegen für einen Varietékünstler hielt und glaubte, ich würde in Stockholm öffentlich auftreten.

Die Nacht zum 4. Dezember verbrachten wir in Kopenhagen. Auch hier wurde uns der Aufenthalt in Anbetracht unseres Reisegrundes so angenehm wie möglich gemacht. Das galt auch für die Kontrolle durch die schwedischen Grenzbeamten, die auf jede Gepäckrevision verzichteten. Auf der Fähre nach Malmö mußte ich dem Chef des Schiffsrestaurants und dem Oberkellner Autogramme geben. Dann ging es per Zug weiter nach Stockholm. Da wir kein schwedisches Geld bei uns hatten und die Reiseschecks Dr. Frasers im Zug nicht angenommen wurden, lieh uns der Schlafwagenschaffner den Betrag für die Fahrkarten. Aber auch eine junge Dame mußten wir anpumpen. Wir beglichen unsere Schulden natürlich dann sofort von Stockholm aus.

An unserem Reiseziel erwarteten uns Lise Meitner, mein Freund Percy Quensel, ein Attaché des schwedischen Außenministeriums, Frau von Hevesy und viele Journalisten. Im vornehmen »Savoy« waren wir vorzüglich untergebracht und aßen mit unseren Freunden nach langer Zeit einmal wieder friedensmäßig zu Abend.

Zuvor hatte ich aber noch eine recht unglückliche Unterhaltung mit Lise Meitner, die meinte, ich hätte sie damals nicht aus Deutschland fortschicken dürfen. Dieser Mißklang war wohl auf eine gewisse Enttäuschung zurückzuführen, daß ich den Preis allein bekommen hatte. Darüber habe ich mit Lise Meitner zwar nicht gesprochen, wohl aber gaben es mir einige ihrer Bekannten auf eine wenig freundliche Weise zu verstehen. An dieser Entwicklung war ich aber damals wirklich unschuldig gewesen; ich hatte doch nur das Wohl meiner geschätzten Kollegin im Auge gehabt, als ich ihre Emigration vorbereitete. Und schließlich war mir der Preis nur für Arbeiten zuerkannt worden, die ich allein oder gemeinsam mit meinem Kollegen Fritz Straßmann durchgeführt hatte, und Lise Meitner ist für ihre Leistungen in den USA mehrfacher Ehrendoktor und sogar einmal »Frau des Jahres« geworden.

Der 5. Dezember begann mit einer großen Pressekonferenz und Besuchen verschiedener Herren. Am Nachmittag gab ich im Rundfunkhaus ein Interview, hatte zuvor aber noch Anprobe beim Maßatelier Lidvall. Ich konnte ja nicht ohne Frack zur Festveranstaltung erscheinen, und in Deutschland besaß ich ein so elegantes Kleidungsstück schon lange nicht mehr.

Ähnlich verliefen auch die nächsten Tage. Es trafen allerdings jetzt schon die ersten Briefe von Bittstellern ein, die mich meist um »ein paar tausend Kronen« angingen. Wenn ich diese Mitmenschen auch tief enttäuschen mußte, so erhielten doch sehr viele Verwandte und Bekannte in der Heimat von mir nahrhafte Grüße aus Schweden. Ich erinnere mich, daß ich in der Nordiske Kompagnie über 70 Pakete zusammenstellen und nach Deutschland schicken ließ. Für meine Frau war der

Kauf einiger Kleider und Schuhe ein aufregendes Erlebnis, und ich freute mich sehr, mir einen neuen Mantel und einen Anzug zulegen zu können.

Wir genossen aber auch die Atmosphäre dieser schönen Stadt, die sich von den deutschen Städten nicht nur durch ihre Unversehrtheit abhob; der Kungsgatan und vieles andere beeindruckten uns, zumal sich unsere Freunde sehr um uns bemühten und versuchten, für ein paar Tage den Krieg und die Nachkriegszeit aus unserer Erinnerung zu löschen. Besonders schön waren die Abende mit Besuchen gepflegter Lokale, die mir aber leider einige Male nicht so recht bekamen, da ich gute Speisen und Getränke nicht mehr gewöhnt war.

Am 10. Dezember war es dann soweit. Aber wie schon so oft, passierte mir auf dem Weg zum Festsaal wieder einmal ein Mißgeschick: Ich stellte plötzlich fest, daß mein neues Frackhemd ein Tintenklecks von beachtlichem Ausmaß zierte. Glücklicherweise konnte ich ihn während der Feier verdecken, mußte mich aber von meinem Freund Georg von Hevesy fragen lassen, ob Tintenkleckse auf Frackhemden die neueste Mode seien.

Professor Arne Tiselius hielt die Festansprachen für die einzelnen Preisträger. Mich bedachte er mit folgenden Worten:

»Herr Professor Otto Hahn!

Beim Nobelfest, den 10. Dezember 1945, waren Sie leider nicht in der Lage, Ihren Nobelpreis selbst hier in Empfang nehmen zu können. Bei dieser Gelegenheit wurde aber von dem Vorsitzenden des Nobelausschusses für Chemie eine ausführliche Darstellung der Ergebnisse Ihrer Forschungen gegeben. Heute muß ich mich deshalb darauf beschränken, unserer großen Freude darüber Ausdruck zu geben, daß Sie heute zugegen sein können, um Ihren Preis und unsere Glückwünsche persönlich zu empfangen. Die Entdeckung von der Spaltung schwerer Atomkerne hat zu derartigen Folgerungen geführt, daß wir alle, ja eine ganze Welt mit großen Erwartungen, aber auch mit großer Angst der weiteren Entwicklung entgegensehen. Ich bin überzeugt, Herr Professor, daß, ebenso wie Ihre große Entdeckung ein Ergebnis Ihrer tiefgreifenden Forschungen über Atomkerne gewesen ist, ohne Rücksicht auf eventuelle praktische Anwendungen, die weitere lebhafte Entwicklung der Forschung auf diesem Gebiet als Konsequenz Ihrer Arbeit Ihnen eine ganz besonders große Freude machen wird. Bezüglich der praktischen Verwendung bin ich auch überzeugt, daß Sie, Herr Professor, unser aller Hoffnung teilen, daß auch diese doch endlich zum Segen der Menschheit dienen wird.

Herr Professor Otto Hahn, indem ich Ihnen die aufrichtigen Glückwünsche der Akademie darbringe, bitte ich Sie, aus der Hand Seiner Majestät des Königs den Nobelpreis für Chemie des Jahres 1944 entgegennehmen zu wollen.«

Nach der Entgegennahme der Medaille aus der Hand des Königs Gustav Adolf von Schweden bedankte ich mich für die hohe Auszeichnung:

»Der Schwedischen Akademie der Wissenschaften und dem Nobelkomitee möchte ich meinen tiefgefühlten Dank aussprechen für die große Ehre, die sie mir mit der Erteilung des Nobelpreises erwiesen haben, und auch Ihnen, sehr verehrter Herr Präsident Curman, möchte ich herzlich danken für Ihre gütigen Worte.

Mein Dank ist besonders tief empfunden, weil ich hier als Angehöriger eines Landes stehe, das durch sein Regime und durch einen fast sechsjährigen Krieg das wohl unglücklichste Land der Welt geworden ist. Es steht allein da und hat keinen Freund. Durch die Verleihung des Preises glaube ich aber doch zu erkennen, daß die Verbindung wenigstens der internationalen Wissenschaft nicht abgerissen ist. Diesen beglückenden Eindruck hatte ich schon vor einigen Monaten, als ausländische, vor allem britische Gelehrte nach Göttingen kamen, um an den Tagungen der Chemiker und Physiker in der britischen Zone teilzunehmen. Denselben Eindruck hatten wir durch die Einladung einzelner Deutscher nach England zur Newton-Feier und zu einem Röntgen-Kongreß.

Es ist ja wirklich nicht so, daß während der letzten 13 Jahre alle Deutschen und vor allem alle deutschen Wissenschaftler sich mit fliegenden Fahnen dem Hitlerregime verschrieben hätten.

Und daß die Wissenschaft auch während des Krieges in Deutschland nicht zum Erliegen kam, wird die auf Anregung der Alliierten zur Zeit in Deutschland zur Veröffentlichung vorbereitete Monographien-Sammlung wohl zeigen, wenn die Arbeiten auch vielfach unter dem Motto ›kriegswichtig‹ oder gar ›kriegsentscheidend‹ liefen. Tausende junger Deutscher sind dadurch der Forschung erhalten geblieben. Tausende wurden in die neue Zeit herübergerettet.

Und was die deutsche Jugend angeht, so ist das Verhalten großer Teile von ihr vielleicht nicht so hart zu beurteilen, wie es wohl gelegentlich geschieht. Sie hatte ja keine Möglichkeiten einer eigenen Urteilsbildung, keine unabhängige Presse, keine ausländische Radioübertragung, konnte das Ausland nicht persönlich kennenlernen. Wer ins Ausland geschickt wurde, wurde überprüft, und wer Kritik übte, wurde nicht fortgelassen.

Wieviel leichter war es für uns von der älteren Generation. Daß ich das Glück habe, heute hier zu sprechen, verdanke ich meinem verehrten englischen Lehrer, Sir William Ramsay, auf dessen Vorschlag ich von der Organischen Chemie zur Radioaktivität übergewechselt bin, verdanke ich vor allem meinem hochverehrten Lehrer Professor Rutherford, der vor 40 Jahren mit seiner eigenen Begeisterung mich selbst mit Begeisterung für das damals neue Gebiet der Radiumforschung erfüllte.

Und bis in die letzten Jahre hinein konnte ich die Verbindung mit dem Ausland aufrechterhalten. 1939 hatte ich die Möglichkeit, in den drei skandinavischen Ländern und in England ein paar Vorträge zu halten, und 1943 verlebte ich einige unvergeßliche Tage in Ihrer wunderschönen Stadt. Schon damals kam mir das wie ein Märchen vor; wieviel mehr noch ist dies heute der Fall!

Bis in die letzte Zeit hinein scheinen übrigens meine Reisen nicht aufgehört zu haben! Wenn ich die Zeitungen des Jahres 1946 aufschlage, so kann ich lesen, daß ich in Tennessee in den Vereinigten Staaten gesehen wurde, daß ich nach Rußland entführt bin, daß ich aber auch schon 1939 nach Schweden emigriert bin; und was sonst noch alles über meine Tätigkeit geredet worden ist, wird um so unrichtiger, je romantischer es wird. In Wirklichkeit haben wir auch während des Krieges unsere Arbeiten durchgeführt und zur Veröffentlichung gebracht. Wir sind froh darüber.

Aber alle konnten dies nicht. Es ist wohl doch nicht vielen Menschen außerhalb Deutschlands wirklich klar, unter welchem Druck die meisten während der letzten 10 oder 12 Jahre gelebt haben; und ich darf noch einmal sagen, wie viele meiner deutschen Kollegen sich trotz aller äußerlichen Hemmnisse bemüht haben, auch die reine Wissenschaftsforschung, soweit es irgend möglich war, während der Kriegszeit fortzusetzen.

Noch einmal meinen tiefempfundenen Dank!«

Für diese Worte, mit denen ich wenigstens einen kleinen Versuch zur Rettung der Ehre des deutschen Namens und des Ansehens der deutschen Jugend gemacht habe, bedankten sich besonders Prinzessin Sibylle, eine Reihe namhafter Persönlichkeiten und eine schwedische Studentengruppe bei mir.

Einen Tag später wurden uns die Schecks überreicht. In meinem Fall war der Nobelpreis mit 121000 Schwedischen Kronen verbunden, von denen ich schon einen Teil für die Pakete und Anschaffungen vorweg ausgegeben hatte; einen größeren Betrag übergab ich später Professor Straßmann, und der Rest wurde auf einer schwedischen Bank deponiert.

Der Abend des 12. Dezember stand im Zeichen eines großen Empfanges, den der König für uns gab. Am nächsten Tag hatte ich meinen großen Festvortrag – den ich im Anschluß an meine Erinnerungen nochmals veröffentliche – in der Akademie zu halten.

Besonders schöne Erinnerungen verbinde ich mit der Geburtstagsfeier meiner Frau, die in Stockholm natürlich nicht ausfallen durfte, und mit einem Besuch bei Prinzessin Sibylle und Prinz Gustav. Dort zeigten die Damen einander die Bilder ihrer fast gleichaltrigen Enkelkinder. Obwohl beide die Schönheit des fremden Kindes über alle Maßen bewunderten, bin ich noch heute davon überzeugt, daß jede der Großmütter ihr Enkelchen für das allerschönste Kind hielt.

Nach so vielen und angenehmen Erlebnissen traten wir am 14. Dezember die Heimreise an. In Göteborg, wo uns erneut die Gastfreundlichkeit guter Freunde zuteil wurde, unterbrachen wir sie noch einmal, dann brachte uns der Zug auf derselben Strecke wie knapp zwei Wochen zuvor nach Deutschland zurück. Dank der Hilfe Dr. Frasers bemerkten wir wiederum kaum etwas von den Grenzformalitäten, die damals noch recht langwierig waren.

In Göttingen erwarteten uns Brigadier Spedding und seine englischen Herren, aber auch Zimmer mit Temperaturen unter null Grad. So zeigte sich der Kontrast zu Stockholm nicht nur recht deutlich, er machte sich auch sehr unangenehm fühlbar.

Die nächsten Tage, mit Gratulationen, Vorbesprechungen über Wochenschauaufnahmen, brachten viel Aufregung. Ich erinnere mich, daß, bei der für die Wochenschau »gestellten« Aufnahme, Max Planck sich in seiner mir gewidmeten Rede so verhaspelte, daß er vor den versammelten übrigen Nobelpreisträgern Heisenberg, von Laue und Windaus noch einmal von vorn anfangen mußte. Meine Frau kam bei der Geschäftigkeit dieser Wochen noch nicht einmal dazu, das Weihnachtsbäumchen zum Heiligen Abend aufzustellen. Am 30. Dezember trafen Hanno und Ilse ein, so daß wir den Jahreswechsel endlich wieder in erweitertem Familienkreis feiern konnten.

Das neue Jahr begann mit weiteren Bemühungen um den Wiederaufbau der deutschen Wissenschaft. Es gelang mir, an der Tagung des Wirtschaftsausschusses des Länderrates in Stuttgart teilzunehmen, wo ich zudem Gelegenheit hatte, mit Herren der amerikanischen Behörden zu sprechen.

Während einer Vortragsreise erreichte mich die Nachricht von der schweren Erkrankung Max Plancks. Offenbar mußte man damit rechnen, daß er nicht mehr lange unter uns weilen würde. Dieser große Mann hatte der deutschen Wissenschaft und seinem Vaterland so viel gegeben wie sonst wohl niemand von uns. Sein Sohn, in die Ereignisse des 20. Juli 1944 verwickelt, war verhaftet und zum Tode verurteilt worden. Alle Bemühungen des Vaters mußten bei dem damaligen Regime fruchtlos bleiben; das Urteil wurde vollstreckt. Aber auch die letzten Jahre in Göttingen waren für Max Planck sehr schwer. Aus seiner Wohnung, die man ihm zunächst zugewiesen hatte, wurde er bald wieder ausquartiert. Nun mußten wir also darauf gefaßt sein, unseren Nestor zu verlieren.

Eine andere Hiobsbotschaft kam aus Stockholm. Dort war der Thronfolger Prinz Gustav, den ich kaum acht Wochen zuvor als liebenswürdigen Gastgeber kennengelernt hatte, mit einem Flugzeug tödlich verunglückt.

Am 1. Februar durfte ich zum erstenmal nach fast zwei Jahren wieder in die französische Zone einreisen. Ich besuchte natürlich zuerst Tailfingen, und anschließend hatten Professor Heisenberg, Dr. Fraser und ich Gelegenheit, mit General Schmittlein, Generalleutnant Poll, Professor Joliot und anderen Franzosen zu sprechen. Sie hätten mich gern in ihr Einflußgebiet zurückgeholt, meinten aber auch, daß ich nicht länger Direktor des Kaiser-Wilhelm-Instituts für Chemie bleiben könne, falls ich nicht in die französische Zone umsiedele.

Wenige Tage später verbot mir Dr. Fraser, in meiner Eigenschaft als Präsident der Max-Planck-Gesellschaft in anderen Zonen für unsere Organisation zu werben. Man wolle mir zwar private Äußerungen zu diesem Thema nicht untersagen, offizielle Gespräche seien aber noch längst nicht am Platze. Ich protestierte, verlangte eine noch weitergehendere Unterstützung und eine generelle Reisegenehmigung für ganz Deutschland.

Nach mehreren Telephongesprächen mit den amerikanischen Dienststellen schickte ich Ende Februar ein Telegramm an General Clay nach Berlin, denn die Frage einer Erweiterung des Arbeitsbereiches der Max-Planck-Gesellschaft sollte unbedingt erörtert werden. Eine diesbezügliche Denkschrift wurde ausgearbeitet und von den Ministerpräsidenten aller Länder der amerikanischen und britischen Zone unterzeichnet.

Mit großer Sorge betrachtete ich die Abwanderung deutscher Wissenschaftler in die USA. Um gegen die Methoden der Amerikaner zu protestieren, die diesen Strom der wissenschaftlichen deutschen Elite durch »Einladungen« in ihr Land lenkten, veröffentlichte ich am 22. Februar gemeinsam mit Professor Hermann Rein einen Artikel in der »Göttinger Universitäts-Zeitung«. Einstein, Franck, Pringsheim, Meyerhof und viele Kollegen bekamen Sonderdrucke, und die Antworten waren meist zustimmend. Sogar zwei amerikanische Professoren, die Rein gerade besuchten, drückten ihre Genugtuung über den Artikel aus. Darüber freuten wir uns ganz besonders.

Ganz anders reagierten diejenigen, an die sich unsere Stellungnahme richtete. Aus Heidelberg kam postwendend die Nachricht, daß die Militärregierung sehr ungehalten über uns sei. Ein amerikanischer Offizier erschien bei Dr. Fraser, um sich zu beschweren, da unser Artikel auch in Washington bekannt und dort entsprechende Reaktionen auslösen würde. Ich versuchte, ihm unsere Sorgen klarzumachen, und hatte nach einigen Stunden den Eindruck, aus einem harten Kritiker einen verständnisvollen Freund gemacht zu haben.

Dieser Debatte folgten bald weitere erregte Auseinandersetzungen mit anderen amerikanischen Offizieren, die für die deutsche Forschung zuständig waren und die ihre Zweifel an einer Existenzberechtigung der Max-Planck-Gesellschaft äußerten. Ich kämpfte für die Interessen der hochschulunabhängigen wissenschaftlichen Institute und lehnte es ab, den früheren Kaiser-Wilhelm-Instituten in der amerikanischen Zone mitzuteilen, daß die Gesellschaft nicht mehr existiere. Meine amerikanischen Gesprächspartner wollten daraufhin die Institutsdirektoren selbst um ihre Meinung befragen und General Clay danach entsprechend informieren.

Im Sommer schrieben dann zehn Nobelpreisträger an General Clay, der aber nur antworten ließ, daß die Auflösung der Kaiser-Wilhelm-Gesellschaft endgültig sei und die Zulassung der Max-Planck-Gesellschaft in seinem Machtbereich nicht in Frage käme. Auf meine Bitte, ihn persönlich sprechen zu dürfen, kam nach einigen Wochen ein Anruf aus Berlin, der General sei bereit, mich am 4. August in Frankfurt zu empfangen.

Zum verabredeten Termin begab ich mich mit Dr. Telschow in meine Heimatstadt. Im früheren IG-Farben-Verwaltungsgebäude erfuhren wir, daß der General nur wenig Zeit für uns habe. Nach einigem Warten wurde ich – ohne Dr. Telschow – zu ihm gebeten und dankte zunächst für die Gelegenheit, ihm unser Anliegen vortragen zu dürfen. Meinen Bericht über die Lage der deutschen Wissenschaft hörte General Clay mit Zurückhaltung an und warf ein, daß es eine Max-Planck-Gesellschaft in seiner Zone nicht gäbe. Ich bat ihn daraufhin um einen schriftlichen Bescheid über die Auflösung der Kaiser-Wilhelm-Gesellschaft, damit ich ihn meinen Kollegen zeigen könne. Als ich auf das Ansehen der deutschen Wissenschaft in den USA anspielte, hakte Clay ein: Einstein habe keine gute Meinung von uns. Ich erwiderte, daß Einsteins Ablehnung nur die Politik im Dritten Reich, nicht aber die Wissenschaft beträfe. Wir seien jedenfalls keine Naziorganisation gewesen. Auf meinen dringenden Appell hin sagte der General schließlich zu, unsere Sache mit seinen zuständigen Mitarbeitern zu besprechen, so daß ich mich wenigstens mit einem Gefühl der Erleichterung verabschieden konnte.

Und tatsächlich blieb der Erfolg nicht aus. Vier Wochen später teilte mir zunächst Colonel Blount mit, daß die Zukunft der Max-Planck-Gesellschaft nicht mehr ganz so trübe aussähe. Wenig später bekam ich ein vertrauliches Schreiben zu sehen, wonach unsere Gesellschaft nun doch bizonal aufgebaut werden durfte.

Am 4. Oktober verließ uns dann der Mann, dessen Namen unsere neue Gesellschaft trug, für immer. Auf der kleinen Trauerfeier für Max Planck sprachen nach dem Pfarrer Max von Laue und ich.

In diesen Tagen teilte mir Professor Mattauch mit, daß er eine Berufung nach Zürich habe. Ich konnte ihm schwerlich abraten, diesem Angebot zu folgen, sosehr ich den neuerlichen Verlust für die deutsche Wissenschaft bedauerte. Ferner erfuhr ich vom Plan der Franzosen, Professor Riezler als Ordinarius und Leiter der Hechinger Gruppe nach Mainz zu holen.

Mitte November wurden Heisenberg und ich von unseren englischen Betreuern gebeten, für eine gewisse Zeit unsere privaten Wohnungen nicht mehr zu betreten und in der Offiziersmesse auf dem Gelände der Aerodynamischen Versuchsanstalt zu übernachten. Offenbar befürchtete man wieder einmal unsere Entführung. So erklärt es sich auch, daß ein Vortrag, den ich in Braunschweig halten wollte, zunächst strikt abgelehnt wurde. Erst nach meinem energischen Protest wurde der Vortrag für den 19. November gestattet, mir aber gleichzeitig eine militärische Begleitung »verordnet«. Da wir in zwei Autos – ich im ersten mit einem Offizier und dem Fahrer, im zweiten mein Sicherheitspersonal – fuhren, kam ich mir fast wie ein gekröntes Haupt vor. Auch während des Vortrages saßen meine Begleiter in den vordersten Reihen, was natürlich auffallen mußte. Ich mußte schließlich meine Gastgeber darüber aufklären, daß die Engländer ihre Schutzmaßnahmen wohl tatsächlich nur im Interesse meiner Sicherheit getroffen hatten.

Kurz darauf wurde unsere Quarantäne aufgehoben, aber nach einer Woche erneut angeordnet. Heisenberg lehnte es jetzt ab, wieder umzuziehen. Er sah für sich keine Gefahr, da er stets vor Einbruch der Dunkelheit in seiner Wohnung war.

Bald konnte ich mich mit Dr. Nordstrom von den amerikanischen Behörden in Berlin über die Satzung der bizonalen Max-Planck-Gesellschaft unterhalten. Mir wurde zugesichert, daß die Frage der Mitgliedschaft nach unseren Vorstellungen geregelt werden sollte. Meine Sorgen um die Finanzierung unserer Arbeiten wurden für berechtigt gehalten, jedoch sollten auch dafür geeignete Lösungen angestrebt werden. Besonders froh war ich darüber, daß wir die Dahlemer Institute nicht aufzulösen brauchten, sondern sie – und auch das Völkerrechtsinstitut – als Gastabteilungen eingliedern durften.

Mitte Januar 1948 erfuhr ich, daß General Clay unterschrieben habe, was für uns, nachdem General Robertson schon vorher zugestimmt hatte, endgültig grünes Licht bedeutete. Nun konnten wir – von Laue, Kuhn, Regener, Telschow und ich – die Gründungsversammlung vorbereiten und die Statuten ausarbeiten. Dr. Nordstrom und Colonel Blount erzwangen allerdings einige Änderungen unserer Vorschläge, die uns gar nicht schmeckten, aber schließlich gelang es, in allen strittigen Punkten einen Kompromiß zu finden, der beide Seiten zufriedenstellte. Am 11. Februar wurde uns in feierlicher Form die Gründungsgenehmigung erteilt. Die amerikanischen und britischen Besatzungsbehörden verpflichteten sich, jedes frühere Kaiser-Wilhelm-Institut in ihren Zonen zum Beitritt einzuladen, sobald die neue Gesellschaft gegründet war. Die Herren Nordstrom, Blount und Fraser sprachen über die Verantwortung um die Wissenschaft, die nun wieder in deutsche Hände gelegt würde; ich bedankte mich.

Die Gründungsversammlung fand am 26. und 27. Februar 1948 in Göttingen statt. Die in- und ausländische Presse, von den Engländern eingeladen, folgte aufmerksam einem Programm, das gut vorbereitet war und dementsprechend reibungslos ablief. Von den Instituten waren mehr als 50 Direktoren und Wissenschaftliche Mitglieder gekommen. So wurde ein wichtiger Markstein in der Geschichte der deutschen Wissenschaft gesetzt, bildete doch dieser Akt praktisch einen organisatorisch völligen Neubeginn. Einen bemerkenswerten Kontrast zur Bedeutung der Gründung bildeten die kulinarischen Genüsse, die den Teilnehmern geboten wurden: Es gab an beiden Tagen Eintopf!

An dieser Stelle sei eine kleine Notiz Max von Laues wiedergegeben, die er für die Zeitschrift »Experientia« verfaßt hat:

»Am 26. Februar d. J. wurde in Göttingen unter Teilnahme einer großen Anzahl namhafter Wissenschaftler die ›Max-Planck-Gesellschaft zur Förderung der Wissenschaften‹ gegründet. Aufgabe der Institute der neuen Gesellschaft ist es, Grundlagenforschung zu betreiben in völliger Freiheit und Unabhängigkeit, nur dem Gesetz unterworfen.

Die Gesellschaft ist berufen, die Tradition der Kaiser-Wilhelm-Gesellschaft fortzuführen. Es gehören ihr deshalb in erster Linie die bisherigen Kaiser-Wilhelm-Institute in der amerikanischen und britischen Zone an. Bei der Gründung sind zwei weitere Institute, das Kerckhoff-Institut in Bad Nauheim und das Chemotherapeutische Forschungsinstitut – Georg-Speyer-Haus – in Frankfurt, angegliedert worden. Der Beitritt steht weiteren deutschen Forschungsinstituten ohne Rücksicht auf ihre geographische Lage offen, selbstverständlich unter der Voraussetzung, daß es sich um Forschungsinstitute von anerkanntem wissenschaftlichen Rang handelt und daß ein Bedürfnis für die Pflege des Forschungsgebietes im Rahmen der Gesellschaft besteht. Zum Präsidenten der Gesellschaft wurde der bisherige Präsident der Kaiser-Wilhelm-Gesellschaft, Otto Hahn, gewählt. Dem Senat gehören u. a. die Professoren Heisenberg, von Laue, Windaus, Wieland, Kuhn, Regener usw. an. Die Max-Planck-Gesellschaft wird auch von den Besatzungsmächten gefördert. Sie vertraut darauf, daß es ihr gelingen wird, die Institute – soweit zerstört, beschädigt oder vom früheren Standort verlagert – wieder voll aufzubauen, und daß ihre Arbeit auch den Weg zu einer internationalen Zusammenarbeit anbahnen wird.«

GÖTTINGEN 1948–1960

Nach dem erfolgreichen Start der Max-Planck-Gesellschaft im größeren Rahmen stellten sich schon bald neue Schwierigkeiten ein. Die Finanzierung wurde für die britische Zone so geregelt, daß die Länder entsprechend ihrem Steueraufkommen Beiträge an uns zu zahlen hatten, während in der amerikanischen Zone die Institute ihre Finanzierung bei den Länderministerien selbst auszuhandeln hatten. Dazu kam eine relativ geringfügige Unterstützung durch private Stellen und die Industrie. Glücklicherweise brachte aber die Währungsreform keine wesentliche Kürzung unserer Mittel.

Eine interne Kritik kam aus Tübingen. Gerade die ältesten Mitglieder der Kaiser-Wilhelm-Gesellschaft monierten, nicht ausreichend angehört worden zu sein. Nach ihrer Meinung hatten wir zu viele unbedeutende Institute aus der britischen Zone aufgenommen, und nicht alle Direktoren entsprächen unseren Anforderungen. Ich konnte aber an Ort und Stelle alle Bedenken ausräumen und die Versicherung mitnehmen, daß auch die Institute der französischen Zone der neuen Gesellschaft beitreten würden, sobald dies seitens der Besatzungsmacht erlaubt würde. Nachdem ich im April und Mai Vorträge in Bern, Zürich und Basel gehalten hatte und im Sommer zu einer Ministerkonferenz nach Holzminden geladen worden war, nahm ich am 18. und 19. Oktober an einer großen Konferenz aller Kultusminister in Ravensburg teil. Dort wollte ich über die Notwendigkeit einer einheitlichen Finanzierung der Institute und über die Bedeutung der Forschung vortragen, wurde aber sehr kühl aufgenommen und erst zugezogen, als über die Max-Planck-

Gesellschaft schon gesprochen und Dr. Telschow abgelehnt worden war. Herr Regener und ich verteidigten unseren Geschäftsführer, konnten aber nicht verhindern, daß eine Kommission gebildet wurde, die den »Fall Telschow« untersuchen und den Ministern berichten sollte. Für die »Flurbereinigung der Institute« bestritt ich die Kompetenz der Kultusminister in erregten Worten, denn derartige Maßnahmen konnten nur vom Senat durchgeführt werden.

Mein Wunsch nach einer bizonal einheitlichen Finanzierung der Max-Planck-Gesellschaft stieß auf härteste Ablehnung, vor allem durch Frau Minister Teusch und Minister Stein. Frau Teusch verbot mir quasi meine – wie sie es nannte – »Techtelmechtel« mit den Bizonenbehörden in Frankfurt. Dort hatte ich nämlich bei Oberdirektor Pünder vom Amt für Wirtschaft gemeinsam mit unserem Vizepräsidenten Regener eine Besprechung gehabt, an der auch Direktor Hartmann teilgenommen hatte. Diese Herren hatten uns ihrer Sympathie versichert, aber auch keine Mittel bereitstellen können. Mit meiner wohl etwas sehr impulsiven Rede über die Notlage der deutschen Wissenschaft fand ich zwar aufmerksame Zuhörer, vermochte aber nicht, das Mißtrauen gegen mich abzubauen.

Die Untersuchungskommission entlastete Dr. Telschow im wesentlichen. Aber auch auf einer weiteren Ministerkonferenz ging es noch einmal um unseren Geschäftsführer. Dr. Grimme, der inzwischen zum Direktor des Nordwestdeutschen Rundfunks bestellt worden war, nahm ihn zwar gegen ungerechtfertigte Anschuldigungen in Schutz, mußte mir aber doch im Auftrag seiner Kollegen mitteilen, daß Dr. Telschow »unerwünscht« sei.

Herbst und Winter 1948 brachten weiterhin viel Arbeit, aber auch manche heitere Stunde. An unserer Senatssitzung in Göttingen nahm erstmalig Professor Butenandt als Vertreter der »französischen« Kaiser-Wilhelm-Institute teil. Schließlich feierten wir den Abschied unseres Freundes Dr. Fraser, der zur UNESCO nach Paris ging.

Ende November bereiste ich Stuttgart, wo ich vor etwa tausend Personen einen Vortrag zu halten hatte, Tailfingen, Frankfurt und Bad Nauheim. Hier wurde über die Angliederung des Kerckhoff-Instituts gesprochen, die aber wegen unserer schwierigen Finanzlage offenbleiben mußte. Gleichzeitig konstituierte sich der zukünftige Forschungsrat und legte sein Arbeitsprogramm fest.

Während einer Fahrt durch das Ruhrgebiet hatte ich Gelegenheit, mit Vertretern der Industrie zu sprechen. Einige Herren deuteten die Möglichkeit der Bereitstellung größerer Mittel für unsere Gesellschaft an. In Mainz, wo ich auf einer Universitätsfeier über unsere Aufbauarbeit berichtete, schlug mir allerdings große Zurückhaltung entgegen. Einladungen der spanischen Akademie der Wissenschaften, die an Heisenberg und mich ergangen waren, durften wir auf Anordnung der Militärbehörden leider nicht folgen.

Anfang Februar 1949 hatte ich wieder einmal Gelegenheit, nach Berlin zu fliegen. Mein Aufenthalt in der alten deutschen Hauptstadt sollte zwar geheim bleiben, wurde aber doch bald bekannt. Ich wohnte bei Dr. Nordstrom, der mehrmals Empfänge gab, zu denen viele gute Bekannte geladen wurden. Ich konnte mich ausgiebig mit dem Regierenden Bürgermeister Ernst Reuter unterhalten, hatte aber gerade in dieser Woche Mühe, mich mit Hilfe von Grippemitteln und Alkohol einigermaßen aufrecht zu halten.

Der 8. März stand in Göttingen im Zeichen meines 70. Geburtstages. Die naturwissenschaftliche Fakultät verlieh mir die Ehrendoktorwürde, die Chemische Gesellschaft ein Ehrendiplom. Mehrere naturwissenschaftliche Zeitschriften beschäftigten sich in ihren Märzausgaben mit meinen Arbeiten.

Aber auch eine Auslandsreise stand nun nach längerer Pause wieder auf meinem Programm. In Oxford und London nahm ich an Tagungen teil, die sich mit den Transuranen beschäftigten. Ich trug selbst vor und konnte einige Forschungsinstitute besichtigen. Nach Deutschland zurückgekehrt, ging die tägliche Kleinarbeit weiter, die mich als Präsidenten der Max-Planck-Gesellschaft ziemlich beanspruchte. Nicht alle Herren waren stets einer Meinung, und oft waren sehr divergierende Auffassungen unter einen Hut zu bringen. Die finanziellen Wünsche unserer Institute bereiteten mir großen Kummer, und besonders mit den bayerischen Regierungsstellen gab es manchen Strauß auszufechten.

Im Juli gab es für mich zweimal Anlaß zur Freude: Einmal wurde ich Dr.-Ing. E. h. aller sieben Fakultäten der Technischen Hochschule Darmstadt, zum anderen erhielt ich ein Schreiben der zuständigen Stellen der drei westlichen Besatzungsmächte, daß unsere Gesellschaft nun in allen drei Zonen arbeiten dürfe. Diese Genehmigung auch für die französische Zone kam den dort arbeitenden Kollegen so überraschend, daß sich einige erst bei ihren örtlichen Behörden vergewissern mußten, ob sie tatsächlich stimme.

Weitere Ehrungen wurden mir in Frankfurt – Ehrendoktor der Naturwissenschaftlichen Fakultät – und in Bonn – Max-Planck-Medaille der Physikalischen Gesellschaft gemeinsam mit Lise Meitner – zuteil.

Die Differenzen innerhalb unserer Gesellschaft waren bald so weit bereinigt, daß nun auch die Institute in der französischen Zone, deren Direktoren die schon genannten Vorbehalte angemeldet hatten, den Beitritt erklärten. Aber noch lange wurde um Statutenänderungen und um die Stellung des Generaldirektors der Max-Planck-Gesellschaft gerungen. Ein Jahr lang wogten die Meinungen hin und her, und erst im Oktober 1950 konnten der Hauptversammlung die neuen Statuten vorgelegt werden, die dem Kollegialprinzip in der Verwaltung unserer Gesellschaft zum Durchbruch verhalfen. Sie wurden einstimmig angenommen. Bundespräsident Professor Heuss und Frau Minister Teusch gaben uns bei dieser Versammlung die Ehre ihrer Anwesenheit.

Während der Tagung des Forschungsrates am 12. Dezember 1949 wurden die Professoren Heisenberg, Rein, Eucken und ich von Bundeskanzler Adenauer empfangen. Wir baten ihn, den Forschungsrat seinem Amt zu unterstellen. Dabei kam es zu einer Diskussion über die Einwände der Notgemeinschaft der Deutschen Wissenschaft, die uns eines gewissen Totalitätsanspruches bezichtigte. Der Bundeskanzler zeigte sich unserem Anliegen gegenüber sehr aufgeschlossen, wollte aber zunächst jeden offiziellen Akt vermeiden. Am Abend konnten wir unser Gespräch im »Königshof« fortsetzen, mußten aber auch von Dr. Adenauer den Bescheid entgegennehmen, daß wir vor dem 1. April 1950 vom Bund kein Geld erwarten könnten.

Bundespräsident Heuss, der uns am nächsten Tag empfing, war offensichtlich etwas gegen uns eingenommen, was wir auf seine Berater und die Notgemeinschaft zurückführen mußten. Er meinte auch, eine Unterstellung des Forschungsrates dem Bundeskanzleramt sei unzweckmäßig, da nur das Innenministerium für uns zuständig sein könne.

Einige Wochen später konnte ich Minister Niklas unsere Probleme vortragen, und im April 1950 war Minister Erhard unser Gesprächspartner. In Berlin hatte ich Gelegenheit, mich ausführlich mit Bürgermeister Reuter zu unterhalten. Er bat uns, die Generalverwaltung der Gesellschaft wieder nach Berlin zu verlegen. Ich konnte ihm leider nur eine Geschäftsstelle für Berlin zusagen. Im RIAS hielt ich einen Vortrag über den »Januskopf des Urans« und besichtigte alle alten Kaiser-Wilhelm-Institute.

Aber auch die leitenden Herren der französischen Besatzungsbehörden gaben uns Gelegenheit, sie über unsere Sorgen und Nöte aufzuklären. Beim Hochkommissar François-Poncet waren wir zu einem Essen geladen. An der herzlichen Atmosphäre des 18. Februar hatten die anwesenden Damen nicht unwesentlich Anteil.

Fünf Jahre nach Kriegsende durfte ich endlich auch wieder nach Spanien reisen. Ich befand mich bei der Zehnjahresfeier des Consejo Superior de Investigaciones Científicas in der Gesellschaft illustrer Gäste aus vielen Ländern, darunter auch aus den USA. Knapp ein Jahr später besuchte ich die Türkei und hielt sechs Vorträge in Istanbul und einen Vortrag in Ankara. Der Rückflug über Athen, Rom und Bern war sehr schön, und noch gern erinnere ich mich der Einladung Professor von Muralts auf das Jungfraujoch.

Im September 1951 hielten wir unsere zweite Hauptversammlung in München ab und feierten dabei den 100. Geburtstag Adolf von Harnacks sowie den 40. Jahrestag der Gründung der Kaiser-Wilhelm-Gesellschaft. Ich ließ die Gelegenheit zu einem Vortrag über die Problematik der Abwanderung deutscher Wissenschaftler nach Amerika nicht ungenutzt vorübergehen.

Am 24. Oktober erlebte ich ein Abenteuer, das auch sehr böse hätte ausgehen können. Ich kam spätabends nach Hause und wollte gerade die Tür aufschließen, als ein Mann vortrat und mir mit einer Pistole, wie sie zum Betäuben von Schlachtvieh benutzt wird, in den Rücken schoß. Die sofortige ärztliche Untersuchung ließ aber keine allzu großen Befürchtungen aufkommen, denn die Röntgenaufnahme zeigte keine Kugel im Körper, wenn auch die Verletzung in meinem Rücken darauf hindeutete. Die polizeiliche Vernehmung des Attentäters ergab, daß dieser aus Enttäuschung gehandelt hatte. Herr Kastner, so hieß der Mann, hatte sich als Erfinder gefühlt und es nicht verwinden können, daß seine angeblichen Leistungen keinerlei Anerkennung gefunden hatten. Darüber schrieb die »Münchner Illustrierte«:

»Wenn ich Professor Hahn geschlagen habe, so aus Gründen der Reklame, der Werbung für das Recht und für einen Nutzen, und zum Vorteil für die ganze Menschheit‹, schrieb Joseph Kastner, der vor kurzem einen Anschlag auf den weltbekannten deutschen Atomphysiker Prof. Dr. Otto Hahn in Göttingen ausführte, an die ›Münchner Illustrierte‹, kurz bevor er sich der Polizei stellte, der er dann jede Aussage verweigerte. Das an die ›Münchner Illustrierte‹ gerichtete Schreiben schildert eingehend die Motive, die Kastner zu seiner Tat veranlaßten. Erst in einer persönlichen Unterredung mit unserem Reporter fand sich der Täter bereit, auch über die Planung und den Vorgang seines Anschlages ausführlich zu berichten. Auf diese Weise erhielt die Polizei endlich den gewünschten Tatbericht. – Kastner, der keine höhere Schule besuchte, beschäftigte sich aus eigener Initiative seit Jahren mit Problemen der allgemeinen Physik. Er behauptet, eine neue Theorie über den permanenten Magnetismus entwickelt zu haben, deren Auswirkung für die gesamte Menschheit von größter Bedeutung sei. Deshalb wandte er sich an zahlreiche namhafte Gelehrte, so auch an die Professoren Heisenberg, Einstein und Hahn mit der Bitte um Prüfung seiner Forschungsergebnisse. Da er bei niemandem Gehör fand und Angebote erhielt, die ihn nicht befriedigten, entschloß er sich zu einem Anschlag auf eine der bekanntesten Persönlichkeiten aus der Reihe jener, wie er es nennt, ›arroganten Intelligenzbestien der wissenschaftlichen Aristokratie‹. Kastner behauptet weiter: ›Professor

Hahn hat sich in meinem Falle eines erheblichen Vergehens gegen die Menschheit schuldig gemacht, und zwar aus reiner Arroganz, Engstirnigkeit und dummer Faulheit.‹ Diese Ausführungen sprechen für sich. Daß der seltsame Erfinder ausgerechnet Professor Hahn als sein Opfer wählte, ist deswegen bemerkenswert, weil Hahn ein ungewöhnlich bescheidener und liebenswürdiger Mensch ist, der sich zu einer persönlichen Aussprache mit Kastner jederzeit bereit gefunden hätte. Kastners Hoffnung, der Skandal, den seine Tat hervorrufen müsse, werde durch die ›gemeine‹ Behandlung seiner Person durch die Polizei erhöht, ist zerstört worden. Er lobte das sehr korrekte Auftreten der Göttinger Polizei. Trotzdem erhofft er sich von dem kommenden Prozeß einen Erfolg für seine Forschungen.«

Ich litt einige Zeit unter Schmerzen, konnte aber meine Dienstgeschäfte schon bald wieder fortsetzen und den Einladungen zu Ministersitzungen, Firmenjubiläen und Vortragsveranstaltungen nachkommen. In besonders angenehmer Erinnerung ist mir die 200-Jahr-Feier der Göttinger Akademie, die durch die Anwesenheit des Bundespräsidenten ihre besondere Note bekam. Meine privaten Unterhaltungen mit Professor Heuss waren sehr anregend und freundschaftlich.

Das Jahr 1952 begann mit Diskussionen über eine Verlagerung unserer Generalverwaltung in eine westdeutsche Großstadt. Aufgrund eines scharfen Protestes des Landes Niedersachsen beschlossen wir, nur eine Zweigstelle nach Düsseldorf zu verlegen. Dann kamen wieder einige Einladungen für mich, die ich zunächst noch wahrnehmen konnte. So hielt ich in Göteborg einen Vortrag und wurde in Helsinki Mitglied der dortigen Akademie. Eine Reise nach Brasilien kam jedoch nicht mehr in Frage, nachdem meine Frau Ende Mai einen totalen Nervenzusammenbruch erlitten hatte. Mehrere Schockbehandlungen führten leider ebensowenig zu einer Besserung wie ein Sanatoriumsaufenthalt, der sogar vorzeitig abgebrochen werden mußte. So blieb nichts anderes übrig, als meine Frau in die Nervenklinik zu bringen. Dort blieb sie bis Weihnachten, ohne daß ihr Leiden völlig ausgeheilt werden konnte. Sie erinnert sich seitdem an jüngere Ereignisse fast gar nicht mehr, hat aber für lang Zurückliegendes ein gutes Gedächtnis.

Trotz dieser zusätzlichen privaten Belastung nahm ich die wichtigsten Geschäfte auch weiterhin wahr. Auf der Nobelpreisträgertagung in Lindau am Bodensee sah ich alte Freunde wieder, darunter von Hevesy, Joliot-Curie, Virtanen und Soddy.

Ich traf auch noch einmal mit meinem Attentäter zusammen, um ihm gut zuzureden. Das Gericht kam zu einem Freispruch, obwohl der Tatbestand der gefährlichen Körperverletzung gegeben gewesen sei. Kastner habe nicht voll für seine Tat verantwortlich gemacht werden können, deshalb sei der Haftbefehl aufgehoben, aber Unterbringung in einer Heilanstalt angeordnet worden, da er eine Gefahr für die Allgemeinheit bilde.

Knapp ein Jahr nach dem Attentat – am 10. Oktober – erlitt ich einen Autounfall in der Nähe von Alsfeld. Die Behandlung der Abschürfungen und sonstigen Verletzungen an beiden Händen, dem linken Ellenbogen, dem rechten Bein und Knöchel war zeitraubend und schmerzhaft. So fühlte ich mich auch während der Hauptversammlung der Max-Planck-Gesellschaft am 24. und 25. Oktober in Hamburg noch sehr elend.

Kaum waren die Unfallfolgen einigermaßen ausgeheilt, als mich mehrere Furunkel und Karbunkel plagten. Unter diesen Beschwerden hatte ich auch noch zu leiden, als es wieder einmal eine Kontroverse innerhalb unserer Gesellschaft zu schlichten galt. Leider gelang es mir aber nicht, die Kündigung von Professor Straßmann, der sich über einige Mitglieder erregt hatte und auch mit manchen anderen Dingen unzufrieden war, rückgängig zu machen.

Kurz nach der Entlassung meiner Frau aus der Nervenklinik zogen wir in unsere neue Wohnung in der Gervinusstraße um. Gleichzeitig trat ein Hausmädchen ihren Dienst in unserem Haushalt an.

Gegen Ende Februar 1953 fuhr ich mit einer noch nicht ausgeheilten Grippe zu zwei Vorträgen nach Wien und flog anschließend nach Zürich, um in Neuchâtel vor der Schweizerischen Chemischen Gesellschaft zu sprechen. Damit hatte ich mir offensichtlich doch zuviel zugemutet: Mit hohem Fieber mußte ich mich im Hotel ins Bett legen. Zum Glück holte mich aber eine befreundete Familie zu sich nach Hause, so daß dieser unfreiwillige Aufenthalt noch recht angenehm wurde. Anschließend konnte ich mich im schönen Lugano 14 Tage lang erholen.

Im April reiste ich mit meinem Sohn Hanno, der inzwischen sein Doktorexamen mit »sehr gut« bestanden hatte, nach Spanien, wo auch wieder einige Vorträge zu halten waren. Das Zusammentreffen mit vielen guten Bekannten war sehr schön, noch eindrucksvoller aber war ein Abstecher nach Granada und Sevilla. Sogar einen privaten Stierkampf ließ ich mir nicht entgehen, den sich auch General Franco ansah. Aber ich kann bis heute nicht verstehen, warum sich zivilisierte Menschen am Töten eines Stieres zu berauschen vermögen.

Nach der Hauptversammlung unserer Gesellschaft, die dieses Mal in Berlin stattfand, streckte mich eine Herzattacke nieder. Mein Arzt ging mit Strophantinspritzen gegen die Coronarinsuffizienz vor und gestattete mir nur mit Vorbehalt die Teilnahme an der Lindauer Nobelpreisträgertagung. Vorher fanden noch die Feiern anläßlich des tausendjährigen Bestehens von Göttingen statt, wozu auch mein Freund James Franck mit seiner Gattin aus den USA erschienen war.

Die Fahrt nach Lindau leitete eine ganze Serie weiterer Reisen ein. Hier seien nur meine Besuche in Helsinki, Stockholm, Rom und Interlaken erwähnt. Überall gab es viel zu sehen, und ich begegnete so manchem interessanten Menschen. Von den Einladungen in deutsche Städte möchte ich an dieser Stelle nur ein besonders feierliches Diner anläßlich des Tages der Chemie hervorheben, bei dem meine Tischnachbarn die Gattin des amerikanischen Hochkommissars James Conant und Dr. Adenauer waren.

Am 3. Dezember konnte ich nach einem plötzlichen Schwindelanfall kaum noch gehen. Professor Schoen nahm sich wieder meiner an und stellte den Ausfall des linken Gehörganges fest. Sein Kollege Frenzel machte mit mir allerlei Versuche, die Störung blieb aber bestehen und bildete sich nicht zurück. Nur mit Mühe lernte ich wieder gehen, während das Schwindelgefühl nur ganz langsam nachließ. Immerhin konnte ich aber Ende Januar 1954 an der Senatssitzung in Düsseldorf wieder teilnehmen und auch dem Bundespräsidenten zu seinem 70. Geburtstag persönlich gratulieren.

Mein 75. Geburtstag wurde in Göttingen besonders groß gefeiert. Ministerpräsident Kopf »gürtete« mich mit dem Großen Verdienstkreuz mit Stern und Schulterband. Auf mehr als zehn Festreden antwortete ich mal ernst, mal heiter.

Von den übrigen Ereignissen des Jahres 1954 seien nur die Hauptversammlung in Wiesbaden, an der Professor Heuss, Dr. Adenauer, Hochkommissar Conant sowie mehrere Minister teilnahmen, sowie Vorträge in Bayreuth, Kassel und Zürich, ein Besuch bei Lise Meitner und die Einladung Dr. Conants zur Eröffnung der »Atomausstellung« in Berlin erwähnt.

Immer wieder erhielt ich Briefe, in denen ich gefragt wurde, warum die Wissenschaft zu den Gefahren eines Atomkrieges schwieg. So entschloß ich mich, einen Aufsatz über »Kobalt 60 – Gefahr oder Hoffnung« zu schreiben. Das Manuskript ließ ich von einigen Kollegen begutachten. Bevor ich es zur Veröffentlichung freigab, bat mich Ministerpräsident Kopf telephonisch um einen Besuchstermin. Noch am selben Tage, dem 30. Januar 1955, kam er zu mir in die Wohnung und fragte mich, ob die deutsche Wissenschaft noch frei sei zu sagen, was sie wirklich wolle. Ich bejahte dies. Er zeigte mir daraufhin einen Brief Heisenbergs an den Nordwestdeutschen Rundfunk, in dem er die Bitte Dr. Adenauers weitergab, seinen geplanten Vortrag bis nach Unterzeichnung der »Pariser Verträge« zu verschieben.

Während ich andeutete, daß Heisenberg wahrscheinlich über deutsche Kernreaktoren sprechen wollte, die zur Zeit noch nicht hergestellt werden dürften, meinte Herr Kopf, daß der Bundeskanzler wohl absichtlich das Volk über die Gefahren eines Atomkrieges im unklaren lassen wolle, weil sonst seine Wiederaufrüstung behindert würde. Er war sehr erregt und sprach von der Möglichkeit einer atomaren Vergiftung des Wassers der Sösetalsperre in der sowjetischen Zone, die sich für die Menschen diesseits der Zonengrenze tödlich auswirken müsse, und über eine angeblich geplante »atomare Giftlinie« an der niedersächsischen Zonengrenze mit nicht minder verheerenden Folgen. Ich versuchte ihn zu beruhigen und schickte ihm mein Manuskript zu, in dem auch die Segnungen der Kernspaltung entsprechend gewürdigt waren.

Etwa acht Tage später rief mich Dr. Kopf erneut an und fragte mich, ob ich meinen Aufsatztext nicht im Rundfunk verlesen wolle. Ich sagte zu, und schon am nächsten Tag fuhr ein Aufnahmewagen des Nordwestdeutschen Rundfunks vor. Ich ließ mir schriftlich bestätigen, daß im Zusammenhang mit meinem Vortrag keinerlei politische Kommentare gebracht würden.

Am Sonntag, dem 13. Februar, war es dann soweit. Die ursprünglich für 18 Uhr vorgesehene Sendung war verschoben worden – man hatte in allen Ansagen darauf hingewiesen –, und ich sprach im Rundfunk meinen Text, der gleichzeitig in Dänemark und Norwegen ausgestrahlt wurde. Bereits am nächsten Tag bat mich die BBC, meinen Vortrag über ihr Sendernetz in englischer Sprache zu verlesen. Auch diese Einladung nahm ich an.

Die kommenden Wochen zeigten, daß meine Ausführungen große Beachtung gefunden hatten. Von allen Seiten bekam ich Briefe, so daß ich das Manuskript nun auch noch der »Frankfurter Allgemeinen« zum Abdruck überließ, dem sich weitere Zeitschriften anschlossen. Die deutlichste Zustimmung kam von linksgerichteten Stellen; und sogar der damalige Ministerpräsident der Ostzone, Otto Grotewohl, bezog sich in einem seiner »Friedensappelle« auf meine Worte. Ähnliche Artikel hatten auch schon Max Born, Bertrand Russell und andere Natur- und Geisteswissenschaftler veröffentlicht, sich aber nicht so deutlich über die Gefahr eines Mißbrauches der Kernenergie geäußert.

Um die Wirkung meines Appells nicht verpuffen zu lassen, schlug ich einigen meiner Kollegen vor, einen Aufruf der Teilnehmer an der Lindauer Nobelpreisträgertagung vorzubereiten, der ein noch größeres Gewicht haben würde. Heisenberg, von Weizsäcker und Max Born stellten Entwürfe zur Verfügung, die wir aufeinander abstimmten und zunächst streng vertraulich an je einen ausländischen Preisträger, nämlich von Hevesy, Virtanen, Robinson, Compton, Bohr und Yukawa, zur Kenntnis und Unterschrift schickten. Mit dem Grafen Bernadotte einigte ich mich über die Einzelheiten unseres weiteren Vorgehens und stimmte seiner Bitte zu, unseren Appell nicht »Lindauer«, sondern »Mainauer Erklärung« zu nennen. Virtanen und Robinson schlossen sich nicht an, kamen aber auch nicht zur Lindauer Tagung. Yukawa und Compton kamen zwar ebenfalls nicht, unterschrieben jedoch. Alle anwesenden 16 Nobelpreisträger unterzeichneten unsere Erklärung, so daß sie am 15. Juli durch den Grafen Bernadotte verlesen und der Presse übergeben werden konnte. Die Auslagen der Korrespondenz mit allen lebenden Preisträgern, die wir ebenfalls zur Unterschrift aufforderten, deckte ich zunächst aus einem persönlichen Verfügungsfonds. Ein Jahr später waren 51 Unterschriften beisammen!

In diesen Wochen war ich noch an einer weiteren politischen Aktion beteiligt. In Niedersachsen war Dr. Schlüter Kultusminister geworden, dessen politische Ansichten nicht nur uns Wissenschaftlern nicht behagten, sondern auch dem Ansehen Deutschlands schadete. Neben den Professoren der Universität Göttingen protestierten unsere Instituts-direktoren gegen den rechtsradikalen Minister, und Vizekanzler Blücher, der mich besuchte, ließ ich über meine Haltung ebenfalls nicht im unklaren. Wir gaben uns mit der Beurlaubung von Dr. Schlüter nicht zufrieden und erreichten am 9. Juni den Rücktritt.

Im August fand in Genf die Internationale Konferenz über die friedliche Anwendung der Atomenergie statt, bei der ich die deutsche Delegation leitete, und am 12. September wurde in München von der Gesellschaft Deutscher Chemiker und dem Verband Deutscher Physikalischer Gesellschaften der »Otto-Hahn-Preis für Chemie und Physik« – goldene Medaille und 25 000 DM – gestiftet und an Heinrich Wieland und Lise Meitner verliehen. Lise wurde sehr gefeiert und war zu Tränen gerührt. Ende des Jahres weilte ich zum erstenmal nach dem Krieg in Amerika und konnte mich vom Stand der amerikanischen Kernforschung und Kernindustrie überzeugen.

Das Jahr 1956 kann ich hier übergehen, denn außer den üblichen Reisen und Festveranstaltungen gab es keine nennenswerten Ereignisse. In

Bonn lernte ich Ministerpräsident Nehru, in Hannover König Paul und Königin Friederike von Griechenland kennen, und in Berlin besuchte ich erstmalig nach dem Krieg den Ostsektor. In Dahlem nahm ich an der Enthüllung einer Gedenktafel in unserem alten Institutsgebäude teil.

Nach einer Zeit relativer Ruhe brachte das Jahr 1957 mir und meinen Kollegen harte Auseinandersetzungen mit dem damaligen Bundesverteidigungsminister Franz Josef Strauß. Wir in der Gruppe »Kernphysik« zusammengeschlossenen Wissenschaftler hatten ihn in einem gemeinsamen Brief gebeten, öffentlich zu erklären, daß die Bundesrepublik Atomwaffen weder herzustellen noch zu lagern gedenke. Im Falle seiner Ablehnung wollten wir unseren Brief veröffentlichen. Strauß, sehr aufgebracht über diese »Zumutung«, empfing uns am 29. Januar. Mit scharfen Worten malte er die Schadenfreude aus, die unsere Aktion bei den Sowjets auslösen würde: Wir behinderten seine Bemühungen, Deutschland gegen die Sowjetunion zu stärken, und der Westen würde für unsere Intervention kein Verständnis aufbringen.

Nachdem wir beschlossen hatten, von unserem Vorhaben zunächst Abstand zu nehmen, konnte ich mich am 23. Februar ein zweites Mal mit Herrn Strauß unterhalten. Er vertrat nach wie vor denselben Standpunkt und meinte, die Deutschen könnten den Russen nicht »mit Pfeil und Bogen« gegenüberstehen. Wir dürften zwar keine Atomwaffen herstellen, uns aber auch nicht gegen ihre Lagerung auf deutschem Boden wenden, wenn wir die Sowjetunion an den Verhandlungstisch bringen wollten.

Wir kamen nun endgültig überein, den ursprünglichen Brief nicht zu veröffentlichen, wollten aber offen und frei unsere Meinung äußern, wenn wir gefragt würden. Professor von Weizsäcker hielt zwölf Vorträge über die Entwicklung der Atomenergie und betonte, daß er nicht an der Bombenherstellung mitzuarbeiten gedenke. Er entwarf einen neuen Text, mit dem wir uns an die Öffentlichkeit wenden wollten.

Nach der Abstimmung mit den in Frage kommenden Kollegen, die teils spontan, teils nach mehr oder weniger langer Bedenkzeit zustimmten, konnten wir unseren Appell zum 12. April an die drei größten deutschen Tageszeitungen weiterleiten. Und schon am Nachmittag wußte fast jedermann:

»Die Pläne einer atomaren Bewaffnung der Bundeswehr erfüllen die unterzeichneten Atomforscher mit tiefer Sorge. Einige von ihnen haben dem zuständigen Bundesminister ihre Bedenken schon vor mehreren Monaten mitgeteilt. Heute ist die Debatte über diese Frage allgemein geworden. Die Unterzeichneten fühlen sich daher verpflichtet, öffentlich auf einige Tatsachen hinzuweisen, die alle Fachleute wissen, die aber der Öffentlichkeit noch nicht hinreichend bekannt zu sein scheinen.

1. Taktische Atomwaffen haben die zerstörende Wirkung normaler Atombomben. Als »taktisch« bezeichnet man sie, um auszudrükken, daß sie nicht nur gegen menschliche Siedlungen, sondern auch gegen Truppen im Erdkampf eingesetzt werden sollen. Jede einzelne taktische Atombombe oder -granate hat eine ähnliche Wirkung wie die erste Atombombe, die Hiroshima zerstört hat. Da die taktischen Atomwaffen heute in großer Zahl vorhanden sind, würde ihre zerstörende Wirkung im ganzen viel größer sein. Als »klein« bezeichnet man diese Bomben nur im Vergleich zur Wirkung der inzwischen entwickelten »strategischen« Bomben, vor allem der Wasserstoffbomben.

2. Für die Entwicklungsmöglichkeit der lebensausrottenden Wirkung der strategischen Atomwaffen ist keine natürliche Grenze bekannt. Heute kann eine taktische Atombombe eine kleinere Stadt zerstören, eine Wasserstoffbombe aber einen Landstrich von der Größe des Ruhrgebiets zeitweilig unbewohnbar machen. Durch Verbreitung von Radioaktivität könnte man mit Wasserstoffbomben die Bevölkerung der Bundesrepublik wahrscheinlich heute schon ausrotten. Wir kennen keine technische Möglichkeit, große Bevölkerungsmengen vor dieser Gefahr sicher zu schützen.

Wir wissen, wie schwer es ist, aus diesen Tatsachen die politischen Konsequenzen zu ziehen. Uns als Nichtpolitikern wird man die Berechtigung dazu abstreiten wollen; unsere Tätigkeit, die der Tätigkeit der reinen Wissenschaft und ihrer Anwendung gilt und bei der wir viele junge Menschen unserem Gebiet zuführen, belädt uns aber mit einer Verantwortung für die möglichen Folgen dieser Tätigkeit. Deshalb können wir nicht zu allen politischen Fragen schweigen.

Wir bekennen uns zur Freiheit, wie sie heute die westliche Welt gegen den Kommunismus vertritt. Wir leugnen nicht, daß die gegenseitige Angst vor den Wasserstoffbomben heute einen wesentlichen Beitrag zur Erhaltung des Friedens in der ganzen Welt und der Freiheit in einem Teil der Welt leistet. Wir halten aber diese Art, den Frieden und die Freiheit zu sichern, auf die Dauer für unzuverlässig, und wir halten die Gefahr im Falle ihres Versagens für tödlich.

Wir fühlen keine Kompetenz, konkrete Vorschläge für die Politik der Großmächte zu machen. Für ein kleines Land wie die Bundesrepublik glauben wir, daß es sich heute noch am besten schützt und den Weltfrieden noch am ehesten fördert, wenn es ausdrücklich und freiwillig auf den Besitz von Atomwaffen jeder Art verzichtet. Jedenfalls wäre keiner der Unterzeichneten bereit, sich an der Herstellung, der Erprobung oder dem Einsatz von Atomwaffen in irgendeiner Weise zu beteiligen.

Gleichzeitig betonen wir, daß es äußerst wichtig ist, die friedliche Verwendung der Atomenergie mit allen Mitteln zu fördern, und wir wollen an dieser Aufgabe wie bisher mitwirken.

Fritz Bopp, Max Born, Rudolf Fleischmann, Walther Gerlach, Otto Hahn, Otto Haxel, Werner Heisenberg, Hans Kopfermann, Max von Laue, Heinz Maier-Leibnitz, Josef Mattauch, Friedrich-Adolf Paneth, Wolfgang Paul, Wolfgang Riezler, Fritz Straßmann, Wilhelm Walcher, Carl Friedrich Freiherr von Weizsäcker, Karl Wirtz.«

Mit wenigen Worten: Wir lehnten eine deutsche Atombewaffnung ab. Noch am gleichen Tag warf mir Minister Strauß – sehr erregt – telephonisch einen Bruch unseres am 29. Januar getroffenen Gentlemen-Agreements vor. Ich erwiderte, daß uns die Sorge um unsere Zukunft zu diesem Schritt veranlaßt habe, die aufgrund der letzten Meldungen über die atomare Bewaffnung nicht geringer geworden sei. Auch Bundeskanzler Adenauer äußerte sich im Rundfunk scharf gegen unsere Erklärung, die wir nicht mit ihm abgestimmt hätten.

Am 15. April erhielten wir – Heisenberg, von Laue, von Weizsäcker und ich – vom Bundeskanzleramt telephonisch eine Einladung zu einer Aussprache beim Kanzler für den 17. April. Ich schlug noch zusätzlich Gerlach vor. Von Weizsäcker sagte zu, obwohl er für den vorgesehenen Termin eine Reise in die Schweiz geplant hatte. Heisenberg zögerte noch; er war für den 14. April in München bei Ministerpräsident Högner eingeladen, mußte aber vor allem nach einer unangenehmen Krankheit jede Anstrengung und Aufregung vermeiden. Irgendwelche Meldungen, wonach er plane, in den Bundestag zu kommen und vielleicht Atomminister zu werden, hatten ihn schließlich so sehr erregt, daß er trotz nochmaliger Einladung von Dr. Adenauer am 17. April nicht mit in Bonn war. An seine Stelle trat Professor Riezler.

Uns standen zehn Herren gegenüber: der Bundeskanzler, die Herren Hallstein, Hähnlein, Kilb, Strauß, Rust, Globke, von Eckhardt sowie die Generale Heusinger und Speidel. Zunächst begrüßte uns Dr. Adenauer und hielt eine dreiviertelstündige Rede. Danach berichtete Minister Strauß über die Geschichte unseres Briefes, und schließlich gaben die Militärs mit Hilfe einer Welt- und Europakarte eine Lageeinschätzung. Sie meinten, daß bei den bestehenden Machtverhältnissen Deutschland als Mitglied der NATO nicht ohne Atomwaffen bleiben könne, wenn das Verteidigungsbündnis funktionieren solle. In der nachfolgenden Diskussion kamen auch wir zu Wort, vor allem Weizsäcker und Gerlach.

In einer Pause hielt mir Minister Strauß im Garten eine Standpauke. Was ich angestellt habe, ersähe man ja wohl aus dem »Triumphgeschrei« der Kommunisten. Ich sei ja nun sogar schon zum Ehrenbürger Magdeburgs gewählt worden. Noch einmal versuchte ich, die Gründe darzulegen, die uns zu unserer Warnung veranlaßt hatten: es seien einzig und allein die Erklärungen verschiedener Regierungsmitglieder gewesen.

234

Nach einem gemeinsamen Mittagessen, bei dem Dr. Adenauer von seinem Persienbesuch erzählte, ging die Aussprache weiter. Herr von Eckhardt legte uns den Entwurf einer inzwischen vorbereiteten Erklärung vor, den wir nach einigen Streichungen und Abänderungen akzeptierten. Der Kanzler las den nun von beiden Seiten genehmigten Text noch einmal vor:

»Am 17. April 1957 fand im Hause des Bundeskanzlers eine Besprechung statt, an der der Herr Bundeskanzler, Bundesminister Strauß, die Staatssekretäre Professor Hallstein, Dr Rust, Dr. Globke, die Generale Heusinger und Dr. Speidel und die Professoren Gerlach, Hahn, von Laue, Riezler und von Weizsäcker teilnahmen. Gegenstand der Besprechung war die weltpolitische und strategische Lage im Atomzeitalter in Verbindung mit der Erklärung der 18 deutschen Atomwissenschaftler vom 12. April 1957. Die Bundesregierung teilt die Besorgnisse, die in der genannten Erklärung zum Ausdruck kommen; sie stimmt mit den Motiven und Zielen der Wissenschaftler überein und empfindet volles Verständnis für die Verantwortung, die die Atomwissenschaftler für die Entwicklung in einer Welt der Spannung zwischen Ost und West in sich fühlen.

Der Bundeskanzler und die Herren der Wissenschaft, die an dieser Besprechung teilnahmen, glauben, daß es notwendig ist, mit allen zur Verfügung stehenden Mitteln auf die Regierungen in Ost und West einzuwirken, um zu einem Abkommen über eine allgemeine kontrollierte Abrüstung zu gelangen, die den Menschen auf der ganzen Welt die Furcht vor einem Atomkrieg nehmen könnte. Sie sind sich der furchtbaren Gefahr bewußt, die durch die Entwicklung der Atomwaffen über die Menschheit gebracht wurde, und sind gewillt, jeder ehrlichen Anstrengung, diese Gefahr zu bannen, volle Mitarbeit zu gewähren.

In einer eingehenden Aussprache über die politische und strategische Lage, in der sich die Bundesrepublik, Europa und die Welt befinden, wurde klargestellt, daß die Bundesrepublik nach wie vor keine eigenen Atomwaffen produzieren wird, und daß die Bundesregierung demgemäß keine Veranlassung hat, an die deutschen Atomwissenschaftler wegen einer Beteiligung an der Entwicklung nuklearer Waffen heranzutreten. Die Bundesregierung wird ihre Anstrengungen darauf richten, durch ein Abkommen zwischen allen Mächten eine generelle atomare Bewaffnung der sich in Ost und West gegenüberstehenden Armeen zu vermeiden. Die Atomforscher, die an der Besprechung teilgenommen haben, wünschen zum Ausdruck zu bringen, daß ihr Hauptziel nicht war, nur die Bundesrepublik aus einem allgemeinen Verhängnis herauszuhalten, sondern eine Initiative zu ergreifen zur Abwehr dieses die Welt bedrohenden Verderbens. Sie waren der Meinung, in dem Staat beginnen zu müssen, dessen Bürger sie sind.

Der Bundeskanzler sprach den Wunsch aus, in diesen Fragen mit Vertretern der Wissenschaft in Verbindung zu bleiben und sie über die Entwicklung auf den genannten Gebieten sowie über die Entwicklung der internationalen Lage auf dem laufenden zu halten. Die Vertreter der Wissenschaft begrüßten den vom Bundeskanzler ausgesprochenen Wunsch.«

Die Erklärung wurde der Presse übergeben. Wir waren mit dem Ergebnis zufrieden – Minister Strauß allerdings weniger –, denn mehr konnten wir nicht erreichen, und unseren Standpunkt hatten wir gehalten.

Es folgten für mich einige Reisen – Lugano, Rom, Cambridge –, Einweihungen und Vorträge, eine weitere Hauptversammlung, und schließlich wurde ich in die Friedensklasse des Ordens Pour le mérite aufgenommen. Im Herbst wurden die Vorbereitungen zur Gründung des Deutschen Wissenschaftsrates forciert, der aus 16 Wissenschaftlern, darunter die Leiter der Forschungsgemeinschaft, der Rektorenkonferenz und der Max-Planck-Gesellschaft, bestehen sollte. Ich fühlte mich dieser neuen Belastung nun aber nicht mehr gewachsen und teilte dies auch in einem Brief an Bundespräsident Heuss am 1. November 1957 mit.

Als ich den Vizepräsidenten unserer Gesellschaft, Professor Richard Kuhn, an meiner Stelle vorschlug, erfuhr ich, daß ein Teil unserer Mitglieder Professor Kuhn als meinen Nachfolger ablehnte und die Nominierung Professor Butenandts als späteren Präsidenten der Max-Planck-Gesellschaft empfahl. Ich konnte mich zwar wenigstens insoweit durchsetzen, als Kuhn neben Professor Wurster bei der Konstituierung des Wissenschaftsrates im Februar 1958 in dieses Gremium aufgenommen wurde, aber es gelang mir nicht, eine monatelange Diskussion um meine Nachfolge zu beenden.

Mit meinem 80. Geburtstag am 8. März 1959 kam eine Reihe neuer Ehrungen auf mich zu, über die ich gar nicht glücklich war. So bekam das Institut für Kernforschung in Berlin den Namen »Hahn-Meitner-Institut«, und das Max-Planck-Institut für Chemie in Mainz wurde »Otto-Hahn-Institut« genannt. Ich hatte seinerzeit den Wunsch geäußert, solche Namensgebungen bis nach meinem Tode zurückzustellen. Den Glanz des Feiertages brachte wieder einmal Bundespräsident Professor Heuss, der mir den höchsten deutschen Orden, das Großkreuz, verlieh.

Nach weiteren aufreibenden Verhandlungen um die Person des neuen Präsidenten brachte mir mein erster Besuch in Israel im Dezember 1959 eine wohlverdiente Abwechslung, wenn auch keine Ruhe. Ich lernte auf ausgedehnten Fahrten durch das biblische Land die interessantesten historischen Stätten kennen und konnte mich von den imposanten Aufbauleistungen des jungen Staates überzeugen. Die neuen Institute der Universität Jerusalem hielten jeden Vergleich mit den entsprechenden Einrichtungen in westlichen Ländern stand; einige waren viel schöner als ihre Konkurrenten. Ich war im Weizmann-Museum, habe den israelischen Atomreaktor gesehen, konnte mich mit zahlreichen leitenden Herren aus Wissenschaft und Politik unterhalten und war zum Abschluß meiner Reise beim damaligen Präsidenten des Weizmann-Instituts, dem derzeitigen Außenminister Abba Eban, zu Gast. Auch der Rückflug mit Aufenthalt in Athen wurde zu einem unvergeßlichen Erlebnis.

Am 19. Mai 1960 gab ich auf unserer Hauptversammlung in Bremen die Präsidentschaft der Max-Planck-Gesellschaft an Professor Butenandt ab und verabschiedete mich mit einem kurzen Gruß und einem Festvortrag. Ich konnte jedoch mein Gehalt, meine Diensträume sowie meinen Dienstwagen mit Fahrer behalten. Besonders dankbar war ich vor allem, daß meine treue Mitarbeiterin Marie-Luise Rehder, die mir seit Beginn meiner Göttinger Tätigkeit in ernsten und heiteren Stunden zur Seite gestanden hatte, bei mir bleiben durfte. Sie ist noch heute der »gute Geist«, wenn ich offizielle Geschäfte wahrzunehmen habe.

Kaum hatte ich von meiner Amtszeit einigen Abstand gewonnen, als mich der schwerste Schlag traf, den das Schicksal für einen Vater bereithalten kann. Mein Sohn Hanno verlor auf einer Autofahrt durch Frankreich das Leben. In der Nähe von Mars-la-Tour war der Reifen eines Vorderrades geplatzt, so daß sich der Wagen überschlug und Hanno herausgeschleudert wurde. Er war auf der Stelle tot. Meine Schwiegertochter Ilse überlebte den Unfall vom 29. August nur um wenige Tage, dann wurde auch sie von ihren schweren Leiden für immer erlöst. Am 6. September fand die Trauerfeier für meinen Sohn, am 12. September für meine Schwiegertochter in Frankfurt statt.

Seit dieser Zeit fühle ich für meinen einzigen Enkel Dieter eine besondere Verantwortung, die nach besten Kräften wahrzunehmen ich mich bemühe.

NACHWORT

VON HERBERT L. SCHRADER

Die Welt hat sich verändert, seitdem das Atom spaltbar geworden ist. Die Menschheit hat zum erstenmal in ihrer Geschichte eine Kraft in der Hand, mit der sie sich selbst auslöschen kann. Von einigen wenigen hängt es ab, ob das geschieht oder nicht. Die Entdeckung der Atomkernenergie hat das Verhalten der Menschen zueinander verändert. Mißtrauen und Angst – elementare Angst – haben sich ausgebreitet. »Die Welt steht heute unter der einen großen Drohung«, sagt Karl Jaspers. Keine andere Entdeckung oder Erfindung hat in den letzten Jahrhunderten eine solche Drohung heraufbeschworen.

Ohne Zweifel hat der Schrecken der Bombe auch nützliche Wirkungen gehabt. Er hat einen Krieg beendet und wahrscheinlich eine neue weltweite Auseinandersetzung bisher verhindert. Krisenherde und Kriegsschauplätze konnten lokalisiert werden, weil das Risiko des Atomkrieges vor einer Ausweitung zurückschrecken ließ. Schließlich hat die Entdeckung der Kernenergie Naturwissenschaften und Technik in kaum vorstellbarer Weise befruchtet.

Das Atom hat unserem Zeitalter seinen Namen gegeben. Die Geburtsstunde läßt sich exakt bestimmen: Es sind die Vorweihnachtstage des Jahres 1938, in denen Otto Hahn und sein Mitarbeiter Fritz Straßmann in Berlin-Dahlem beobachteten, daß die Kerne von Uranatomen in zwei Teile gespalten werden können.

Fast drei Jahrzehnte später hat Otto Hahn die Geschichte seines Lebens niedergeschrieben, die Geschichte eines reichen und erfüllten Lebens.

239

Es entspricht der Wesensart des Autors, seiner großen Bescheidenheit, daß er dabei zwei Komplexe fast gar nicht behandelt hat. Einmal fehlt, von ganz wenigen Ausnahmen abgesehen, eine Selbstcharakterisierung; und aus kurzen, ganz gelegentlichen Bemerkungen erhält der Leser eigentlich nicht mehr als Andeutungen zur Person des Autobiographen. Der zweite Komplex umfaßt die Auswirkungen, die seine Entdeckung hatte und vor allem noch haben wird. In diesem Zusammenhang scheint es für ihn auch typisch zu sein, daß er seine Aufzeichnungen für die Öffentlichkeit mit dem Jahre 1960, da ihn durch den Tod seines Sohnes und seiner Schwiegertochter der schwerste Schicksalsschlag seines Lebens trifft, enden läßt, obwohl er seine privaten Tagebücher die darauf folgenden Jahre weiterführt.

Vielleicht kann die Schilderung einiger wesentlicher Charakterzüge Otto Hahns einen zusätzlichen Schlüssel zu der Persönlichkeit des großen Forschers darstellen.

Während einer der Nobelpreisträgertagungen in Lindau treffen sich nach dem Vortrag eines Laureaten die Teilnehmer im Foyer des Stadttheaters: »Sehr bemerkenswert, dieser Herr Kollege!« »Wie er den schwierigen Stoff gemeistert hat, alle Achtung!« »Einer der glänzendsten Vorträge, die je gehalten wurden!« – hört man allenthalben. Da tritt plötzlich Otto Hahn in die Runde. Er zündet sich eine Zigarre an und fragt mit listigem Lächeln: »Haben Sie das verstanden?« Und mit entwaffnender Offenheit: »Ich nicht!« Mit einemmal werden die Gespräche menschlich. Ein Geständnis, das jeder Akademiker wie eine Todsünde fürchtet, läßt endlich eine fruchtbare Diskussion aufkommen. Eigentlich hatte man ja auch nicht so recht begriffen, was der Redner ausdrücken wollte. Aber wer hätte das – zumal in einem so erlauchten Kreise – je zugegeben!

Auch in Hahns Lebensweise vermißt man das Spektakuläre, den auf Wirkung bedachten Auftritt. Als Ehrenpräsident der Max-Planck-Gesellschaft steht ihm ein Dienstwagen samt Chauffeur zur Verfügung. Aber er benutzt ihn kaum, nur gelegentlich bei sehr schlechtem Wetter. Sonst geht er morgens die 30 Minuten zu Fuß von seiner Wohnung in der Gervinusstraße in sein Büro in der Bunsenstraße. Eine Zigarette im Mund, manchmal auch ein Zigarillo, so schlendert er durch die Göttinger Villenviertel. Abends wartet er am Marktplatz auf den Bus, weil ihm der Weg bergauf etwas beschwerlich geworden ist. Die Fahrgäste kennen ihn, die Fahrer natürlich auch. Als Ehrenbürger der Stadt steht Otto Hahn freie Fahrt in den öffentlichen Verkehrsmitteln zu. Dieses Recht nimmt er für sich in Anspruch und schlägt dafür das viel größere Privileg, den vornehmen Dienstwagen, aus.

Das Mobiliar seines Arbeitszimmers im ersten Stock des Hauses Bunsenstraße 10 ist seit 1946 nicht mehr verändert worden. Die mächtigen Eichenschränke sind vollgestopft mit Büchern, Sonderdrucken, Erinnerungsstücken. Neben dem Schreibtisch hängt, von seinem Sohn Hanno geschrieben, das »Gebet des Forschers«, ihm gegenüber ein modernes Ölbildnis Max Plancks. Neben der Tür hängen Photos von den Lindauer Nobelpreisträgertreffen, säuberlich auf Pappe gezogen. Eine Mansarde zwei Stockwerke höher hat er sich als Wohn- und Schlafzimmer eingerichtet, in das er sich für den Mittagsschlaf und ein paar erholsame Minuten zurückziehen kann.

Das ist die Welt, in der Otto Hahn lebt, seitdem er kein Laboratorium mehr hat. Sie ist einfach, beweist aber persönlichen Geschmack. Überall riecht es ein wenig nach Zigarrenrauch und Erinnerung an Vergangenes.

Der gemütliche Frankfurter Tonfall, den Otto Hahn niemals ablegte, obwohl er nach seiner Schulzeit nie wieder in Frankfurt wohnte, ist für ihn individuelle Ausdrucksform seines Lebensstils. Er liebt die sachliche Diskussion ohne Phrasen und Halbwahrheiten. Bei diesen Diskussionen spürt man, daß er auch außerhalb seines Fachgebietes über ein großes Wissen verfügt. Aber dieses Wissen wird nur transparent, es wird nie in die Waagschale geworfen. Lieber als spektakuläre Wortgefechte sind ihm witzige Dialoge und humorvolle Pointierungen. Der Schalk und der hintergründig lächelnde Weise sind ihm die liebsten Figuren.

Otto Hahns Freude am Spaß macht auch vor der eigenen Person nicht halt. Er ist einer von denen, die – nach Goethe – »sich selbst zum besten haben« können. Immer neigt er zum Understatement, wenn er von sich spricht. Dieses Verhalten hat ihm auf dem Jahrmarkt der Eitelkeiten oft geschadet. Er untertreibt, weil es ihm Spaß macht, andere zu schockieren. Zu den philosophischen Auseinandersetzungen um das Atom hätte er sicher manchen Beitrag leisten können, wie es viele andere Naturwissenschaftler taten. Sie konnten der Versuchung nicht widerstehen, selbst wenn sie wußten, daß ihre Stärke nicht auf dem Gebiete der Philosophie lag. Otto Hahn blieb standhaft. Erfrischend ehrlich wirkt sein Eingeständnis: »Gegen Herrn von Weizsäcker mit seinen bewundernswerten Kenntnissen kam ich niemals an.«

Da er sich selbst nie mit der Aura des philosophierenden Gelehrten umgab, bleiben für den Beobachter der Wissenschaft des 20. Jahrhunderts nur Hahns überragende Leistungen im Laboratorium. Auf diese Arbeiten ist Otto Hahn selbst stolz. Mehrfach spricht er in diesem Buch von »fleißigen Anstrengungen«, und fast immer ist man geneigt, ihm zu glauben, daß er dabei »auch ein bißchen Glück gehabt« hätte. Hier wird aber das Understatement zu weit getrieben. Hahn war lange vor der Entdeckung der Kernspaltung keinesfalls ein beliebiger Forscher in deutschen Laboratorien, er war nicht einer der Unbekannten im zweiten Glied.

Seine Entdeckungen des Radiothoriums und des Mesothoriums in den frühen Jahren dieses Jahrhunderts hatten ihn international bekannt gemacht. Sie verschafften ihm Zugang zu den bedeutendsten Kapazitäten und Gremien seiner Zeit. Seit der Gründung der Kaiser-Wilhelm-Gesellschaft war er ihr Mitglied. Als Direktor des Chemischen Institutes dieser Gesellschaft galt er als eine der Schlüsselfiguren der deutschen Forschung. Wenn man von Glück sprechen will, dann war es ein Glück, daß er als Chemiker an Problemen arbeitete, die sonst vor allem die Physiker interessieren. Als er in den dreißiger Jahren die Experimente Fermis nachprüfte, tat er es mit dem Blick des Chemikers, und zwar mit dem eines Experten der Chemie. Und da er immer ein scharfer Beobachter war, bemerkte er, was sich andere vor ihm hatten entgehen lassen.

Die Entdeckung der Kernspaltung war für Otto Hahn eine »gute wissenschaftliche Arbeit«. Als mehr hat er sie nie apostrophiert. Er nimmt es gleichmütig auf, wenn man ihn den Begründer des Atomzeitalters nennt.

Für einen Dramatiker böte Otto Hahn einen mehr als dürftigen Stoff. Als wenige Jahre nach seiner Entdeckung die ersten Atombomben zur Explosion gebracht wurden, fragte sich die Weltöffentlichkeit: Wie mag einem Mann zumute sein, der mit seiner wissenschaftlichen Leistung die Grundlagen für die grausamste Waffe aller Zeiten geschaffen hat? Die Antwort aus Göttingen enttäuschte sie: »Ich habe nie an Atomwaffen gearbeitet und damit nichts zu tun!«

Als Mensch zeigte sich Otto Hahn betroffen von dem Schicksal der Opfer der ersten Bomben. Er hat sich später für die Ächtung der Atomwaffen eingesetzt, in beschwörenden Worten einen Verzicht der Bundeswehr auf atomare Bewaffnung verlangt und vor dem Bau von Kobaltbomben gewarnt. Aber von einem Schuldkomplex, nach dem viele fahndeten, war nichts zu spüren. Hahn sah keinen unmittelbaren Zusammenhang zwischen seinen Erkenntnissen im Laboratorium und dem Bau nuklearer Waffen. Dispute über die Verantwortlichkeit des Forschers für Folgerungen, die andere aus seiner Entdeckung ziehen, waren ihm immer fremd. Konsequent lehnt er aber auch den Ruhm für die Erfolge in der friedlichen Ausnutzung der Kernenergie ab.

Wenn man vom Atomzeitalter spricht, dann muß man aber auch die wirtschaftliche Seite der Kernenergie und der Radioaktivität beachten.

Unmittelbar nach Kriegsende haben die Vereinigten Staaten und später auch die anderen Atommächte die Kernspaltung für wirtschaftliche Zwecke ausgenutzt. In den Kernreaktoren entstanden als Nebenprodukte gewaltige Mengen radioaktiver Stoffe, die jetzt überall in der Wirtschaft und Forschung verwendet werden. Radioaktive Atome, deren Strahlung mit vielerlei Meßgeräten verfolgt werden kann, dienen als unsichtbare Detektive in der industriellen Fertigung und in der medizinischen Diagnostik. Sie werden zur Untersuchung von Ölfernleitungen eingesetzt, lassen gefährliche Materialfehler rechtzeitig erkennen und melden aus dem Innern von Lebewesen Einzelheiten über die Tätigkeit und den Zustand von Organen oder Gefäßen.

Das sind nur wenige Beispiele für die weite Anwendungsmöglichkeit radioaktiver Substanzen. Ihre wirtschaftliche Bedeutung ist entsprechend groß. Die Internationale Atomenergie-Organisation der Vereinten Nationen hat vor kurzem ausgerechnet, daß der Einsatz radioaktiver Isotope den 25 Industrienationen der Erde jährlich Kosten in Höhe von 300 bis 400 Millionen Dollar erspart.

Die technische Bewältigung der Zukunft wird eine Frage der Energiereserven sein. Die Kernenergie wird künftig einen beträchtlichen Teil des Energiebedarfs der Welt decken. Im April 1967 waren nach dem letzten Überblick der Internationalen Atomenergie-Organisation 23 Atomkraftwerke in acht Ländern in Betrieb. Bis zum Ende des Jahres 1968 werden 16 weitere hinzukommen. 1955 betrug die Gesamtleistung dieser neuen Art von Elektrizitätswerken fünf Megawatt, im April 1967 schon 7650 Megawatt. Nach den Plänen der Vereinten Nationen wird die Leistung bis 1970 auf 25 000 Megawatt und bis 1980 auf 250 000 Megawatt steigen. Im Jahre 2000 wird man voraussichtlich ein Drittel bis die Hälfte des Strombedarfs der Welt aus der Kernspaltung decken.

Die Vereinten Nationen haben in Wien eine internationale Kontrollbehörde geschaffen, die für eine weltweite Koordinierung aller Projekte zur wirtschaftlichen Nutzung der Kernenergie zuständig ist. Diese Form der Nutzung der Kernenergie wird voraussichtlich die bedeutendste Leistung in der zweiten Hälfte unseres Jahrhunderts sein. Der Mann, der mit seiner Entdeckung im Laboratorium diese Entwicklung möglich machte, sagt aber von sich: »Ich habe mit der wirtschaftlichen Ausnutzung der Atomkernenergie nichts zu tun. Ich sehe mir die Reaktoren ab und zu einmal an, wenn man mich dazu einlädt, aber ich verstehe nichts davon. Ich möchte dafür auch keine Lorbeerkränze haben.«

Die ersten Schiffe fahren mit nuklearem Antrieb über die Meere. Nach einigen Unterseebooten haben die Vereinigten Staaten das mit einem Kernreaktor ausgestattete erste Handelsschiff der Welt, die »Savannah«, gebaut. Die Sowjetunion konstruierte den mit Atomantrieb ausgestatteten Eisbrecher »Lenin«. Das erste deutsche Handelsschiff mit nuklearem Antrieb ist vom Stapel gelaufen. Es trägt den Namen »Otto Hahn«.

OTTO HAHN

Von den natürlichen Umwandlungen des Urans zu seiner künstlichen Zerspaltung

Festvortrag, gehalten am 13. Dezember 1946 in Stockholm,
anläßlich der Nobelpreis-Verleihung

Das Jahr 1946 bedeutete ein Jubiläum in der Geschichte des chemischen Grundstoffs Uran. Vor 50 Jahren, im Frühjahr 1896, entdeckte Henri Becquerel die seltsamen Strahlungserscheinungen an diesem Element, die dann unter dem Namen Radioaktivität zusammengefaßt wurden.
Mehr als 100 Jahre hatte das im Jahre 1789 von W. H. Klaproth entdeckte Uran das bescheidene Dasein eines ziemlich seltenen, aber auch nicht besonders interessanten Elements geführt. Nach seiner Einordnung in das Periodische System durch D. Mendelejew und Lothar Meyer war es vor den anderen Elementen immerhin dadurch hervorgehoben, daß es den höchsten Platz im System der Elemente einnahm. Das hatte aber zunächst nicht viel zu bedeuten.
Heute wissen wir, daß gerade diese Stellung des Urans an der höchsten Stelle der bekannten Grundstoffe ihm die fundamental wichtigen Eigenschaften verleiht, durch die es sich von den anderen Elementen unterscheidet.
War auch das wissenschaftliche Echo der grundlegenden Becquerelschen Erkenntnis von der Radioaktivität des Urans anfangs ziemlich gering, so steigerte es sich zur Sensation, als zwei Jahre später das Ehepaar Curie die zwei weiteren aktiven Substanzen aus Uranmineralien abscheiden konnte, das Polonium und das Radium, von denen das letztere millionenmal stärker aktiv war als eine gleiche Gewichtsmenge Uran.
Es dauerte nur wenige Jahre, um die zunächst völlig verblüffenden Eigenschaften dieser »strahlenden« Elemente aufzuklären. Unter Aus-

senden korpuskularer Teilchen, den α- und β-Strahlen, wandeln sich die radioaktiven Elemente nach ganz bestimmten Gesetzen um in andere aktive Elemente mit anderen chemischen und physikalischen Eigenschaften. Dabei wurden die α-Teilchen durch Rutherford als positiv geladene Heliumatome erkannt, nachdem sich schon vorher die β-Strahlen als negative Elementarteilchen, sogenannte Elektronen, erwiesen hatten.

Mit der von Rutherford und Soddy 1902 aufgestellten Atomzerfallshypothese war das Postulat der Unteilbarkeit und Unzerstörbarkeit der chemischen Elemente aufgegeben worden.

Parallel mit der Erforschung der radioaktiven Vorgänge bei dem Uran, aus dem das Radium, die Radiumemanation, die sogenannten aktiven Niederschläge und das Polonium entstehen, ging die Untersuchung des damals zweithöchsten Elements im Periodischen System, des Thoriums, aus dem ganz analog ebenfalls stark aktive Umwandlungsprodukte, das Radiothor, das Mesothor, das Thor X usw., gewonnen wurden; daneben gab es noch eine dritte Umwandlungsreihe, die Actiniumreihe, die sich aber ebenfalls vom Uran ableitet.

Durch das systematische Studium der α-Teilchen beim Durchgang durch dünne Schichten von Materie konnte Rutherford 1911 sein Kernmodell der chemischen Atome aufstellen. Danach bestehen die Atome der chemischen Elemente aus dem positiv geladenen Kern mit praktisch der Gesamtmasse des Atoms und den in relativ großen Entfernungen davon sich bewegenden, den Kern neutralisierenden Elektronen. Die Ladung des Atomkerns bestimmt eindeutig die Stellung des Elements im System der Elemente.

Die radioaktiven Umwandlungsvorgänge waren also Kernvorgänge, mit den üblichen Hilfsmitteln der Physik und Chemie absolut nicht beeinflußbar. Und so sicher sind wir über die Unbeeinflußbarkeit dieser natürlichen radioaktiven Umwandlungsgesetze, daß man auf dem Tempo dieser Umwandlungen eine Art »geologische Uhr« entwickeln konnte. Über die vielen aktiven Zwischenkörper entsteht nämlich als Endprodukt des Urans das stabile Blei, und aus der Menge des in einem ursprünglich reinen Uranmineral gebildeten Bleis können wir das

Alter des Minerals und damit das Alter der geologischen Schicht ermitteln, in der das Mineral auskristallisiert ist. Das gleiche trifft zu für das Thorium, das ebenfalls, als inaktives Endprodukt, eine Bleiart, verschieden von dem Uranblei, entstehen läßt.

Die Forschung ging weiter. Immer wieder dienten die α-Teilchen der radioaktiven Substanz als das Werkzeug, mittels dessen man die Beantwortung kernphysikalischer Fragen weitertreiben konnte. Diese α-Teilchen waren nach der Aufstellung des Rutherfordschen Kernmodells als die freien Kerne des Heliums erkannt. Mit ihrer verhältnismäßig großen Masse der Massenzahl 4 (gegenüber der kleinen Elektronenmasse von etwa $\frac{1}{1800}$) und ihrer Anfangsgeschwindigkeit von bis zu 15000 km/sec, das heißt einer Anfangsenergie von 7 Millionen Elektronen-Volt, waren sie die Geschosse, mit denen man versuchen konnte, an die mit anderen Hilfsmitteln nicht zugänglichen Atomkerne heranzukommen. Und wieder war es der Genius Rutherfords, dem die nächste folgenschwere Entdeckung gelang. Im Jahre 1919 konnte Rutherford zeigen, daß beim Beschießen des Stickstoffs mit den energiereichen α-Teilchen des Radiums C das α-Teilchen, also der Heliumkern, in den Kern des Stickstoffs aufgenommen wird und dabei ein Wasserstoffkern, ein Proton, den neuen Kern verläßt. Der Vorgang verläuft nach der Gleichung

$$^{14}_{7}\text{N} + ^{4}_{2}\text{He} \rightarrow ^{17}_{8}\text{O} + ^{1}_{1}\text{H} + \text{Energie.}$$

In dieser Gleichung bedeuten die unteren Indizes die Kernladung, die oberen die Kernmassen (Atomgewichte). Die dabei frei werdende Energie wird dem herausfliegenden Proton als kinetische Energie mitgegeben, wodurch das Proton als aus dem Kern kommend nachgewiesen werden konnte.

Hiermit war zum ersten Male eine künstliche Atomumwandlung, und zwar ein Atomaufbau, geglückt, denn aus dem Stickstoff der Massenzahl 14 war ja ein Sauerstoff der Massenzahl 17 entstanden.

Eine ganze Anzahl nach demselben Schema verlaufende Umwandlungsreaktionen wurde in den folgenden Jahren aufgefunden. Aber wegen der positiven Ladung des α-Teilchens gelangen solche Atomumwandlungen nicht für schwere Elemente, denn deren ebenfalls positive Kernladung stößt das α-Teilchen so stark ab, daß es auch bei ganz zentralen Stößen nicht in den Kern eindringen kann.

Das Jahr 1932 brachte weitere große Entdeckungen: das Positron, den »schweren« Wasserstoff und – last, not least – das »Neutron«. Die Entdeckung des Neutrons war die Frucht der Forschungsarbeit dreier Länder. Die Auslösung zu den Untersuchungen kam von Bothe und Becker in Deutschland, die bei der Bestrahlung von Beryllium mit α-Teilchen eine auffallend durchdringende γ-Strahlung nachwiesen. Dann zeigte das Ehepaar Joliot-Curie in Frankreich, daß die bei den Bothe-Beckerschen Versuchen auftretenden »Strahlen« Wasserstoffkerne, Protonen großer Energie, aus wasserstoffhaltigen Substanzen auslösen, was durch die γ-Strahlen nicht möglich war. Schließlich gab Chadwick in England die endgültige Deutung der Versuche: neben den γ-Strahlen das Auftreten ungeladener, neutraler Atomkerne der Masse 1, von Chadwick Neutronen genannt. Der Reaktionsverlauf ist der folgende:

$$^9_4\text{Be} + ^4_2\text{He} \rightarrow ^{12}_6\text{C} + ^1_0\text{n} + \gamma$$

Mit der Entdeckung des Neutrons fand die schon seit vielen Jahren bekannte Erscheinung der Isotopie ihre zwanglose Erklärung: Die chemischen Elemente sind zusammengesetzt aus Protonen und Neutronen, die Anzahl der geladenen Protonen gibt die chemische Natur des Elements. Die Summe von Protonen und Neutronen gibt das Atomgewicht. Ein Mehr oder Weniger von Neutronen ändert also nichts an der chemischen Natur des Elements, sie ergeben nur isotope Atomarten, wie sie schon seit langem in Gestalt mehrerer Bleiisotope, vieler Quecksilberisotope, der beiden Chlorisotope usw. bekannt waren. Der im Jahre 1932 aufgefundene »schwere« Wasserstoff ist ganz analog ein Isotop des leichten Wasserstoffs. Er enthält außer einem Proton im Kern ein Neutron, hat also die Masse 2 statt 1. Auch das höchste chemische Element, das Uran, ist kein Reinelement, sondern enthält einige Isotope, von denen Uran 238 die Ausgangssubstanz für die Radiumreihe, Uran 235 die Muttersubstanz für das Protactinium und die Actiniumreihe vorstellt.

Bald wurde erkannt, daß die Neutronen ein besonders geeignetes Geschoß für Atomumwandlungen vorstellen, sie haben ja keine Ladung und werden vom positiven Kern der chemischen Elemente nicht abgelenkt. Während nun aber bei den Rutherfordschen (α; p)-Umwandlungen – (α; p) ist die abgekürzte Bezeichnung für die Reaktion, bei der ein α-Teilchen eingelagert, ein Proton emittiert wird – fast immer stabile, in der Natur vorkommende Atomarten entstehen, wurde bei den (α; n)-Prozessen – also Einbau von α-Teilchen, Emission von Neutronen – von dem Ehepaar Joliot-Curie ein völlig neuartiger Vorgang aufgefunden. Sie fanden im Jahre 1934, daß bei der Bestrahlung einiger Elemente mit α-Teilchen nicht nur Neutronen, sondern auch Positronen, also positive Elektronen, auftreten, und zwar auch dann noch, wenn die Bestrahlung mit den α-Teilchen bereits unterbrochen war. Die Positronenemission klang ab nach den bekannten Gesetzen des Zerfalls der natürlichen Radioelemente. Es waren künstlich radioaktive Atomarten entstanden. Die ersten Elemente, bei deren Bestrahlung diese »künstliche« Radioaktivität beobachtet wurde, waren das Bor und das Aluminium.

Aus dem Bor entstand ein aktiver Stickstoff, aus dem Aluminium ein aktiver Phosphor, die sich ihrerseits in Kohlenstoff resp. Silicium unter Positronenemission umwandelten.

Die Vorgänge lassen sich in folgender Weise formelmäßig darstellen:

$$^{10}_{5}B + ^{4}_{2}He \longrightarrow ^{13}_{7}N* + ^{1}_{0}n; \quad ^{13}_{7}N* \xrightarrow[10 \text{ min}]{\beta+} ^{13}_{6}C$$

$$^{27}_{13}Al + ^{4}_{2}He \longrightarrow ^{30}_{15}P* + ^{1}_{0}n; \quad ^{30}_{15}P* \xrightarrow[2.2 \text{ min}]{\beta+} ^{30}_{14}Si$$

Das * an den Symbolen bedeutet, daß dieses Isotop des Elements radioaktiv ist.

Ein neues großes Gebiet weiterer Forschung war erschlossen. Zugleich wurden die experimentellen Möglichkeiten zur Durchführung kernphysikalischer Versuche grundlegend erweitert.

Während bisher zur Auslösung der künstlichen Kernreaktionen immer die α-Teilchen der natürlichen Radioelemente als die Auslösung verursachende Geschosse gedient hatten, kamen zu diesen jetzt künstliche Strahlenquellen hinzu: Hochspannungsanlagen, van-de-Graaff-Generatoren, das Cyclotron. In steigendem Maße gelang es damit, immer intensivere Bestrahlungen vorzunehmen, immer neue Reaktionen aufzufinden.

Zunächst dienten allerdings auch noch Radium-Beryllium-Mischungen als zwar nicht sehr intensive, aber sehr bequeme konstante Neutronenquellen zum weiteren Studium, vor allem der neuentdeckten künstlichen Radioaktivität. Die Herstellung solcher Neutronenquellen geschieht durch inniges Vermischen eines gut getrockneten, fein gepulverten Radiumsalzes mit feinstem Berylliumpulver und luftdichtem Einschmelzen in einem Glas- oder Metallröhrchen. Das Uran selbst behielt seine Bedeutung dabei insofern, als aus ihm ja das Radium gewonnen wurde.

Es war vor allen Dingen der italienische Forscher Fermi, der auf die große Bedeutung der Neutronen zur Auslösung von Kernreaktionen hinwies, und so haben Fermi und seine Mitarbeiter die Elemente fast des ganzen Periodischen Systems der Elemente mit Neutronen bestrahlt und zahlreiche künstliche Radioelemente dargestellt.

Im allgemeinen, besonders wenn es sich um verlangsamte Neutronen handelt[1], ist der Reaktionsverlauf so, daß das Neutron von dem Kern aufgenommen wird. Dabei wird in vielen Fällen ein instabiles Isotop des bestrahlten Elements gebildet, das dann unter Emission von β-Strahlen sich in das nächsthöhere Element umwandelt. Dieses ist meist eine in den gewöhnlichen chemischen Elementen vorkommende stabile Atomart, z. B.

$$^{127}_{53}J + ^{1}_{0}n \longrightarrow ^{128}_{53}J^* + \gamma; \quad ^{128}_{53}J^* \xrightarrow[26\,min]{\beta} \, ^{128}_{54}Xe.$$

Fermi und Mitarbeiter haben ihre Versuche bis zu dem Uran, also dem Element mit der höchsten Ordnungszahl, durchgeführt und auch hier durch Neutronen hervorgerufene Umwandlungsprozesse, darunter

---

[1] Wie Fermi als erster gezeigt hat, kann man sich derartige verlangsamte, energiearme Neutronen aus den primären, energiereichen dadurch herstellen, daß man die Neutronen durch wasserstoffreiche Substanzen hindurchlaufen läßt. Die kinetische Energie der Neutronen wird dabei durch elastische Stöße auf die Wasserstoffkerne übertragen.

sehr rasch verlaufende, nachgewiesen. Sie machten die plausible Annahme, daß zunächst künstlich aktive, kurzlebige Uranisotope entstehen; und da diese Substanzen β-Strahlen emittierten, schlossen die Verfasser auf die Entstehung sogenannter »Trans-Urane«, Vertreter des in der Natur nicht bekannten Elements 93, vielleicht sogar eines weiteren mit der noch höheren Kernladung 94.

Die Fermischen Versuche wurden von anderer Seite nicht als beweisend in Zweifel gestellt, und es wurde vorgebracht, es könne sich bei dem am sichersten nachgewiesenen sogenannten 13-Min.-Körper um ein Isotop des Elements 91, also des Protactiniums, handeln[1].

Zu diesem Zeitpunkt entschlossen wir uns, Professor Lise Meitner und ich, die Fermischen Versuche nachzumachen, um zu entscheiden, ob der 13-Min.-Körper ein Protactiniumisotop sei oder nicht. Der Entschluß zur Nacharbeit wurde dadurch erleichtert, daß wir durch die Entdeckung des Protactiniums (1917) die chemischen Eigenschaften dieser Substanz gut kannten, daß uns zugleich ein β-strahlendes Isotop des Elements 91 in Gestalt des von mir aufgefundenen Uran Z mit der günstigen Halbwertszeit von 6.7 Stunden gut bekannt und aus Uransalzen zugänglich war.

Mit der »Indikatorenmethode« konnten wir einwandfrei nachweisen, daß der Fermische 13-Min.-Körper sicher kein Protactiniumisotop war, ebensowenig wie Uran, Actinium oder Thorium; die Fermische Behauptung mußte also nach dem damaligen Stand der Wissenschaft richtig sein, der 13-Min.-Körper eine Atomart des Elements 93, ein »Trans-Uran«.

Es sei hier betont, daß zu dieser Zeit andere Möglichkeiten nicht in Frage kamen. Seit der Entdeckung des Neutrons und seit der Verwendung künstlicher Strahlenquellen war eine große Anzahl verschiedenartigster Kernreaktionen aufgefunden worden; immer waren die ent-

---

[1] Von noch anderer Seite (Ida Noddack) wurde sogar der Einwand gemacht, man müsse zunächst einmal alle Elemente des Periodischen Systems ausschließen, bevor man die Behauptung aufstellen könne, ein Element 93 zu haben. Dieser Einwand wurde damals als allen physikalischen Vorstellungen über Kernphysik widersprechend nicht ernstlich diskutiert.

stehenden Produkte entweder Isotope der bestrahlten Substanz oder deren nächste, höchstens übernächste Nachbarn im Periodischen System; eine Zerspaltung schwerer Atomkerne in mehrere leichte galt für völlig ausgeschlossen.

Bei den Versuchen über den Fermischen 13-Min.-Körper und der Nachprüfung anderer, etwas weniger sicheren Befunde Fermis fanden wir später in Gemeinschaft mit F. Straßmann, daß die Vorgänge bei der Bestrahlung dieses höchsten Elements des Periodischen Systems sehr viel verwickelter waren, als man ursprünglich vermutet hatte.

Fermi und Mitarbeiter hatten schon in ihren ersten Arbeiten zwei kurzlebige, β-strahlende Atomarten beschrieben (von 10 Sek. und 40 Sek. Halbwertszeit), die diese Forscher als durch Neutronenanlagerung an das Uran entstandene künstliche Isotope des Urans ansehen mußten. Professor Meitner und ich fanden außerdem einen mit 23 Min. Halbwertszeit zerfallenden Körper, den wir einwandfrei als ein künstlich aktives Uranisotop identifizieren konnten. Bei den kurzlebigen Körpern Fermis konnte die Isotopie zum Uran nur vermutet, aber nicht bewiesen werden. Der 23-Min.-Körper entstand unter anderen Bedingungen der Bestrahlung, als sogenannter »Resonanzprozeß«.

Als Frucht mehrjähriger Versuche aus den Jahren 1935–1938 stellten wir (Hahn, Meitner und Straßmann) schließlich eine größere Anzahl künstlich aktiver Atomarten dar, die direkt oder indirekt alle aus den vermuteten kurzlebigen künstlichen Uranisotopen durch β-Strahlung zu entstehen schienen, die also alle sogenannte Trans-Urane – Elemente jenseits Uran – vorstellen mußten.

Dadurch, daß sie sich gruppenweise chemisch verschieden verhielten, daß außerdem bei manchen von ihnen ihre sukzessive Entstehung aus β-strahlenden Muttersubstanzen unmittelbar nachweisbar war, wurden Umwandlungsreihen bis zu den Elementen mit der Ordnungszahl 95 und 96 aufgestellt. Soweit die Arbeiten von anderer Seite nachgemacht wurden, wurden die Versuche alle bestätigt.

Unabhängig von den genannten Trans-Uran-Arbeiten von Hahn, Meitner und Straßmann beschrieben Curie und Savitch (1937 und 1938) einen sogenannten 3.5-Std.-Körper, den sie ebenfalls bei der Bestrahlung des Urans mit Neutronen erhalten hatten und dessen chemische Eigenschaften nicht leicht festzustellen waren. Er ähnelte nach Curie und Savitch den Seltenen Erden, war aber kein Actinium, sondern glich mehr dem Lathan und ließ sich von diesem nur durch »fraktionierte Kristallisation« trennen. Mit einem gewissen Zögern entschlossen sich Curie und Savitch, die Substanz in die Reihe der »Trans-Urane« einzureihen, aber die von ihnen diskutierten Möglichkeiten kamen auch ihnen schwer verständlich oder unbefriedigend vor. Da dieser merkwürdige 3.5-Std.-Körper den Trans-Uranen zugeteilt wurde, habe ich mit Herrn Straßmann diese Substanz nachzumachen versucht, und wir sind dabei zunächst nach genauerer Prüfung zu bemerkenswerten Ergebnissen gelangt, die etwa folgendermaßen formuliert wurden: »Außer den von Hahn, Meitner und Straßmann beschriebenen Trans-Uranen entstehen durch zwei sukzessive α-Strahlabspaltungen drei künstlich aktive β-strahlende Radiumisotope verschiedener Halbwertszeit, die sich ihrerseits zu künstlich aktiven β-strahlenden Actiniumisotopen umwandeln.« Der Schluß auf Radiumisotope war insofern zwingend, als nach ihren chemischen Eigenschaften nur Barium oder Radium in Frage kommen konnte. Barium konnte nach dem Stand der physikalischen Erkenntnisse nicht zur Diskussion gestellt werden; also blieb nur das Radium übrig.

Die Abscheidung dieser aktiven Gruppe geschah durch eine Bariumfällung; aber nicht in Form des oberflächenreichen, stark fremde Elemente adsorbierenden Bariumsulfats, sondern – nach einem Vorschlag von Straßmann – in Form des aus konzentrierter Salzsäure sehr schön kristallisierenden Bariumchlorids, das frei von jeglichen fremden Verunreinigungen ausfällt.

Aber die Entstehung von Radium unter den genannten Bestrahlungsbedingungen war doch recht merkwürdig. Mit energiearmen Neutronen waren noch nie α-Strahl-Umwandlungen beobachtet worden, und dabei traten hier wieder, wie bei den »Trans-Uranen«, gleich mehrere Isotope auf!

Die Versuche wurden nach verschiedenen Richtungen weitergeführt. Da es sich immer um recht schwache Präparate handelte und die β-Strahlen des stabilsten der neuen Isotope stark absorbierbar waren, so daß man dickere Substanzschichten nur mit schlechter Strahlenausbeute messen konnte, wurde versucht, das künstliche »Radium« von dem als Träger zugesetzten Barium so gut als möglich zu trennen, um dünne, leichter meßbare Schichten zu bekommen. Dies geschieht nach dem Verfahren von Mme. Curie durch fraktionierte Kristallisation, und es war uns seit vielen Jahren durchaus geläufig. Denn fast 30 Jahre früher hatte ich in Gemeinschaft mit L. Meitner das Radiumisotop Mesothor durch fraktionierte Kristallisation vom Barium getrennt und in späteren Jahren mit einer Reihe von Mitarbeitern die Gesetze der Mischkristallbildung zwischen Barium- und Radiumsalzen systematisch durchgeprüft.

Die Versuche, auf die genannte Weise unsere künstlichen »Radiumisotope« vom Barium abzutrennen, schlugen fehl; eine Anreicherung des »Radiums« wurde nicht erzielt. Es war naheliegend, dieses Versagen auf die außerordentlich geringe Intensität unserer Präparate zurückzuführen. Es handelte sich ja immer nur um einige tausend Atome, die nur als einzelne Teilchen im Geiger-Müller-Zählrohr nachweisbar waren. So wenig Atome konnten mit dem ungeheuren Überschuß inaktiven Bariums ohne An- oder Abreicherung mitgerissen werden, auch wenn das Barium in Form des sehr rein ausfallenden Bariumchlorids gefällt wurde.

Um dies zu prüfen, machten wir jetzt die gleichen Versuche mit ebenso schwachen Intensitäten der natürlichen Radiumisotope Mesothor und Thorium X. Diese Substanzen wurden peinlich von allen Spuren ihrer Muttersubstanzen oder ihrer Umwandlungsprodukte befreit und durch systematische Verdünnung Präparate gewonnen, die ebenfalls nur noch im Geiger-Müller-Zählrohr nachweisbar waren. Es wurden Kristallisationen der Chloride, Bromide und Chromate vorgenommen, immer mit dem entsprechenden Bariumsalz als Träger.

Das Resultat war das für Radium zu erwartende. Das Mesothor wie das Thorium X reicherten sich mit den genannten Salzen in den ersten Fraktionen an, und zwar in dem Betrage, der nach unseren früheren Erfahrungen zu erwarten war. Damit war bewiesen, daß auch die wenigen Atome natürlicher Radiumisotope sich genauso verhielten wie starke Präparate.

Schließlich gingen wir dann zu unmittelbaren »Indikatorenversuchen« über. Wir mischten die reinen *natürlichen* Radiumisotope mit unseren vorher ebenfalls von ihren Umwandlungsprodukten befreiten *künstlichen* »Radiumisotopen« und fraktionierten in der gleichen Weise wie vorher. Das Ergebnis war: Die natürlichen Radiumisotope ließen sich vom Barium abtrennen, die künstlichen aber nicht.

Noch in einer anderen Richtung haben wir die Ergebnisse kontrolliert. Wenn die künstlichen Erdalkaliisotope Radium waren, dann mußten die aus ihnen durch β-Strahlung entstehenden unmittelbaren Zerfallsprodukte Actinium sein, aus dem Element 88 mußte das nächsthöhere Element 89 entstehen; waren sie Barium, dann mußte Lanthan daraus entstehen (aus El. 56 das El. 57). Mittels des reinen Actiniumisotops Mesothor 2 machten wir nun »Indikatorversuche«, indem wir das Mesothor 2 mit einem der fraglichen ersten Umwandlungsprodukte der künstlichen Radiumisotope mischten und dann, nach einem Verfahren von Mme. Curie, die chemische Trennung Actinium von Lanthan durchführten. Bei der Fraktionierung von Lanthanoxalat mit Actinium wird das letztere in den Endfraktionen stark angereichert. Dies war bei dem Actiniumisotop Mesothor 2 auch deutlich der Fall. Das Zerfallsprodukt unseres sogenannten »Radium«-Isotops blieb aber beim Lanthan. Die für Actinium gehaltene künstliche Seltene Erde war also in Wirklichkeit Lanthan. Somit war auch hier festgestellt, daß unser bisher für Radium gehaltenes Erdalkaliisotop ein künstlich aktives Barium war, denn das Lanthan konnte ja nur aus Barium, nicht aber aus Radium entstanden sein.

Zu allem Überfluß machten wir auch noch einen sogenannten »Kreislaufversuch« mit Barium. Das beständigste der drei nunmehr als Barium identifizierten aktiven Isotope wurde durch Umkristallisieren mit inaktivem Barium von sonstigen Verunreinigungen und seinen aktiven Umwandlungsprodukten gereinigt, ein Viertel der Gesamtmenge zunächst als Vergleichspräparat beiseite gestellt und drei Viertel davon folgendem Kreis von Bariumfällungen unterzogen: Bariumchlorid→bernsteinsaures Barium→Bariumnitrat→Bariumcarbonat →Bariumchlorid→Barium-Ferri-Mannit→Bariumchlorid. Nachdem diese zum Teil schön kristallisierenden Verbindungen durchlaufen waren, wurden das resultierende Bariumchlorid und das umkristallisierte Vergleichspräparat in gleicher Gewichtsmenge und Schichtdicke in ein und demselben Zähler abwechselnd zur Messung gebracht. Anfangsaktivität und Zunahme infolge Nachbildung des aktiven Lanthans waren bei beiden Präparaten innerhalb der Fehlergrenze völlig gleich: Die Kristallisation der vielen verschiedenen Salze hatte keinerlei Abtrennung des aktiven Bariums vom Trägermaterial bewirkt. Dies konnte nur möglich sein, wenn das aktive Produkt und der Träger chemisch identisch waren, nämlich Barium.

In der ersten Mitteilung über diese »allen bisherigen Erfahrungen der Kernphysik widersprechenden« Versuche (6. Jan. 1939) waren die genannten Indikatorenversuche noch nicht ganz zu Ende gemessen, und deshalb hatten wir uns noch vorsichtig ausgedrückt. Als zweiten Partner des neuartigen Prozesses hatten wir ein Element vom Atomgewicht um 100 herum vermutet, weil dann die Atomgewichte sich zu dem des Urans ergänzen; »z. B. 138+101 (z. B. El. 43) ergibt 239!«

Nach dem Abschluß der im Gange befindlichen Messungen und dem »Kreislaufversuch« war eine Täuschung nicht mehr möglich.

Die abgeschlossenen Indikatorenversuche und der genannte »Kreislaufversuch« erschienen in einer zweiten Mitteilung (10. Febr. 1939). In dieser wurde auch die Spaltung des Elements Thorium festgestellt und mit Indikatorversuchen, ähnlich den oben beschriebenen, belegt. Hier fand sich auch bereits der Nachweis eines Edelgases und eines daraus entstehenden Alkalimetalls, wobei das Gas durch einen Luftstrom, der durch das Uran während der Bestrahlung geleitet wurde, als ein solches erkannt und damit vom Uran abgetrennt war. Im Uran selbst ließ sich ein aktives Strontium und ein aktives Yttrium identifizieren.

Unmittelbar nach der ersten Veröffentlichung über die Entstehung von Barium aus dem Uran erschien als erste Mitteilung eine Arbeit von L. Meitner und O. R. Frisch, in der die Möglichkeit des Zerplatzens schwerer Kerne in zwei Kerne mittlerer Kernladung, deren Summe die Ladung des schweren Kerns ergibt, auf Grund des Bohrschen Tröpfchenmodells der Atomkerne erklärt wurde. Meitner und Frisch machten gleichzeitig eine Schätzung über den bei dieser Reaktion zu erwartenden außerordentlich hohen Energiegewinn, der sich aus der Massendefektskurve der Elemente des Periodischen Systems ergibt. Die daraus zu folgernde große Rückstoßenergie der bei der Spaltung auftretenden Bruchstücke wurde zuerst von Frisch und kurz danach von F. Joliot experimentell sichtbar gemacht. Meitner und Frisch wiesen auch sehr bald darauf hin, daß die bisher für Trans-Urane gehaltenen aktiven Umwandlungsprodukte keine Trans-Urane, sondern Bruchstücke der Spaltung seien. Sie konnten sie durch »Rückstoß« außerhalb des bestrahlten Urans aufsammeln.

In kurzer Folge erschien dann weiter eine ganze Anzahl von Arbeiten aus europäischen und amerikanischen kernphysikalischen Instituten als Bestätigung und Erweiterung der beschriebenen Versuche.

Der Vorgang verläuft also so, daß der Kern des Urans mit der Kern-

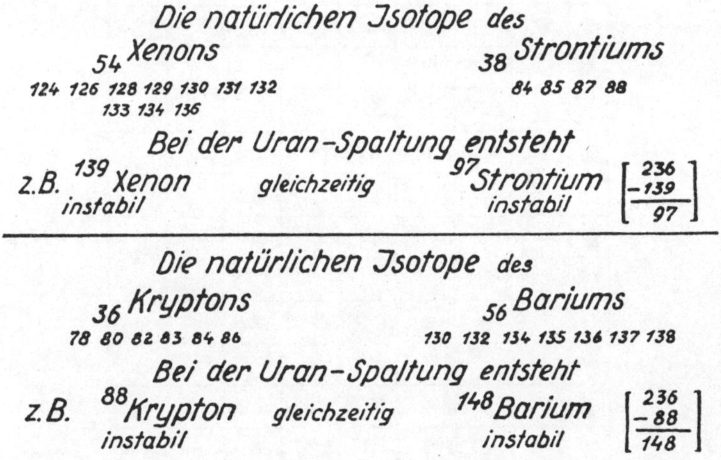

Abb. 1. Atomgewichte einiger natürlicher und durch die Spaltung entstehender künstlicher Isotope, wenn keine der zu vielen Neutronen freigemacht werden.

ladung 92 in zwei mittelschwere Kerne zerspalten wird[1]. Wenn der eine davon Barium ist, das die Kernladung 56 hat, dann muß gleichzeitig ein Krypton mit der Kernladung 36 entstehen. Beide Kerne addieren sich zu 92. Beide Kerne haben, wie sich aus den Massen des Urans und denen der in der Natur vorkommenden stabilen Barium- und Kryptonisotope leicht erkennen läßt, eine zu große Masse; also einen großen Überschuß an Neutronen; sie werden sich also unter Emission von β-Strahlen in stabile Elemente höherer Kernladung umwandeln, und zwar, wie unsere späteren Versuche bewiesen haben, unter Umstän-

[1] Der Ausdruck »Spaltung« (»fission«) wurde von Meitner und Frisch eingeführt.

	Br 35	Kr 36	R6 37	Sr 38	Y 39	Zr 40	N6 41	Mo 42
83	140^{min}	113^{min} stab.						
84	30^{min}	stab.						
85	3^{min}	$4,6^{h}$	stab.					
86	o	stab.						
87	50^{sek}	75^{min}	$6 \cdot 10^{10}\,a$	stab.				
88		175^{min}	18^{min}	stab.				
89		$2,5^{min}$	15^{min}	55^{d}	stab.			
90		?	?	5^{a}	60^{h}	stab.		
91		?	?	10^{h}	50^{min} $57\,d$	stab.		
92		?	80^{sek}	$2,7^{h}$	$3,5^{h}$	stab.		
93						65^{d}	55^{d} stab.	
94		?	?	2^{min}	20^{min}	stab.		
95						17^{h}	75^{min}	
96		?	?	7^{min}	$11,6^{h}$	stab.		
97		?	?	$\sim 8^{h}$	$>100^{d}$	26^{d}	o	stab

Abb. 2. Uranbruchstücke zwischen den Elementen 35 bis 42.

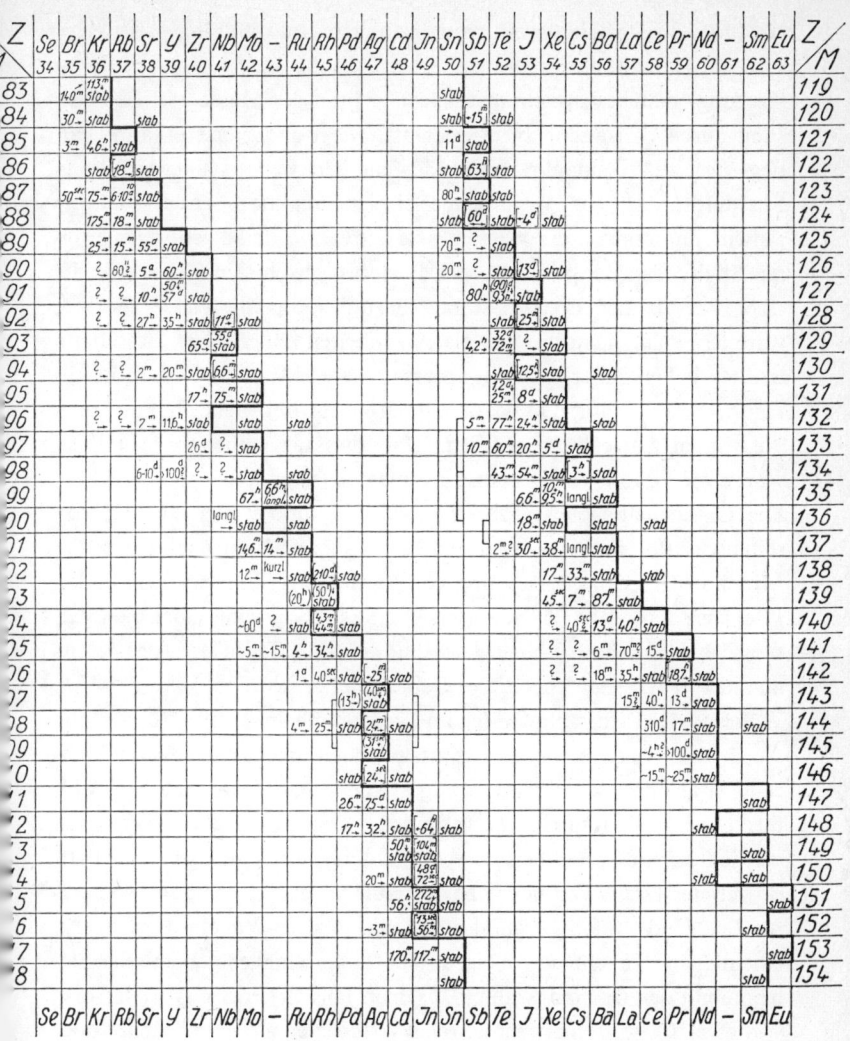

Abb. 3. Gesamtzahl der im Kaiser-Wilhelm-Institut für Chemie Anfang 1945
bekannten Bruchstücke des Urans.

261

den über eine ganze Anzahl von instabilen Umwandlungsprodukten. Das höchste stabile Kryptonisotop hat die Masse 86. Bei der Uranspaltung entsteht z. B. ein instabiles Krypton der Masse 88. Die Spaltung durch thermische Neutronen ist, wie Bohr zuerst erkannt hat, dem Uran 235 zuzuschreiben und stellt den weitaus überwiegenden Spaltungsprozeß dar. Wenn keinerlei Nebenreaktion bei der Spaltung auftritt, dann müßte die Masse des zu dem Krypton 88 gehörigen zweiten Spaltungsproduktes, also des Bariums, gleich sein 236 minus 88, also 148. Da das höchste stabile Bariumisotop die Masse 138 hat, wäre jenes also nicht weniger als 10 Einheiten höher. Herr Straßmann und ich haben daher schon in unserer zweiten Mitteilung die Möglichkeit ins Auge gefaßt, daß bei dem Spaltungsprozeß vielleicht zusätzlich Neutronen freigemacht würden. Daß dies tatsächlich der Fall ist, wurde von F. Joliot als erstem experimentell festgestellt.

Die Untersuchungen gingen in raschem Tempo weiter, sowohl von seiten der Physiker wie der Chemiker. Kaum ein Jahr nach der ersten Mitteilung über die Entstehung von Barium aus Uran erschien in den »Reviews of modern Physics« (USA) eine Bibliographie über die Spaltung schwerer Kerne (»Nuclearfission« von L. A. Turner), in der bereits an hundert Arbeiten über dieses Gebiet referiert wurden.

Während der Kriegszeit wurden im Kaiser-Wilhelm-Institut für Chemie die sich als recht verwickelt herausstellenden Spaltreaktionen in Richtung ihrer chemischen Entwirrung systematisch fortgesetzt und zahlreiche neue Reaktionen aufgefunden. Von japanischen Forschern wurde festgestellt, daß bei Verwendung schneller Neutronen der Spaltprozeß des Urans symmetrischer verläuft als bei Verwendung verlangsamter. Und Anfang 1945 konnte das Kaiser-Wilhelm-Institut für Chemie eine Tabelle aufstellen, in der 25 verschiedene chemische Elemente mit den Ordnungszahlen 35 (Brom) bis 59 (Praseodym) in Form von etwa 100 verschiedenen aktiven Atomarten als unmittelbare oder mittelbare Bruchstücke der Uranspaltung aufgezählt sind. Die von uns bis 1939 für »Trans-Urane« angesehenen aktiven Atomarten waren alles aktive Spaltprodukte und deren aktive Abkömmlinge, aber keine Elemente jenseits Uran!

Die physikalischen Arbeiten bewegten sich naturgemäß in anderer Richtung. Von besonderer Bedeutung unter diesen war die schon erwähnte Untersuchung von Joliot, in der er (Frühjahr 1939) experimentell feststellte, daß bei dem Spaltprozeß tatsächlich neben den je zwei Spaltelementen zusätzlich Neutronen freigemacht werden.

Wenn nun bei dem Spaltprozeß, der ja durch die Einwirkung von Neutronen auf Uran ausgelöst wird, neue Neutronen freigemacht werden, so können auch diese, wenn sie Uranatome treffen, weitere Spaltungen hervorrufen. Entsteht mehr als ein zusätzliches Neutron und wird der Prozeß so geleitet, daß alle zusätzlichen Neutronen wieder Uranatome treffen, dann haben wir eine Kette sich dauernd erneuernder Spaltvorgänge vor uns, so daß diese wie die Lawine aus dem Schneeball ins Riesenhafte anwachsen können. Die praktische Auswertung der Atomenergie war zum ersten Male in den Bereich des Möglichen gerückt, worauf von S. Flügge, damals im Kaiser-Wilhelm-Institut für Chemie, wohl als erstem hingewiesen wurde.

Vor etwa 10 Jahren schloß Joliot seinen Nobelvortrag mit folgenden Worten: »Wenn wir uns der Vergangenheit zuwenden und einen Blick auf die durch die Wissenschaft in stets steigendem Tempo erzielten Fortschritte werfen, haben wir wohl das Recht zu der Annahme, daß die Forscher, die nach Belieben Elemente aufbauen oder zertrümmern, lernen werden, auch Umwandlungen explosiven Charakters zu verwirklichen, eine echte chemische Kettenreaktion, eine Umwandlung, die mehrere andere nach sich zieht.

Wenn es dahin kommt, daß solche Reaktionen sich in der Materie fortpflanzen, kann man sich vorstellen, wie gewaltig die frei werdende nutzbare Energie sein wird. Greifen sie aber auf alle Elemente unseres Planeten über, so müssen wir mit Besorgnis auf die Folgen der Auslösung einer derartigen Katastrophe im voraus Bedacht nehmen. Die Astronomen beobachten mitunter, daß ein Stern von mittlerer Leuchtkraft plötzlich an Größe zunimmt; ein mit bloßem Auge nicht sichtbarer Stern kann stark leuchtend und ohne Instrument sichtbar werden; das ist das Auftreten einer Nova. Ein solches plötzliches Aufleuchten des Sterns ist vielleicht hervorgerufen durch solche Transmutationen explosiven Charakters, wie unsere schweifende Einbildungskraft sie erschaut, ein Vorgang, den die Forscher wahrscheinlich zu verwirklichen versuchen werden, wobei sie, wie wir hoffen, die nötigen Vorsichtsmaßregeln ergreifen werden.«

Was vor zehn Jahren ein Gebilde unserer »schweifenden Einbildungskraft« war, ist heute zum Teil bereits zur mahnenden Wahrheit geworden. Die Energie kernphysikalischer Reaktionen ist in die Hand der Menschen gegeben. Soll sie ausgenützt werden für die Förderung freier wissenschaftlicher Erkenntnis, sozialen Aufbau und Erleichterung der Lebensbedingungen der Menschen, oder soll sie mißbraucht werden zur Zerstörung dessen, was die Menschen in Jahrtausenden geschaffen haben? Die Antwort sollte nicht schwerfallen und wird wohl auch von den Wissenschaftlern der ganzen Welt im Sinne der ersteren Möglichkeit gewünscht.

Anhang

Im Voranstehenden wurde die Entwicklung der Forschung von der natürlichen Radioaktivität des Urans bis zu seiner künstlichen Zerspaltung in groben Umrissen dargestellt. Damit sind aber die Möglichkeiten beim Uran noch nicht erschöpft. Das Uran besteht im wesentlichen aus den beiden Isotopen mit den Atomgewichten 238 und 235. Uran 235 ist nur zu $\frac{1}{140}$ im Mischelement Uran enthalten; aber die oben beschriebenen Spaltprozesse, die in besonderer Intensität mit »verlangsamten« Neutronen ausgelöst werden, rühren im wesentlichen von diesem seltenen Isotop her. Das Uran 238 wird nur durch sehr energiereiche Neutronen gespalten; die Reaktionsausbeute ist viel geringer. Nun wurde weiter oben aber schon erwähnt, daß Prof. Lise Meitner und der Verfasser bei Bestrahlung des Urans mit Neutronen neben den für Trans-Urane gehaltenen Spaltprodukten ein Uranisotop von 23 Minuten einwandfrei als eine Uranart festgestellt hatten. (Die für künstliche Uranisotope zuerst von Fermi angenommenen, dann von uns übernommenen kurzlebigen Isotope waren in Wirklichkeit ebenfalls Spaltprodukte.)

Das 23-Min.-Uran entsteht durch einen sogenannten Resonanzprozeß mit Neutronen wohldefinierter Geschwindigkeit von mehreren Volt Energie. Da diese Substanz β-Strahlen emittiert, *muß* aus ihr ein Vertreter des Elements 93, also ein wirkliches Trans-Uran entstehen. Wir haben nach einem gesucht, es aber bei unseren damals sehr schwachen Präparaten nicht nachweisen können. Es wurde später in den Vereinigten Staaten als β-Strahler von 2,3 Tagen Halbwertszeit festgestellt. Es

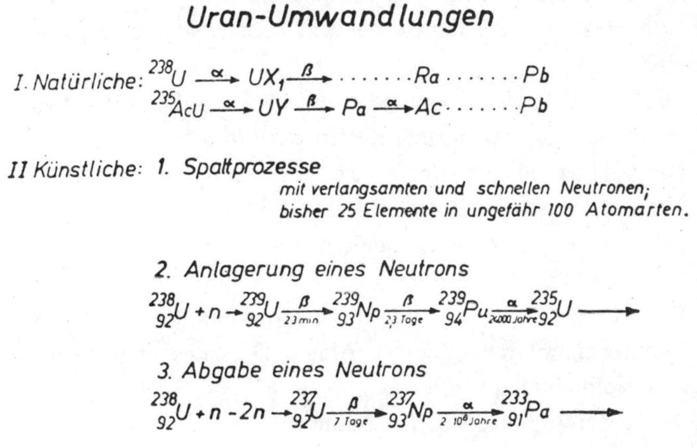

Uran-Umwandlungen

I. Natürliche: $^{238}U \xrightarrow{\alpha} UX_1 \xrightarrow{\beta} \dots\dots Ra \dots\dots Pb$

$^{235}_{AcU} \xrightarrow{\alpha} UY \xrightarrow{\beta} Pa \xrightarrow{\alpha} Ac \dots\dots Pb$

II Künstliche: **1. Spaltprozesse**

> *mit verlangsamten und schnellen Neutronen;*
> *bisher 25 Elemente in ungefähr 100 Atomarten.*

2. Anlagerung eines Neutrons

$$^{238}_{92}U + n \to {}^{239}_{92}U \xrightarrow[23min]{\beta} {}^{239}_{93}Np \xrightarrow[23 Tage]{\beta} {}^{239}_{94}Pu \xrightarrow[24000 Jahre]{\alpha} {}^{235}_{92}U \longrightarrow$$

3. Abgabe eines Neutrons

$$^{238}_{92}U + n - 2n \to {}^{237}_{92}U \xrightarrow[7 Tage]{\beta} {}^{237}_{93}Np \xrightarrow[2 \cdot 10^6 Jahre]{\alpha} {}^{233}_{91}Pa \longrightarrow$$

Abb. 4.

hat also das Atomgewicht 239. Wenn nun dieses wirkliche Trans-Uran mit der Kernladung 93 β-Strahlen emittiert, dann muß aus ihm ein Element 94, also ein weiteres Trans-Uran entstehen. Diese Substanz ist ein verhältnismäßig langlebiger α-Strahler (Halbwertszeit 24000 Jahre). Sie erhielt von dem amerikanischen Forscher Seaborg den Namen Plutonium, das Element 93 den Namen Neptunium. Ein zweites Isotop des Elements 93 entsteht übrigens auch noch durch einen anderen Prozeß aus dem Uran der Masse 238, nämlich durch einen sogenannten (n; 2n)-Prozeß mittels sehr energiereicher Neutronen; das eine Neutron reißt sozusagen bei seinem Durchtritt durch das Uran noch ein zweites aus diesem heraus. Das Ergebnis ist ein β-strahlendes Uranisotop der

Masse 237, das dann also ein zweites Neptuniumisotop bildet; seine Halbwertszeit ist einige Millionen Jahre.

Die Vorgänge bei der Bestrahlung des Urans mit Neutronen aller Geschwindigkeiten, also unverlangsamter und verlangsamter, sind also recht verwickelter Natur: Neben den natürlichen Umwandlungsprodukten des Urans, die auch ohne Bestrahlung in unverändertem Tempo unabhängig von allen anderen Geschehen vor sich gehen, laufen die folgenden Prozesse ab:

1) Die Spaltungsvorgänge mit der Bildung der zahlreichen künstlich aktiven Atomarten aller Elemente zwischen den Ordnungszahlen 35 bis 59.

2) Die Abgabe zusätzlicher Neutronen bei den Spaltprozessen, wodurch die Möglichkeit einer Kettenreaktion gegeben ist.

3) Die Anlagerung eines Neutrons bestimmter Resonanzenergie an das Uran der Masse 238 unter Bildung des Uranisotops der Masse 239, das sich seinerseits umwandelt in die Elemente Neptunium und Plutonium.

4) Die Abgabe eines zusätzlichen Neutrons aus dem Uran 238 unter Bildung eines Uranisotops der Masse 237, das ebenfalls ein Neptuniumisotop bildet.

Da der Prozeß 1 im wesentlichen durch verlangsamte (thermische) Neutronen am seltenen Uranisotop der Masse 235 angreift, ist der Prozeß 3 eine Art Konkurrenz zu 1. Denn durch den Resonanzprozeß 3 werden die Neutronen abgefangen, bevor sie thermische Geschwindigkeiten erreicht haben. Es ist eine Frage der experimentellen Anordnung, wie man dieses Abfangen möglichst zurückdrängen kann, um die »Kettenreaktion« zu ermöglichen. Andererseits dienen natürlich die bei der Spaltung auftretenden zusätzlichen Neutronen des Prozesses 2 auch dazu, den Resonanzprozeß am Isotop 238 auszulösen und damit das Plutonium zu bilden. Hat man dieses Element durch eine im großen Maßstabe durchgeführte langsam gesteuerte Kettenreaktion (in einem sogenannten »pile«) in genügender Menge gewonnen und vom Uran abgetrennt, so kann nunmehr auch diese Substanz als Träger einer Kette fungieren. Dasselbe trifft zu für das reine seltene Uranisotop der

Masse 235, wenn dieses durch Isotopentrennung vom Uran 238 abgetrennt ist. Der die Kettenreaktion störende Resonanzprozeß fällt beim Uran 235 ja fort.

Sowohl das Uranisotop 235 wie das Plutonium wurden in den Vereinigten Staaten hergestellt. Das Ergebnis waren die Bomben auf Hiroshima und Nagasaki.

OTTO HAHN

Cobalt 60 – Gefahr oder Segen für die Menschheit?

Rede, gehalten am 13. Februar 1955
im Nordwestdeutschen Rundfunk

Mit der Zerstörung von Hiroshima und Nagasaki im August 1945 durch die Atombombe hat die Welt ein Kriegsmittel kennengelernt, demgegenüber auch die stärksten während des zweiten Weltkrieges entwickelten Bomben in ihrer Wirkung verblaßten. Man hoffte mit dem Alleinbesitz der Bombe in der Lage zu sein, zukünftige Kriege zu verhindern. Aber es dauerte nur wenige Jahre, da hatten die Russen den amerikanischen Vorsprung zwar nicht eingeholt, aber doch gezeigt, daß auch sie Atombomben herstellen können. Und wieder dauerte es nur ein paar Jahre, da wurde die Menschheit erschreckt durch die Herstellung der »Wasserstoffbombe«, deren Wirkung noch viel vernichtender ist als die der gewöhnlichen »Atombombe«.

Aber auch damit noch nicht genug! Im Zusammenhang mit dem Schreckenswort »Wasserstoffbombe« hört man jetzt auch das Wort »Cobaltbombe«, Träger einer heimtückischen, langlebigen Substanz, die, in genügender Menge als radioaktiver Staub in der Atmosphäre verteilt, in der Lage sei, ganze Länder über Jahre hinaus zu verseuchen, schließlich sogar alles Leben zu vernichten.

Was hat es mit dem Cobalt auf sich? Wie ist seine Wirkung, und warum weigern sich die verantwortlichen Atomwissenschaftler der Welt nicht, sich mit einem solchen Stoff zu beschäftigen?

Sie weigern sich nicht, sie beschäftigen sich sogar sehr intensiv damit, und sie tun es, weil sie die segenbringenden Möglichkeiten des Cobalts und vieler anderer durch Neutronen entstehenden künstlich radioaktiven Elemente studieren wollen – nicht um zu schädigen, sondern um der Menschheit damit zu helfen.

Wie ist dieser Widerspruch zu erklären? Hier muß ich zunächst einiges über die Reaktionen sagen, die in einem sogenannten Kernreaktor vor sich gehen. In dem Reaktor wird das aus zwei verschiedenen Uranarten, sogenannten Uranisotopen, bestehende chemische Element Uran mit Neutronen bestrahlt. Die eine Uranart wird unter großer Energieabgabe in zahlreiche mittelschwere chemische Elemente zerspalten. Bei jeder dieser Reaktionen treten zusätzlich neue Neutronen auf, so daß mit diesen zusätzlichen, sich dauernd vermehrenden Neutronen eine Kettenreaktion mit außerordentlicher Energieentwicklung eingestellt werden kann. Aus der anderen Uranart entsteht das neue chemische Element Plutonium, das Material der Atombombe.

Von den vielen bei der Kettenreaktion freiwerdenden Neutronen dient ein Teil der Aufrechterhaltung der energieliefernden Kettenreaktion; ein Teil dient der Entstehung des Plutoniums und ein Teil der Neutronen diffundiert nach außen und kann dort gewöhnliche chemische Elemente in künstlich radioaktive verwandeln. Die meisten dieser künstlich radioaktiven Elemente verlieren ihre Aktivität sehr schnell und werden dadurch ungefährlich. Es gibt aber auch solche, die ihre Radioaktivität lange behalten, und zu diesen gehört das unter der Einwirkung der Neutronen aus dem gewöhnlichen Cobalt entstehende radioaktive Cobalt.

Wir sprechen nun im folgenden im wesentlichen von diesem Cobalt, können statt des Cobalts aber auch andere Elemente nennen, die zu einer Gefahr oder zum Segen für die Menschheit werden könnten. Das Cobalt ist also nur ein Beispiel, allerdings ein recht instruktives, für die beiden Möglichkeiten: Zerstörung oder Aufbau.

Entstanden ist dieses radioaktive Cobalt durch die Einlagerung eines Neutrons der Masse 1 in das gewöhnliche Cobalt der Masse 59 zur Masse 60. Deshalb der Name Cobalt 60. Und dieses Cobalt hat, wie wir sagen, eine »Halbwertszeit« von über fünf Jahren, das heißt nach fünf Jahren ist es noch halb so stark wie heute, nach zweimal fünf Jahren noch ein viertel so stark, und so fort. Hinzu kommt, daß dieses langlebige Produkt sehr kurzwellige Strahlen, sogenannte Gammastrahlen, aussendet, die sich durch ein hohes Durchdringungsvermögen auszeichnen. Wenn diese Substanz also in großer Intensität hergestellt werden kann, und wenn sie dann in feiner Verteilung in der Atmosphäre enthalten ist, dann liegt die Gefahr einer dauernden Bestrahlung der Gegenden vor, in denen sich der radioaktive Staub absetzt.

Und nun kommt die Beziehung zur Wasserstoffbombe. Die Wirkung der Wasserstoffbombe beruht auf der mit größter Energieabgabe erfolgenden Umwandlung von Wasserstoff in Helium, wobei die Reaktion durch eine gewöhnliche Atombombe »gezündet« werden muß. Die Wirkung einer solchen Wasserstoffbombe ist nun unvergleichlich viel größer als die einer gewöhnlichen Atombombe. Wenn man mit dieser Bombe Städte wie Hiroshima oder Nagasaki zerstören konnte, so kann eine einzige genügend große Wasserstoffbombe Berlin oder London oder auch New York vernichten. Im Gegensatz zur gewöhnlichen Atombombe ist nämlich der Größe einer Wasserstoffbombe keine Grenze gesetzt. Und hier kommt nun zu dem furchtbaren Zerstörungswerk der Bombe eine weitere grausige Möglichkeit hinzu: Wird die Wasserstoffbombe mit einem dicken Mantel von Cobalt umgeben, dann entsteht durch die vielen freiwerdenden Neutronen der Reaktion in großen Mengen das langlebige, eben erwähnte, stark strahlende gefährliche Produkt, das durch die ungeheure Gewalt der Explosion der Bombe – gemischt mit gewöhnlichem Cobalt – in feinster Zerstäubung in die Atmosphäre geschleudert und dort mit den Windströmungen mitgeführt wird. Wo der Staub dann allmählich auf die Erde herunterfällt, kann er seine unheimliche Wirkung ausüben.

Es wurde in den Vereinigten Staaten ausgerechnet oder geschätzt, daß zehn große Wasserstoffbomben, mit viel Cobalt umkleidet, eine so große, viele Jahre wirksame Aktivität an Cobalt 60 ergeben, daß das Fortbestehen der Menschheit damit ernstlich gefährdet würde, ganz gleich, wo die Bomben gefallen sind.

Dies sind wohl zur Zeit noch Schreckgespinste, aber die Tatsache besteht, daß die Menschheit heute oder in naher Zukunft wirklich in der Lage ist, sich selbst auszulöschen.

Und hier fragen wir wieder, wie wir eingangs gefragt haben. Warum geben sich die Wissenschaftler dazu her, die Möglichkeiten für solche Zukunfts-Vernichtungsmittel zu schaffen? Die Möglichkeit, so große Mengen Cobalt 60 zu gewinnen und fein zu verteilen, hängt – wie wir gesehen haben – mit der Wasserstoffbombe zusammen. Und warum entwickelt man die Wasserstoffbombe? Ich könnte mir zwei kurze Antworten denken, die eigentlich das gleiche bedeuten: Angst respektive Friedensliebe. Angst vor einem Gegner, der ebenfalls in der Lage ist, Wasserstoffbomben herzustellen, Friedensliebe, um den Gegner zu hindern, einen Atomkrieg zu entfesseln, weil der Gegenschlag dann einsetzen würde.

Wir erinnern uns an die Warnung von Churchill aus dem Jahre 1942 an Hitler vor der Anwendung von Giftgas im Krieg unter Androhung von Vergeltungsmaßnahmen mit den gleichen Waffen. Vermutlich war es diese Warnung, daß Giftgase während des Zweiten Weltkrieges nicht verwendet worden sind; vorhanden waren sie auf beiden Seiten.

Ich glaube, daß es heute keinen ernstzunehmenden Atomwissenschaftler gibt, dem nicht die Anwendung der Wasserstoffbombe Grauen einflößte. Er muß es mit seinem Gewissen ausmachen, ob er schon vor der Vorbereitung dieser Waffe zurückschreckt – ich erinnere an Oppenheimer – oder ob er, um die Anwendung von seiten eines Gegners zu verhindern, glaubt, in der Vorbereitung dieser Waffe so mithelfen zu müssen, daß der Gegner vor einer Anwendung zurückschreckt.

In der Hand der großen politischen Führer liegt heute eine ungeheure Verantwortung. Wenn auch die gewöhnlichen Atombomben, wenn selbst die Wasserstoffbomben nur örtlich begrenzte, dort aber schreckliche Wirkungen haben, dann kommt doch darüber hinaus noch die Möglichkeit der Erzeugung des Cobalt 60 mit diesen Wasserstoffbomben. Und ein geisteskranker oder machtbesessener Diktator könnte dann nach dem Vorbild »après nous le déluge« die zivilisierte Welt, damit auch sein eigenes Land, dem Strahlentod übergeben. (Auch ohne Cobalt entstehen bei der Explosion der durch die dabei freiwerdenden Neutronen gefährliche radioaktive Staubteilchen, die auf große Entfernungen fortgetragen werden können – ich denke hier an die japanischen Fischer 1954).

Eine solche Möglichkeit darf niemals eintreten, und darum die Notwendigkeit einer wahrhaft internationalen Kontrolle über die Entwicklung der Atomwaffen oder besser: eines friedlichen Zusammenlebens der Völker, auch wenn deren Ideologien so verschieden sind wie heute die von Ost und West.

Wir haben nun aber genug über die zerstörenden Wirkungen der Cobaltbombe gehört, und wir wenden uns jetzt zu demselben Cobalt 60 als einem typischen Vertreter der künstlich aktiven Radioelemente, die als »Radioindikatoren« heute schon eine große Rolle spielen.

Ich habe schon betont, daß das Cobalt 60 ein sehr beständiger Körper ist, und daß er eine durchdringende Gammastrahlung aussendet. Diese Strahlung entspricht einer Röntgenstrahlung von mehr als einer Million Volt Spannung; sie ist vergleichbar den durchdringenden Gammastrahlen des Radiums. Und damit kann man das Cobalt 60 überall da verwenden, wo man bisher das Radium für Tiefenwirkung verwendet hat.

Der Unterschied ist nun aber der, daß das Cobalt viel billiger als das Radium und – wenn ein Kernreaktor vorhanden ist – auf einfachste Weise in großer Intensität zu gewinnen ist. Diese Intensität ist natürlich an Größe nicht zu vergleichen mit der der obengenannten sogenannten »Cobaltbombe«. Sie bedeutet in der Hand des Wissenschaftlers keinerlei Gefahr für die Menschheit. Man bringt das gewöhnliche Cobalt in die Nähe eines Reaktors oder in besonders dafür vorgesehene Kanäle in diesem Reaktor. Je nach der Neutronenintensität der Anlage und der Dauer der Bestrahlung wird das gewöhnliche Cobalt mit Cobalt 60 angereichert und kann dann seinerseits als Strahlungsquelle verwendet werden. Cobaltpräparate von einem Curie – das sind solche, die an Aktivität einem Gramm Radium entsprechen – haben einen Preis zwischen 400 und 500 Mark, wozu allerdings wegen des nötigen Strahlenschutzes nicht unerhebliche Versandkosten kommen. Natürlich können wir es zur Zeit nur aus dem Ausland beziehen, aber ein Gramm Radium kostete, solange die künstlichen radioaktiven Elemente das Radium noch nicht ersetzen konnten, ungefähr 100 000 bis 200 000 Reichsmark.

Man kann nun aber in den Reaktoren oder Atomöfen ohne weitere

Schwierigkeiten noch viel stärkere Präparate an Cobalt 60 gewinnen – für die Wissenschaftler immer noch ungefährlich und für viele Zwecke verwertbar. In Preislisten in den USA oder auch in England finden sich die Angaben: über ein Curie hinaus, also über ein Gramm Radioaktivität hinaus, kostet jedes weitere Curie 24, respektive nur 21,50 Mark mehr.

Der Vorteil derart preiswerter, praktisch beliebig starker Präparate liegt zum Beispiel bei der Bestrahlung tiefliegender Geschwülste darin, daß man verhältnismäßig enge Strahlenbündel ausblenden und die Strahlung scharf auf die Krankheitsstelle einstellen kann, ohne das gesunde Gewebe irgendwie stärker zu gefährden. In den USA hat man ein sogenanntes Pendelgerät entwickelt, mittels dessen der gerichtete Strahl abwechselnd aus verschiedenen Richtungen genau auf die kranke Stelle auftrifft.

Neben der wichtigen Anwendung der Cobaltstrahlen· in der Krebsbekämpfung seien einige technische Anwendungen erwähnt.

Will man gewisse Maschinenteile, Schiffsschrauben, Flugzeugteile an Ort und Stelle auf die Anwesenheit von Gußfehlern, wie Lunkern oder Hohlräumen prüfen, so geschieht dies mit den harten Gammastrahlen des Cobalt 60. In den Lunkern werden die Strahlen weniger gebremst als in dickem Metall. Mit Hilfe der photographischen Platte oder des Zählrohrs lassen sich solche Prüfungen durchführen.

Eine wichtige Anwendung ist die Prüfung von Überlandleitungen für Öl und Gas. Solche Leitungen verstopfen sich gelegentlich. Der Ort der Verstopfung ist nicht ohne weiteres festzustellen. Preßt man aber eine gewisse Menge radioaktiver Substanz mit durchdringender Strahlung, z. B. Cobalt 60, in die Leitung ein, so kann man mit dem Zählrohr von außen erkennen, wo der verstopfende Pfropf sitzt.

In einem Hochofen läßt sich die Höhe der Schmelze von außen dadurch erkennen, daß man an der einen Wandseite das strahlende Radioelement, an der gegenüberliegenden das Strahlennachweisgerät verschiebbar anbringt. Muß die Strahlung durch die Schmelze, dann wird sie stark absorbiert. Geht die Strahlung aber nur durch das Gas oberhalb der Schmelze, so zeigt der Strahlenanzeiger eine stärkere Strahlung an.

Eine besonders zukunftsreiche Verwendung des leicht gewinnbaren Cobalt 60 liegt in der Landwirtschaft. Es ist bekannt, daß Mutationen, sprunghafte Veränderungen der Erbanlagen, durch Strahlungen, z. B. Röntgenstrahlen, ausgelöst werden.

In den USA werden jetzt an einigen Stellen Großversuche mit Cobalt 60 durchgeführt, um systematisch den Einfluß der durchdringenden Strahlen auf Pflanzenwuchs und Mutationsrate zu studieren. So wurde in Brookhaven ein etwa drei Morgen großes, in konzentrischen Kreisen angeordnetes Gammastrahlen-Versuchsfeld geschaffen mit einer starken Cobalt-60-Quelle in der Mitte. Auf den konzentrischen Kreisen befinden sich die zu untersuchenden Pflanzen, also unter genau vergleichbaren Bestrahlungsbedingungen. Das Cobalt wird, bevor das Feld zur Kontrolle der Ergebnisse betreten wird, von weitem unterirdisch versenkt, so daß eine Gefährdung des Menschen nicht eintreten kann. – Eine ähnliche Anlage befindet sich bei der University of Michigan mit einer Cobaltstrahlenquelle, die 10 Kilogramm Radium an durchdringender Strahlung äquivalent ist. 10 kg Radium, wenn man sie überhaupt hätte herstellen können, hätten nach dem oben angegebenen früheren Radiumpreis etwa 1–2 Milliarden Mark entsprochen. Die äquivalente Cobaltmenge kostet etwa ein Zehntausendstel dieses Betrages!

Auch das Gebiet der Lebensmittelkonservierung mittels starker von außen wirkender Strahlen hat man jetzt in die Untersuchungen einbezogen. So hat man gefunden, daß eine gar nicht sehr starke Dosis von Gammastrahlen das Keimen der Kartoffeln so hemmen kann, daß sie sich ohne Verluste ein Jahr oder länger halten können. (Auf der amerikanischen Ausstellung »Atom«, die zur Zeit in deutschen Großstädten gezeigt wird, kann man eine solche, zwei Jahre alte, ungekeimte Kartoffel bewundern).

Mit stärkeren Strahlungsdosen lassen sich offenbar die meisten Lebensmittel so weit sterilisieren, daß man sie über beträchtliche Zeitspannen bei Zimmertemperatur aufbewahren kann.

Dies sind nun allerdings noch Untersuchungen, die weiteren Ausbaues und weiterer Prüfung bedürfen, aber sie zeigen doch schon heute die Bedeutung, die der Verwendung der künstlichen radioaktiven Elemente zukommt. Das Cobalt 60 wurde hier als eines von vielen Elementen wegen seiner großen Beständigkeit, seiner leichten Herstellbarkeit und seiner durchdringenden Röntgenstrahlung in seiner zunehmenden Bedeutung besonders hervorgehoben.

Der Vergleich dieser friedlichen Verwendung des Cobalts mit den Gefahren der Bombe sieht vielleicht etwas dürftig aus. Aber wir hörten ja schon, es gibt viele künstliche aktive Stoffe und solche, die ganz andere Eigenschaften als gerade das Cobalt haben; solche mit absorbierbaren Strahlen statt der durchdringenden, solche, die weniger beständig sind als das Cobalt und deshalb für medizinische Versuche besser geeignet sind, solche, die sich an besonderen Stellen im Körperinnern absetzen und den übrigen Teil unbeeinflußt lassen. Es gibt schließlich den künstlich aktiven Kohlenstoff, der uns eines Tages das Geheimnis des Aufbaus der Pflanzen aus Kohlensäure und Wasser verstehen und – vielleicht – nachzumachen lehren wird.

Gar nicht gesprochen haben wir hier von der Möglichkeit der Verwendung der gelenkten Atomenergie für die Gewinnung von elektrischem Strom als zukünftigen Ersatz für die knapper werdenden Weltvorräte an Kohle und Erdöl, was doch wahrhaft eine umwälzende Aufgabe für die friedliche Höherentwicklung für viele rohstoffarme Länder bedeutet.

Die Gegenüberstellung der zum Fortschritt eingesetzten, in schneller Entwicklung begriffenen Ergebnisse der Atomforschung mit dem heimtückischen Giftstaub der »Cobaltbombe« zeigt uns, daß es keinen Sinn haben kann, den wissenschaftlichen und kulturellen Fortschritt zu unterbinden, weil mit diesem Fortschritt auch die Gefahren für die Menschheit größer werden können.

Die meisten Länder sind gar nicht in der Lage noch beabsichtigen sie, Atombomben oder Wasserstoffbomben herzustellen; Deutschland ganz bestimmt nicht. Aber sie sind in der Lage und wünschen es, sich an den friedlichen Möglichkeiten der Atomspaltung zu beteiligen.

Einem vereinten Appell aller verantwortungsbewußten Wissenschaftler, denen die Gefahren der Anwendung eines die Welt bedrohenden Kriegsmittels bekannt sind, sollte es doch gelingen, die Verantwortlichen der großen Politik auf beiden Seiten des Eisernen Vorhangs an einen Verhandlungstisch zu bringen.

Heute ist der Krieg nicht mehr »die Fortsetzung der Politik mit anderen Mitteln«. In einem Bombenkrieg gibt es nicht mehr Sieger und Besiegte. Die großen Bomben zerstören in einem Augenblick die Stätten der Zivilisation. Die tödlichen Strahlungen tun dann ihr Vernichtungswerk langsamer, aber umfassend. Sollten nicht die vielen Möglichkeiten für Frieden und Wohlstand der Völker den Sieg davontragen können, wenn die Menschen wirklich erfahren, um was es geht?

ZEITTAFEL

*(Für die chemischen Elemente und Isotope wurde
die heute übliche Nomenklatur verwendet.)*

1879 8. März: Otto Emil Hahn wird in Frankfurt am Main geboren. Geburtshaus: Bockgasse 17 (heute Ziegelgasse).

1894 Erstes Interesse an Chemie; spielerische Experimente in Mutters Waschküche. Kurze, intensive Beschäftigung mit Spiritismus.

1896 Lektüre von Stöckhardts *Schule der Chemie*, die ein ernsthaftes Interesse an der Chemie bewirkt.

1897 Ostern: Abitur an der Klinger-Oberrealschule; anschließend Studium der Chemie und Mineralogie (Nebenfächer Physik und Mathematik) an der Universität Marburg.

1898 Drittes und viertes Semester an der Universität München. Beginnendes Interesse an Kunstgeschichte und Musik.

1901 24. Juli: Hahn promoviert an der Universität Marburg mit einer Dissertation *Über Bromderivate des Isoeugenols* zum Doktor der Philosophie (magna cum laude). Danach absolviert er seinen einjährigen Militärdienst.

1902 1. Oktober: Zweijährige Assistenz bei Geheimrat Theodor Zincke am Chemischen Institut der Universität Marburg.

1904 Oktober: Hahn reist nach London und wird Mitarbeiter von Sir William Ramsay am University College.

1905 Februar: Hahn entdeckt in London das Radiothorium ($^{228}_{90}$ Th). September: Reise nach Montreal, Canada; Hahn wird Mitarbeiter von Ernest Rutherford am Physikalischen Institut der McGill-Universität.

1906 Winter 1905/06: Hahn entdeckt in Montreal das Radioactinium ($^{227}_{90}$ Th) und das Thorium C' ($^{212}_{84}$ Po).

Sommer: Rückkehr nach Deutschland; Beginn der radioaktiven Arbeiten bei Emil Fischer in der »Holzwerkstatt« des Chemischen Instituts der Universität Berlin.

1907 15. Juni: Habilitation an der Universität Berlin.

Sommer/Herbst: Hahn entdeckt das Mesothorium I ($^{228}_{88}$ Ra), das Mesothorium II ($^{228}_{89}$ Ac) und – unabhängig von Boltwood – das Ionium ($^{230}_{90}$ Th).

28. September: Begegnung mit der österreichischen Physikerin Lise Meitner. Beginn der 30jährigen Zusammenarbeit und lebenslangen Freundschaft.

1908 Sommer: Hahn und Meitner entdecken das Actinium C'' ($^{207}_{81}$ Tl).

Dezember: Hahn entdeckt den »Radioaktiven Rückstoß«.

1909 Hahn und Meitner entdecken mit der von ihnen neuentwickelten »Rückstoßmethode« das Radium C'' ($^{210}_{81}$ Tl) und das Thorium C'' ($^{208}_{81}$ Tl).

1910 1. Juni: Hahn und Otto von Baeyer publizieren die ersten »Magnetischen Linienspektren von Beta-Strahlen«.

13. September: Hahn wird in Brüssel Mitglied der neugegründeten Internationalen Radium-Standard-Kommission (u. a. mit Marie Curie, Rutherford, Boltwood, Soddy).

10. Oktober: Hahn wird vom Preußischen Kultusminister der Titel »Professor« verliehen.

1911 11. Januar: Gründung der Kaiser-Wilhelm-Gesellschaft zur Förderung der Wissenschaften in Berlin.

11. Juni: Hahn begegnet erstmals der Kunststudentin Edith Junghans auf einer Dampferfahrt bei Stettin.

Ende August: Hahn besteigt das Matterhorn und die Dent Blanche in den Walliser Alpen.

1912 23. Oktober: Einweihung des Kaiser-Wilhelm-Instituts für Chemie in Berlin-Dahlem in Anwesenheit Wilhelms II.; Hahn wird Leiter der Abteilung für Radioaktivität.

1913 22. März: Hahn heiratet Edith Junghans in Stettin; Hochzeitsreise nach Südtirol und an den Gardasee (San Vigilio).

1914 Hahn wird erstmals für den Chemie-Nobelpreis vorgeschlagen (dann auch 1923, 1924, 1925, 1933 und 1935).

1. August: Beginn des Ersten Weltkrieges.

1915 Januar: Einweisung Hahns in die von Fritz Haber geleitete Spezialtruppe für den Gaskampf. Fronteinsatz in Flandern und Polen.

1916 Dezember: Versetzung Hahns in das »Große Hauptquartier Seiner Majestät« nach Berlin. Fortsetzung der Arbeiten im Kaiser-Wilhelm-Institut für Chemie.

1917 Hahn und Meitner entdecken das Protactinium ($^{231}_{91}$Pa).

1919 23. April: Hahn erhält den Lehrauftrag für Radioaktivität an der Universität Berlin.

1921 Hahn entdeckt die Kernisomerie am Uran Z ($^{234}_{91}$Pa) und Uran X$_2$ ($^{234i}_{91}$Pa).

1922 9. April: Geburt des einzigen Sohnes Hanno (später Kunsthistoriker in Rom, 1960 tödlich verunglückt).

Hahn entwickelt die »Emaniermethode« zur Untersuchung des thermischen Verhaltens fester Stoffe.

1923 Hahn begründet die sogenannte »Angewandte Radiochemie«.

1924 Juni: Hahn wird Zweiter Direktor des Kaiser-Wilhelm-Instituts für Chemie und im Dezember Ordentliches Mitglied der Preußischen Akademie der Wissenschaften.

1926 Hahn publiziert die »Hahnschen Fällungs- und Adsorptionssätze«.

1929 März: Hahn bezieht mit seiner Familie das neuerrichtete Haus Altensteinstraße 48, Berlin-Dahlem (heute am Otto-Hahn-Platz gelegen); Wohnung bis 1944.

30. April: Hahn wird rückwirkend vom 1. April 1928 Direktor des Kaiser-Wilhelm-Instituts für Chemie.

1930 Sommer: Hahn macht drei große Bergtouren und besteigt mit dem Bruder Heiner den Mönch, das Finsteraarhorn und die Jungfrau im Berner Oberland.

1932 16.–19. Mai: Hahn leitet die internationale Bunsentagung über Radioaktivität in Münster (anwesend u. a. Rutherford, Vernadsky, Geiger, Chadwick, Lise Meitner, Hevesy, Chlopin, Stefan Meyer).

1933 30. Januar: Machtergreifung Adolf Hitlers in Deutschland.

7. März: Hahn tritt eine Gastprofessur an der Cornell-Universität in Ithaca, New York, an.

Ende Juni: Vorzeitige Rückkehr nach Berlin. Hahn wird kommissarischer Leiter des Kaiser-Wilhelm-Instituts für Physikalische Chemie, da Fritz Haber zurücktreten muß. Weigerung Hahns, der NSDAP beizutreten.

6. September: Ausschluß Lise Meitners aus der Universität Berlin; Entzug der Lehrbefugnis.

1934 31. Januar: Hahn erklärt seinen Austritt aus der Universität Berlin.

6. bis 15. September: Hahn und Meitner nehmen am Mendelejew-Kongreß in Moskau und Leningrad teil. Nach der Rückkehr beginnen sie mit der Bestrahlung des Urans mit Neutronen.

1935 29. Januar: Hahn hält die Gedächtnisrede auf der vom Preußischen Kultusministerium und der NSDAP verbotenen Gedenkfeier für Fritz Haber.

1936 Hahns Lehrbuch *Applied Radiochemistry* erscheint in Ithaca, New York und London, später auch in einer russischen Ausgabe.

1937 Entdeckung des Uranisotops 239, Muttersubstanz des Neptuniums. Aufstellung der drei »Umwandlungsreihen des Urans« mit ihren chemischen Eigenschaften und Halbwertszeiten.

1938 Juni: Hahn und Dirk Coster bereiten Lise Meitners Emigration vor, die seit dem Anschluß Österreichs besonders gefährdet ist.

13. Juli: Lise Meitner verläßt in Costers Begleitung illegal Deutschland und emigriert über Holland nach Stockholm.

17. Dezember: Hahn entdeckt, zusammen mit seinem Assistenten Fritz Straßmann, das »Zerplatzen« (Hahn) des Uran-Atomkerns.

1939 6. Januar: Hahns und Straßmanns (noch vorsichtige) erste Mitteilung des neuen Phänomens in den *Naturwissenschaften*.

10. Februar: Die zweite Veröffentlichung über die »Uranspaltung« in den *Naturwissenschaften*.

11. Februar: Meitner und Frisch publizieren ihre theoretische Deutung des Spaltungsprozesses; Frisch prägt die Bezeichnung »nuclear fission« (Kernspaltung).

Frühjahr/Sommer: Hahn hält Vorträge in Schweden, Norwegen, Dänemark und England.

9. Juni: Siegfried Flügge, Physiker im Hahnschen Institut, publiziert erstmals konkrete Vorstellungen über die technische Nutzung der Kernenergie.

Hahn und die Mitarbeiter Straßmann, Flügge, Götte und Seelmann-Eggebert arbeiten an den Spaltreaktionen und weisen bis zum Frühjahr 1945 als Spaltprodukte des Urans 25 Elemente mit etwa 100 Isotopen nach.

1. September: Beginn des Zweiten Weltkrieges.

1942 Februar und Juni: Teilnahme Hahns an den Geheimkonferenzen (Heereswaffenamt/Rüstungsministerium) über eine mögliche technische Verwertung der Atomenergie.

1944 11. Februar: Zerstörung des Kaiser-Wilhelm-Instituts für Chemie durch einen Bombenangriff; Verlagerung nach Tailfingen (Württemberg).

November: Die Schwedische Akademie nominiert Hahn für den Chemie-Nobelpreis 1944, stellt die Verleihung aber zurück.

1945 25. April: Verhaftung Hahns und Internierung mit neun deutschen Physikern in Farmhall, England (bis Januar 1946).

19. Mai: Heirat des Sohnes Hanno mit der Operationsschwester Ilse Pletz in Tailfingen.

6. August: Abwurf der amerikanischen Atombombe auf Hiroshima.

9. August: Eine zweite Atombombe der USA trifft Nagasaki.

15. November: Offizielle Bekanntgabe der Nobelpreis-Verleihung an Hahn.

1946 1. April: Hahn wird Präsident der Kaiser-Wilhelm-Gesellschaft in der Britischen Zone.

14. April: Geburt des Enkels Dietrich in Frankfurt am Main.

10. Dezember: König Gustav V. von Schweden überreicht Hahn in Stockholm den Nobelpreis für Chemie des Jahres 1944.

1947 6. Januar: Hahns Appell an die Alliierten *An solche, die guten Willens sind* (Themen: Unterernährung der deutschen Bevölkerung, Vertreibung Deutscher aus den Ostgebieten, Elend der Flüchtlinge u. a.).

1948 26. Februar: Hahn wird Präsident der Max-Planck-Gesellschaft zur Förderung der Wissenschaften in Göttingen.

1949 23. September: Bekanntgabe der Explosion der ersten sowjetischen Atombombe. Hahn begrüßt die Brechung des US-amerikanischen Kernwaffenmonopols.

1950 10. Juli: Bei der Eröffnung der ACHEMA IX in Frankfurt spricht Hahn über die »Wissenschaft als Machtfaktor« und fordert eine Beteiligung der Forscher an politischen Entscheidungen.

1951 April: Türkei-Reise; Vorträge in Istanbul und Ankara, anschließend in Athen, Rom und Bern.

24. Oktober: Attentat eines Geistesgestörten, der Hahn mit einer Schlachtviehpistole in den Rücken schießt.

1952 1. November: Zündung der ersten US-amerikanischen Wasserstoffbombe.

1953 Hahn hält zahlreiche Vorträge in Europa über *Atomenergie für den Frieden*.

12. August: Explosion der ersten sowjetischen Wasserstoffbombe.

1954 11. Juni: Hahn warnt vor der Cobalt-Bombe.

27. Juni: Das erste Atomkraftwerk der Welt nimmt in Obninsk bei Moskau seinen Betrieb auf.

1955 13. Februar: Hahns Rundfunkappell *Cobalt 60 – Gefahr oder Segen für die Menschheit?* in Deutschland, Dänemark, Österreich und Norwegen, anschließend über BBC London und in der internationalen Presse.

15. Juli: Die von Hahn initiierte *Mainauer Kundgebung der Nobelpreisträger* appelliert an die Nationen der Welt, auf Gewalt als letztes Mittel der Politik zu verzichten.

Juli / August: Internationale Konferenzen zur friedlichen Nutzung der Atomenergie in Moskau und Genf. Hahn leitet die Genfer Delegation der Bundesrepublik Deutschland.

13. September: Hahn warnt vor einer nuklearen Abschreckungspolitik, die er auf lange Sicht für unwirksam hält.

November / Dezember: Reise Hahns mit Sohn Hanno in die USA; Vorträge und Besichtigung von Forschungsanlagen. Eine Einladung Präsident Eisenhowers ins Weiße Haus lehnt Hahn ab.

1956   26. Januar: Hahn wird Vize-Präsident der Deutschen Atomkommission.

14. Juni: Hahn verurteilt die »Milliarden für die Rüstung« und fordert »wenigstens einige hundert Millionen für Forschung, Wissenschaft und Schulen«.

17. Oktober: Einweihung des ersten westlichen Atomkraftwerkes in Calder Hall, England.

19. November: Hahn und elf Wissenschaftler warnen Verteidigungsminister Strauß vor der Ausrüstung der Bundeswehr mit Atomwaffen.

1957   5. April: Bundeskanzler Adenauer bagatellisiert taktische Atomwaffen als »weiterentwickelte Artillerie«.

12. April: Hahn und 17 Kollegen veröffentlichen die *Göttinger Erklärung der 18 Atomforscher* gegen die atomare Bewaffnung der Bundesrepublik Deutschland. Heftige Kontroverse mit der Adenauer-Strauß-Regierung.

17. April: Vorladung von Hahn und vier Kollegen ins Bundeskanzleramt.

1. Mai: Die französische Gewerkschaft CGT schlägt Hahn erstmals für den Friedens-Nobelpreis vor.

28. Juni: Hahn regt an, wirksame Methoden für eine Kontrolle des Wettrüstens auszuarbeiten.

13. November: Hahn protestiert in Wien gegen weitere A- und H-Bomben-Versuche.

5. Dezember: Der sowjetische Eisbrecher »Lenin«, das erste zivile Nuklearschiff, läuft vom Stapel.

28. Dezember: Über Radio Sofia plädiert Hahn für eine internationale Entspannungspolitik und fordert eine allgemeine atomare Abrüstung.

1958 13. Januar: Übergabe der von Hahn, Albert Schweitzer und Bertrand Russell u. a. unterzeichneten Pauling-Petition an UNO-Generalsekretär Hammarskjöld; Forderung eines internationalen Abkommens über die Einstellung der Atomversuche.

30. März: Entschluß des Obersten Sowjets, Kernwaffenversuche einseitig einzustellen. Hahn begrüßt diese Entscheidung.

5. Mai: Die ihm angebotene Ehrenmitgliedschaft in der Sowjetischen Akademie lehnt Hahn ab.

4. Juli: Die internationale Grotius-Stiftung in Den Haag verleiht Hahn die Hugo-Grotius-Medaille »für besondere Verdienste um die Verbreitung des Völkerrechts«.

Oktober: Hahn unterzeichnet das *Abkommen, eine Versammlung zur Ausarbeitung einer Weltverfassung einzuberufen.*

1959 8. März: 80. Geburtstag mit zahlreichen Gästen aus Politik und Kultur. Hahn wird Ehrenbürger von Frankfurt und Göttingen.

Juni: Hahn wird, auch von der FDP, als Nachfolger von Theodor Heuss für das Amt des Bundespräsidenten vorgeschlagen. Er lehnt ab.

November: Israel-Reise; Hahn hält Vorträge in Rehovot und Jerusalem und ist u. a. Gast von Frau Chaim Weizmann, Abba Eban und Yigael Yadin.

1960 Februar: Hahn fordert die Bundesregierung auf, einen jährlichen Zuschuß von 1 Million Mark an das Weizmann-Institut in Rehovot zu zahlen; Adenauer akzeptiert Hahns Vorschlag.

19. Mai: Hahn übergibt die Präsidentschaft der Max-Planck-Gesellschaft an Adolf Butenandt und wird zum Ehrenpräsidenten ernannt.

29. August: Hahns Sohn, Dr. Hanno Hahn, verunglückt tödlich in Mars-la-Tour, Frankreich. Schwiegertochter Ilse Hahn stirbt am 7. September in Briey an den Folgen des Autounfalls.

11. September: Botschaft Hahns an den Kongreß des Japanischen

Rates gegen A- und H-Bomben, in der er sich gegen jegliche Ausweitung von Atomwaffen ausspricht.

1961 Januar: Hahn unterzeichnet den Pauling-Appell *Keine neuen Atommächte!*

1962 Hahns wissenschaftliche Autobiographie *Vom Radiothor zur Uranspaltung* erscheint.

23. Oktober: Hahn warnt in Wien vor den drohenden Gefahren eines immer weiter fortschreitenden atomaren Wettrüstens.

1963 25. Juli: Begegnung Hahns mit Präsident John F. Kennedy in Frankfurt am Main.

5. August: Hahn begrüßt den *Moskauer Vertrag zur Einstellung der Kernwaffenversuche in der Atmosphäre und unter Wasser* zwischen der Sowjetunion, den USA und Großbritannien und plädiert für den sofortigen Beitritt der Bundesrepublik Deutschland.

19. August: Die Bundesrepublik Deutschland tritt dem Abkommen bei.

1964 Mai: Ein Artikel von Hahn über *Kernenergie* wird in New York für 5000 Jahre eingemauert.

13. Juni: Hahn nimmt am Stapellauf des ersten europäischen atomgetriebenen Handelsschiffes teil, der »NS Otto Hahn«.

1965 Hahn beginnt mit der Niederschrift von *Mein Leben*.

1966 Juni: Hahn reist nach Prag und St. Joachimsthal (Jachymov) zur Enthüllung eines Curie-Denkmals, obwohl die Bundesrepublik noch keine diplomatischen Beziehungen zur ČSSR unterhält. Er findet Begegnungen dieser Art für den besten Weg zur Beseitigung aller Mißverständnisse und zur Schaffung von guten Beziehungen und einem dauerhaften Frieden.

6. August: Hahn wird von US-Präsident Lyndon B. Johnson zusammen mit Lise Meitner und Fritz Straßmann der »Enrico-Fermi-Preis« der amerikanischen Atomenergie-Kommission verliehen.

1967 Februar: Eine von Hahn unterstützte Aktion erbringt über 100 000 Mark für den Wiederaufbau des alten Frankfurter Opernhauses.

25. September: Hahn unterzeichnet einen Aufruf, den früheren Reichsminister Rudolf Hess aus humanitären Gründen aus dem Spandauer Gefängnis zu entlassen.

1968 18. März: Hahn begrüßt die Initiativen des Friedens-Nobelpreisträgers Dominique Pire, alle Völker von der Notwendigkeit eines Weltfriedens zu überzeugen.

17. Juni: Hahn wird Ehrenbürger des Landes und der Stadt Berlin.

1. Juli: Abschluß des Atomwaffen-Sperrvertrages in Moskau, Washington und London.

28. Juli: Hahn stirbt in Göttingen nach viermonatigem Klinikaufenthalt an Herzversagen.

1. August: Trauerfeier in der Göttinger Universitätskirche mit 600 Gästen aus aller Welt. Beisetzung auf dem Stadtfriedhof.

14. August: Edith Hahn stirbt nach jahrelangem schweren Leiden.

Mitte August erscheint Hahns populäre Autobiographie *Mein Leben*.

BIBLIOGRAPHIE (AUSWAHL)

A. Primärliteratur

Otto Hahn: *Was lehrt uns die Radioaktivität über die Geschichte der Erde?* Berlin 1926.

Otto Hahn: *Applied Radiochemistry.* London, Ithaca, New York 1936.

Otto Hahn: *Künstliche neue Elemente.* Weinheim 1948.

Otto Hahn: *Die Kettenreaktion des Urans und ihre Bedeutung.* Düsseldorf 1948.

W. Gaade (Hrsg.): *Otto Hahn – New Atoms.* New York, Amsterdam, London, Bruxelles 1950.

Otto Hahn: *Die Nutzbarmachung der Energie der Atomkerne.* München, Düsseldorf 1950.

Otto Hahn: *Vom Radiothor zur Uranspaltung. Eine wissenschaftliche Selbstbiographie.* Braunschweig 1962.

Otto Hahn: *Mein Leben.* München 1968. 5. Auflage 1969.

Dietrich Hahn (Hrsg.): *Otto Hahn – Erlebnisse und Erkenntnisse.* Düsseldorf, Wien 1975.

B. Sekundärliteratur

Badash, Lawrence: *Otto Hahn.* In: *Dictionary of Scientific Biography. Volume VI.* New York 1972.

Bagge, Erich / Kurt Diebner / Kenneth Jay: *Von der Uranspaltung bis Calder Hall.* Reinbek 1957.

Barthel, Jochen: *Otto Hahn.* In: *Vorbilder aus der Deutschen Geschichte.* München 1983.

Baumer, Franz: *Otto Hahn.* Berlin 1974.

Berninger, Ernst H.: *Otto Hahn – Eine Bilddokumentation.* München 1969.

Berninger, Ernst H.: *Otto Hahn 1879–1968. Inter Nationes.* Bonn, Bad Godesberg 1970.

Berninger, Ernst H.: *Otto Hahn in Selbstzeugnissen und Bilddokumenten.* Reinbek 1974. 2. Auflage 1979.

Clark, Ronald W.: *The Birth of the Bomb.* London 1961.

Dietz, David: *Atomic Energy in the coming era.* New York 1945. 6. Auflage 1949.

Farber, Eduard: *Otto Hahn.* In: *Nobelprizewinners in Chemistry.* London, New York, Toronto 1963.

Fermi, Laura: *The Story of Atomic Energy.* New York 1961.

Feldman, Anthony / Peter Ford: *Otto Hahn.* In: *Scientists and Inventors.* London 1979.

Freie Universität Berlin (Hrsg.): *Erinnerung an Otto Hahn.* Berlin 1983.

Frisch, Otto R.: *What little I remember.* Cambridge 1979.

Gerlach, Walther / Dietrich Hahn: *Otto Hahn – Ein Forscherleben unserer Zeit.* Stuttgart 1984. (Große Naturforscher, Band 45).

Graetzer, H.-G. / D. L. Anderson: *The Discovery of Nuclear Fission. A documentary history.* New York 1971.

Hahn, Dietrich (Hrsg.): *Otto Hahn – Begründer des Atomzeitalters. Eine Biographie in Bildern und Dokumenten.* München 1979.

Hahn, Dietrich (Hrsg.): *Otto Hahn in der Kritik.* München 1981.

Hartmann, Hans: *Otto Hahn.* In: *Begegnung mit Europäern.* Thun 1954.

Hartmann, Hans: *Otto Hahn – Der Entdecker der Atomspaltung.* Murnau, München, Innsbruck, Basel 1961.

Hausmann, Manfred: *Otto Hahn.* In: *Kleine Begegnungen mit großen Leuten. Ein Dank.* Neukirchen, Vluyn 1973.

Heimendahl, Eckart: *Otto Hahn.* In: *Wegbereiter unserer Zukunft.* Tübingen 1968.

Heisenberg, Werner: *Der Teil und das Ganze. Gespräche im Umkreis der Atomphysik.* München 1969.

Herbig, Jost: *Kettenreaktion. Das Drama der Atomphysiker.* München, Wien 1976.

Hermann, Armin: *Otto Hahn.* In: *Große Physiker.* Stuttgart 1959.

Hermann, Armin: *Otto Hahn.* In: *Deutsche Nobelpreisträger.* München 1968.

Hermann, Armin: *Die neue Physik. Der Weg in das Atomzeitalter. Zum Gedenken an Albert Einstein, Max von Laue, Otto Hahn, Lise Meitner.* München 1979.

Herneck, Friedrich: *Otto Hahn und Lise Meitner.* In: *Bahnbrecher des Atomzeitalters.* Berlin 1965. 8. Auflage 1979.

Hoffmann, Klaus: *Otto Hahn – Stationen aus dem Leben eines Atomforschers.* Berlin 1978. 3. Auflage 1981.

Irving, David: *Der Traum von der deutschen Atombombe.* Gütersloh 1967.

Jungk, Robert: *Heller als tausend Sonnen. Das Schicksal der Atomforscher.* Stuttgart 1956.

Krafft, Fritz: *Otto Hahn.* In: *Die Großen Deutschen unserer Epoche.* Frankfurt am Main, Berlin 1985.

Laurence, William L.: *Dawn under zero. The Story of the Atomic Bomb.* New York 1946. 5. Auflage 1953.

Mattauch, Josef: *Fünfzig Jahre Radioaktivität. Von Henri Becquerel bis Otto Hahn.* Mainz 1948.

Max-Planck-Gesellschaft (Hrsg.): *Otto Hahn zum 8. März 1959*. Göttingen 1959.

Max-Planck-Gesellschaft (Hrsg.): *Otto Hahn 8.3.1879–28.7.1968*. München 1968.

Max-Planck-Gesellschaft (Hrsg.): *Akademische Gedenkfeier für Otto Hahn und Lise Meitner am 21. Februar 1969 in Berlin*. München 1969.

Max-Planck-Gesellschaft (Hrsg.): *Feier der 100. Geburtstage von Albert Einstein, Otto Hahn, Lise Meitner, Max von Laue*. Stuttgart 1979.

Meitner, Lise: *Otto Hahn – Der Entdecker der Uranspaltung*. In: *Forscher und Wissenschaftler im heutigen Europa*. Oldenburg, Hamburg 1955.

Radkau, Joachim: *Aufstieg und Krise der deutschen Atomwirtschaft 1945–1975*. Reinbek 1983.

Radvanyi, Pierre / Monique Bordry: *Otto Hahn*. In: *La radioactivité artificielle et son histoire*. Paris 1984.

Reid, R. W.: *Wissenschaft und Gewissen*. München 1969.

Riemer, Ulrike (Hrsg.): *Otto Hahn*. In: *Große Deutsche*. München 1983.

Schreiber, Georg: *Deutsche Wissenschaftspolitik von Bismarck bis Otto Hahn*. Bonn 1954.

Schreiber, Hermann: *Otto Hahn*. In: *Die Großen des 20. Jahrhunderts*. Würzburg 1971.

Schreiber, Hermann: *Vom Experiment zum Erfolg. Die Großen der Naturwissenschaft und Technik von Leonardo da Vinci bis Otto Hahn*. Würzburg 1971.

Seaborg, Glenn T.: *Nuclear Milestones*. San Francisco 1972.

Shea, William R. (Ed.): *Otto Hahn and the Rise of Nuclear Physics*. Dordrecht, Boston, Lancaster 1983.

Spence, Robert: *Otto Hahn 1879–1968. Biographical Memoirs of Fellows of the Royal Society. Volume 16*. London 1970.

Stephens, William E. (Ed.): *Nuclear Fission and Atomic Energy*. Lancaster 1948.

Stolz, Werner: *Otto Hahn – Lise Meitner*. Leipzig 1983.

Theodor, Franz K.: *Otto Hahn*. In: *Menschen, die die Welt veränderten. Schicksale, Taten, Wirkungen*. Gütersloh o. J.

Vandenbosch, Robert / John R. Huizenga: *Nuclear Fission*. New York, London 1973.

Wistrich, Robert: *Otto Hahn*. In: *Wer war wer im Dritten Reich. Anhänger, Mitläufer, Gegner aus Politik, Wirtschaft, Militär, Kunst und Wissenschaft*. München 1983.

Wohlfahrt, Horst (Hrsg.): *40 Jahre Kernspaltung. Eine Einführung in die Originalliteratur*. Darmstadt 1979.

ANMERKUNGEN

1 Lise Meitner: Otto Hahn – Der Entdecker der Uranspaltung. In: Forscher und Wissenschaftler im heutigen Europa. Oldenburg 1955.
2 Carl Friedrich von Weizsäcker: Wissenschaftliche Tradition. Otto Hahn zum 70. Geburtstag. Göttinger Universitätszeitung Nr. 4, 1949.
3 Lise Meitner: Otto Hahn zum 8. März 1949. In: Zeitschrift für Naturforschung, Band 4a, Heft 2, 1949.
4 Hans-Joachim Born, Fritz Straßmann: Otto Hahn. In: Radiochimica Acta 9/2, 3, 1968.
5 Lise Meitner: Otto Hahn – Der Entdecker der Uranspaltung. In: Forscher und Wissenschaftler im heutigen Europa. Oldenburg 1955.
6 Manfred Eigen: Über Otto Hahn. In: Die Welt, 30. 7. 1968.
7 Werner Heisenberg: Otto Hahn. Zum Tode des Gelehrten. In: Süddeutsche Zeitung, 3. 8. 1968.
8 Horst Melcher: Rezension des Buches »Otto Hahn – Ein Forscherleben unserer Zeit« von Walther Gerlach. Stuttgart 1984.
9 Carl Friedrich von Weizsäcker: Diskussionsbeitrag. In: Verantwortung und Ethik in der Wissenschaft. Symposium der Max-Planck-Gesellschaft, Mai 1984. Hrsg. von der Generalverwaltung der MPG. Stuttgart 1985.
10 Richard von Weizsäcker: Wissenschaft und Phantasie – Herausforderungen unserer Zeit. Interview des Bundespräsidenten mit dem NDR/WDR am 1. Januar 1985. In: Bulletin Nr. 2, 1985.
11 Friedrich Deich: Rezension des Buches »Mein Leben« von Otto Hahn. In: Die Welt, 7. 11. 1968.
12 Walther Gerlach: Otto Hahn – Ein Forscherleben unserer Zeit. Stuttgart 1984. (Große Naturforscher, Band 45).
13 Ronald Reagan: Rede an die deutsche Jugend. Schloß Hambach, 6. Mai 1985. In: Süddeutsche Zeitung, 7. 5. 1985.
14 Max Born: An der Schwelle des Atomzeitalters. In: Atomkernenergie, Nr. 3, 1956.
15 Theodor Heuss: Huldigung an Otto Hahn. In: Die großen Reden. Der Humanist. Tübingen 1965.

REGISTER

Bildnachweis:
Alle Abbildungen entstammen dem Archiv des Herausgebers

Naturwissenschaften bei Piper

Norbert Bischof
Das Rätsel Ödipus
Die biologischen Wurzeln des Urkonflikts von Intimität und Autonomie
1985. 624 Seiten. Leinen

Francis Crick
Das Leben selbst
Sein Ursprung, seine Natur
Aus dem Englischen von Friedrich Griese
1983. 225 Seiten. Geb.

John C. Eccles
Das Gehirn des Menschen
Sechs Vorlesungen für Hörer aller Fakultäten
Aus dem Amerikanischen von Angela Hartung. Völlig überarbeitete und erweiterte
Neuausgabe, 5. Aufl., 24. Tsd. 1984. 304 Seiten mit 105 Abbildungen. Kt.

John C. Eccles/Daniel N. Robinson
Das Wunder des Menschseins
Gehirn und Geist
Aus dem Englischen von Agnes und Peter Löns.
1985. 243 Seiten. Geb.

Manfred Eigen/Ruthild Winkler
Das Spiel
Naturgesetze steuern den Zufall
7. Aufl., 61. Tsd. 1985. 404 Seiten mit zahlreichen Abbildungen.
Serie Piper 410

Heinrich Erben
Intelligenzen im Kosmos
Die Antwort der Evolutionsbiologie
1984. 287 Seiten mit 15 schwarzweißen Abbildungen und 8 Farbfotos. Geb.

Naturwissenschaften bei Piper

Harald Fritzsch
Quarks
Urstoff unserer Welt
Vorwort von Herwig Schopper. 9. Aufl., 54. Tsd. 1985. 320 Seiten mit 91 Abbildungen.
Serie Piper 332

Harald Fritzsch
Vom Urknall zum Zerfall
Die Welt zwischen Anfang und Ende
3., überarb. Aufl., 35. Tsd. 1983. 351 Seiten mit 55 Abbildungen. Geb.

Alfred Gierer
Die Physik, das Leben und die Seele
2. Aufl., 8. Tsd. 1985. 310 Seiten. Geb.

Bernhard Hassenstein
Instinkt Lernen Spielen Einsicht
Einführung in die Verhaltensbiologie
1980. 259 Seiten mit 33 Abbildungen. Serie Piper 193

Bernhard Hassenstein
Verhaltensbiologie des Kindes
3. Aufl., 25. Tsd. 1980. 459 Seiten mit 29 Abbildungen. Geb.

Bernhard Hassenstein / Helma Hassenstein
Was Kindern zusteht
2. Aufl., 14. Tsd. 1978. 188 Seiten. Serie Piper 169

Elisabeth Heisenberg
Das politische Leben eines Unpolitischen
Erinnerungen an Werner Heisenberg
2., durchgesehene Aufl., 14. Tsd. 1983. 202 Seiten. Serie Piper 279

PIPER

Naturwissenschaften bei Piper

Werner Heisenberg
Schritte über Grenzen
Gesammelte Reden und Aufsätze
6. Aufl., 40. Tsd. 1985. 318 Seiten. Serie Piper 336

Denken und Umdenken
Zu Werk und Wirkung von Werner Heisenberg
Herausgegeben von Heinrich Pfeiffer für die Alexander-von-Humboldt-Stiftung.
1977. 279 Seiten und 10 Fotos. Kt.

Morton Hunt
Das Universum in uns
Neues Wissen vom menschlichen Denken
Aus dem Amerikanischen von Juliane Gräbener.
1984. 478 Seiten mit 78 Abbildungen. Geb.

François Jacob
Das Spiel der Möglichkeiten
Von der offenen Geschichte des Lebens
Aus dem Französischen von Friedrich Griese.
2. Aufl., 8. Tsd. 1984. 96 Seiten. Serie Piper 249

Rudolf Kippenhahn
100 Milliarden Sonnen
Geburt, Leben und Tod der Sterne
5., überarb. Aufl., 31. Tsd. 1985. 278 Seiten mit 91 s/w Abbildungen und 6 Farbtafeln.
Serie Piper 343

Bernd-Olaf Küppers
Der Ursprung biologischer Information
Zur Naturphilosophie der Lebensentstehung
Vorwort von Carl Friedrich von Weizsäcker. 1986. 312 Seiten mit 26 Abbildungen
und 5 Tabellen. Geb.

PIPER

Naturwissenschaften bei Piper

Charles J. Lumsden/Edward O. Wilson
Das Feuer des Prometheus
Wie das menschliche Denken entstand
Aus dem Amerikanischen von Hans Jürgen von Koskull.
Vorwort von Wolfgang Wickler. 1984. 299 Seiten mit zahlreichen Abbildungen. Geb.

Jacques Monod
Zufall und Notwendigkeit
Philosophische Fragen der modernen Biologie
Aus dem Französischen von Friedrich Griese. Vorwort zur deutschen Ausgabe
von Manfred Eigen. 6. Aufl., 76. Tsd. 1983. XVI, 238 Seiten. Geb.

Karl R. Popper/John C. Eccles
Das Ich und sein Gehirn
Aus dem Englischen von Angela Hartung und Willy Hochkeppel, unter
wissenschaftlicher Mitarbeit von Otto Creutzfeldt.
5. Aufl., 35. Tsd. 1985. 699 Seiten mit 66 Abbildungen. Geb.

Ilya Prigogine/Isabelle Stengers
Dialog mit der Natur
Neue Wege wissenschaftlichen Denkens
Aus dem Englischen von Friedrich Griese.
4. Aufl., 24. Tsd. 1983. 314 Seiten mit 26 Zeichnungen. Geb.

Ilya Prigogine
Vom Sein zum Werden
Zeit und Komplexität in den Naturwissenschaften
Aus dem Englischen von Friedrich Griese. 4., überarb. Aufl., 11. Tsd. 1985.
288 Seiten mit zahlreichen Abbildungen. Kt.

Hans Queisser
Kristallene Krisen
Mikroelektronik – Wege der Forschung, Kampf um Märkte
1985. 350 Seiten mit farbigen und schwarzweißen Abbildungen. Geb.

PIPER

Naturwissenschaften bei Piper

Rupert Riedl
Evolution und Erkenntnis
Antworten auf die Fragen aus unserer Zeit
2. Aufl., 12. Tsd. 1984. 360 Seiten. Serie Piper 378

Rupert Riedl
Die Strategie der Genesis
Naturgeschichte der realen Welt
3. Aufl., 14. Tsd. 1984. 381 Seiten mit 106 Zeichnungen. Serie Piper 290

Roger Sperry
Naturwissenschaft und Wertentscheidung
Aus dem Englischen von Juliane Gräbener. 2. Aufl., 8. Tsd. 1985. 193 Seiten. Geb.

Wolfgang Wickler
Die Biologie der zehn Gebote
Warum die Natur für uns kein Vorbild ist
6. Aufl., 31. Tsd. 1985. 181 Seiten. Serie Piper 296

Wolfgang Wickler / Uta Seibt
männlich weiblich
Der große Unterschied und seine Folgen. 2. Aufl., 9. Tsd. 1984. 182 Seiten.
Serie Piper 285

Dieter E. Zimmer
Die Vernunft der Gefühle
Ursprung, Natur und Sinn der menschlichen Emotion
1981. 264 Seiten. Serie Piper 227

PIPER

Werner Heisenberg

Gesammelte Werke
Abteilung C:
Allgemeinverständliche Schriften
Herausgegeben von Walter Blum, Hans-Peter Dürr und Helmut Rechenberg

Band I
Physik und Erkenntnis 1927–1955
Ordnung der Wirklichkeit, Interpretation der Quantenmechanik, Atomphysik, Kausalität, Unbestimmtheitsrelationen u. a. 1984. 453 Seiten. Leinen

Band II
Physik und Erkenntnis 1956–1968
Gifford-Lectures, Sprache und Wirklichkeit, Abstraktion und Vereinheitlichung, Goethes Naturbild u. a. 1984. 440 Seiten. Leinen

Band III
Physik und Erkenntnis 1969–1976
Der Teil und das Ganze, Die Bedeutung des Schönen, Naturwissenschaftliche und religiöse Wahrheit, Elementarteilchen u. a. 1985. 542 Seiten. Leinen

Band IV
Biographisches und Kernphysik
Autobiographisches, Laudationes, Nobelvortrag, Münchner Festrede, Kernphysik, Buchbesprechungen u. a. 1986. 505 Seiten. Leinen

Band V
Wissenschaft und Politik
Organisation der Forschung, Schule und Studium, A. v. Humboldt-Stiftung, Verantwortung des Wissenschaftlers u. a. (Erscheint Herbst 1986)

Die »Allgemeinverständlichen Schriften« in fünf Bänden – etwa die Hälfte der Texte wird erstmals in Buchform veröffentlicht – wenden sich vor allem an naturwissenschaftlich und philosophisch interessierte Laien. Sie erhalten aufregende Einblicke in das Denken des Nobelpreisträgers.

Das Werk Heisenbergs, das sich an das allgemeine Publikum wendet, umfaßt neben Reden und Aufsätzen zum Inhalt und zur Deutung der Physik seine Gesamtschau des Naturbildes, wie es sich von der Antike bis zur Gegenwart entwickelt hat. Darüber hinaus ist von der Organisation der Forschung und vor allem auch von der Verantwortung des Wissenschaftlers in einer wissenschaftlich-technischen Welt die Rede. Heisenbergs Schriften sind – wie schon seine erfolgreichen Bücher zeigten – geeignet, ein großes Publikum zu erreichen. Ihm gelang – wie nur wenigen bedeutenden Naturwissenschaftlern – die Vermittlung zwischen der modernen Naturwissenschaft und einer interessierten Öffentlichkeit.

PIPER

Konrad Lorenz

Der Abbau des Menschlichen
4. Aufl., 126. Tsd. 1986. 294 Seiten. Serie Piper 489

Die acht Todsünden der zivilisierten Menschheit
17. Aufl., 414. Tsd. 1984. 112 Seiten. Serie Piper 50

Er redete mit dem Vieh, den Vögeln und den Fischen
1985. 215 Seiten mit 104 Zeichnungen des Verfassers. Geb.

Die Rückseite des Spiegels
Versuch einer Naturgeschichte menschlichen Erkennens
4. Aufl., 105. Tsd. 1983. 353 Seiten. Geb.

Über tierisches und menschliches Verhalten
Aus dem Werdegang der Verhaltenslehre. Gesammelte Abhandlungen
Bd. I: 18. Aufl., 153. Tsd. 1984. 412 Seiten mit 5 Abb. Serie Piper 360
Bd. II: 13. Aufl., 113. Tsd. 1984. 398 Seiten mit 63 Abb. Serie Piper 361

Das Wirkungsgefüge der Natur und das Schicksal des Menschen
Gesammelte Arbeiten
Herausgegeben und eingeleitet von Irenäus Eibl-Eibesfeldt.
368 Seiten mit 23 Abb. Serie Piper 309

Die Evolution des Denkens
Herausgegeben von Konrad Lorenz und Franz M. Wuketits.
2. Aufl., 6. Tsd. 1984. 393 Seiten. Kt.

Konrad Lorenz/Franz Kreuzer
Leben ist Lernen
Von Immanuel Kant zu Konrad Lorenz
Ein Gespräch über das Lebenswerk des Nobelpreisträgers.
2. Aufl., 10. Tsd. 1983. 103 Seiten mit 1 Abb. Serie Piper 223

Piper

Konrad Lorenz

So kam der Mensch auf den Hund
1986. 187 Seiten mit 110 Zeichnungen des Verfassers. Geb.

Das sogenannte Böse
Zur Naturgeschichte der Aggression
1984. 317 Seiten. Geb.

Karl R. Popper / Konrad Lorenz
Die Zukunft ist offen
Das Altenberger Gespräch
Mit den Texten des Wiener Popper-Symposiums. Hrsg. von Franz Kreuzer.
2. Aufl., 18. Tsd. 1985. 143 Seiten. Serie Piper 340

Antal Festetics
Konrad Lorenz
Aus der Welt des großen Naturforschers
1983. 160 Seiten mit 255 farbigen und schwarzweißen Abb. Geb.

Nichts ist schon dagewesen
Konrad Lorenz, seine Lehre und ihre Folgen. Die Texte des Wiener Symposiums,
herausgegeben von Franz Kreuzer. Mit Beiträgen von I. Eibl-Eibesfeldt, A. Festetics,
B. Hassenstein, B. Lötsch, K. Lorenz, E. Oeser, R. Riedl. W. Schleidt, S. Sjölander, W. Wickler,
F. Wuketits. 1984. 251 Seiten. Kt.

PIPER

Irenäus Eibl-Eibesfeldt

Die Biologie des menschlichen Verhaltens
Grundriß der Humanethologie
2., überarb. Aufl., 9. Tsd. 1986. 998 Seiten mit rund 1000 Abb. Leinen in Schuber.

Der Begründer der Humanethologie legt die erste umfassende Darstellung
der Biologie menschlichen Verhaltens vor.
Aus dem Inhalt: Die ethologischen Grundkonzepte – Sozialverhalten –
Das innerartliche Feindverhalten: Aggression und Krieg – Kommunikation –
Die Entwicklung der zwischenmenschlichen Beziehungen – Der Mensch und
sein Lebensraum: Ökologische Betrachtungen – Das Schöne und das Wahre –
Das Gute: Der Beitrag der Biologie zur Wertlehre

Galápagos
Die Arche Noah im Pazifik
7., überarb. Neuauflage, 42. Tsd. 1984. 413 Seiten mit 239 farbigen
und schwarzweißen Abb. Geb.

Grundriß der vergleichenden Verhaltensforschung – Ethologie
6., durchgesehene und erweiterte Aufl., 30. Tsd. 1980. 780 Seiten mit
374 Abb. und 8 farbigen Tafeln. Geb.

Krieg und Frieden
aus der Sicht der Verhaltensforschung
2., überarb. Aufl., 25. Tsd. 1984. 329 Seiten mit Abb. Serie Piper 329

Liebe und Haß
Zur Naturgeschichte elementarer Verhaltensweisen
12. Aufl., 87. Tsd. 1985. 293 Seiten. Serie Piper 113

Die Malediven
Paradies im Indischen Ozean
2., überarb. Aufl., 8. Tsd. 1985. 324 Seiten mit 190 meist farbigen Abb. Geb.

PIPER